CLAUDIA KERN
PETER OSTERIED
BJÖRN SÜLTER

DIE BABYLON 5 CHRONIK

BAND 1 - STAFFEL 1

ZEICHEN UND WUNDER

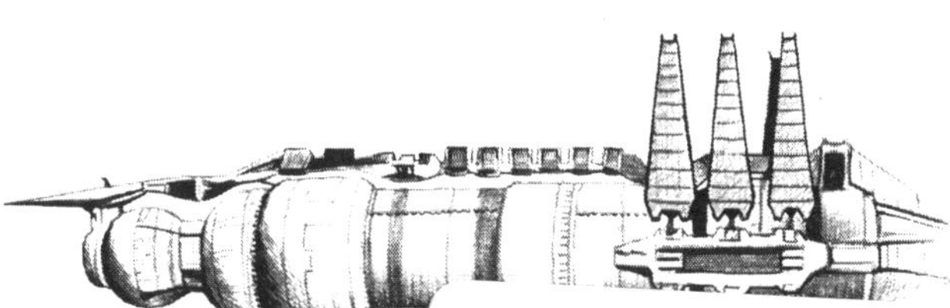

in Farbe und Bunt

Originalausgabe | © 2023
in Farbe und Bunt Verlag
Am Bokholt 9 | 24251 Osdorf

www.ifub-verlag.de
www.ifubshop.com

Herausgeber: Björn Sülter
Lektorat & Korrektorat: Telma Vahey
Cover-Gestaltung: EM Cedes
Satz & Innenseitengestaltung: EM Cedes
Innenseiten- & Coverillustration: Stefanie Kurt

Print-Ausgabe gedruckt von:
Booksfactory (Polen)

ISBN (Print): 978-3-95936-369-3
ISBN (Ebook): 978-3-95936-370-9
ISBN (Hörbuch): 978-3-95936-371-6

HINWEISE

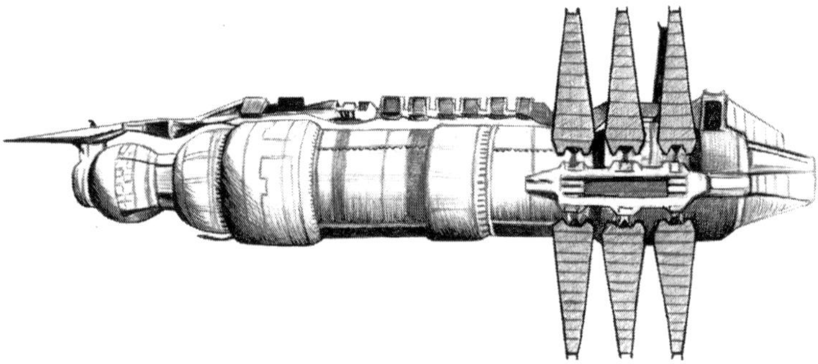

INHALT

Vorspann
Zeichen und Wunder 7

Kapitel 1
Am Anfang war ein Mann 9

Zwischenspiel
Captain Power and the Soldiers of the Future 15

Kapitel 2
Auf dem Weg zu *Babylon 5* 19

Kapitel 3
Von der Idee zur fertigen Serie – Ein Roman für das Fernsehen 29

Zwischenspiel
Das Treatment und die Writer's Bible 39

Kapitel 4
Die Stars der Serie – Teil 1: Michael O'Hare 43

Zwischenspiel
Besucher der Station – Teil 1: Ed Wasser 49

Kapitel 5
Episodenführer – Staffel 1 »Zeichen und Wunder« 53

Zwischenspiel
Die *DS9*-Kontroverse – Hat da einer abgeschrieben? 189

Kapitel 6
Babylon 5 in Deutschland – Stimmen der Helden & Ausstrahlung 191

Zwischenspiel
Geschichten, die es nicht gab 195

Abspann
Claudia Kern erinnert sich: Mira Furlan und die Fans 199

Ausblick
Schatten am Horizon 201

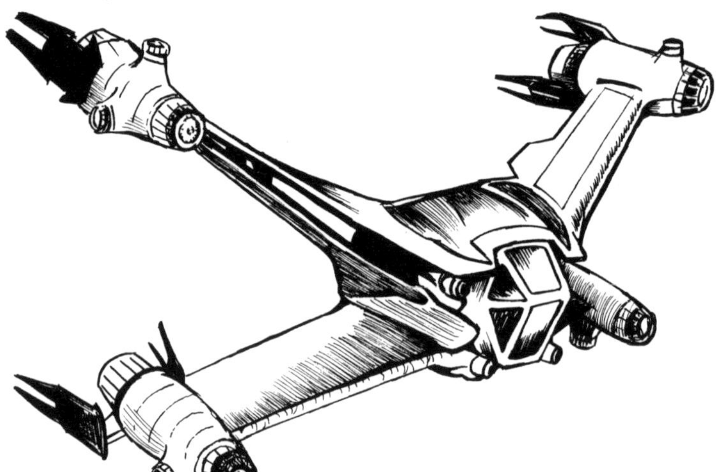

VORSPANN

Zeichen und Wunder

Ich weiß noch genau, wie ich mich gefühlt habe, als ich zum ersten Mal den Vorspann von *Babylon 5* auf ProSieben sah. Es war der 6. August 1995, als die Episode *Ragesh 3* ihre Deutschlandpremiere feierte. Damals hatte ich bereits zwei Staffeln *Star Trek: Deep Space Nine* hinter mir und *The Next Generation* war erfolgreich ins Kino gewechselt. An meiner großen SF-Liebe *Star Trek* herrschte also kein Mangel. Dennoch war ich über den Programmhinweis zu dieser neuen Weltraumserie gestolpert, auch wenn sich natürlich im Kopf eines damals nicht einmal Zwanzigjährigen schnell der Gedanke an ein billiges Plagiat manifestierte. Was kann ich als Entschuldigung vorbringen? Ich wusste es schlichtweg nicht besser und sollte glücklicherweise schnell eines Besseren belehrt werden.

Doch kommen wir zurück zum Vorspann. Meine Güte! Wenn ich heute daran zurückdenke, spüre ich immer noch, wie elektrisiert ich damals war! Da kündete eine Stimme davon, dabei gewesen zu sein, als das dritte Zeitalter der Menschheit begann. Es ging um Konflikte, Krieg und große Dramen zwischen exotischen Völkern, die mir allesamt nichts sagten. Und es ging um Hoffnung, Diplomatie und friedliche Koexistenz. Das gefiel dem Trekkie in mir! Im Hintergrund baute sich eine bedrohlich-spannende Musik auf, die das Adrenalin pushte. Ich wollte direkt mehr von dieser Welt sehen! Den Machern gelang mit ihrem Vorspann eine Ernsthaftigkeit, der man sich nicht entziehen konnte.

Die Exotik des Schauplatzes tat ihr Übriges. Ich war angefixt und konnte jahrelang nicht von der Serie lassen.

Natürlich war nicht immer alles perfekt. Doch wo ist es das schon? Der Schattenkrieg ging, neue Konflikte kamen, und viel zu schnell waren fünf Jahre *Babylon 5* vorbei. Ich gebe gerne zu, dass die meisten der späteren Versuche, das Franchise wiederzubeleben, das Feuer in mir nicht mehr entzünden konnten. Die Ur-Serie bleibt unerreicht.

Von der ersten Idee zur *Star-Trek-Chronik* im Jahr 2018 an war mir klar, dass ich so etwas auch für *Babylon 5* machen wollte.

Doch sollte es mich über viele Irrwege führen und bis ins Jahr 2022 dauern, als ich endlich mit Peter Osteried und Claudia Kern das perfekte Team dafür gefunden hatte. Die Arbeit konnte beginnen!

Wir entschieden uns für eine sechsteilige Chronik, um jeder Staffel (und den weiteren Versuchen) die optimale Aufmerksamkeit zu schenken und das Drumherum flexibel ausschmücken zu können. Peter Osteried übernahm dafür die ausführlichen Rezensionen und arbeitete sich nicht nur per Rewatch erneut durch die Serie, sondern auch durch unzählige Quellen und seltene Sekundärliteratur. Somit ist er die federführende Kraft und liefert das Herzstück dieser Sachbuchreihe. Für den Rahmen sorgen derweil Claudia Kern und meine Wenigkeit. Unnötig zu erwähnen, dass auch ich direkt mit einem Rewatch beginnen musste und die Liebe zur Serie ein weiteres Mal bestätigt sah. Für die Illustrationen im Buch und auf dem Cover sorgt übrigens erneut Steffi Kurt, die auch die *Star Trek*-Version der Reihe verschönert.

Begeben wir uns nun also gemeinsam noch einmal auf die Reise durch die Geschichte der letzten großen Weltraumstation. Sprechen wir über den Mann, der den Stein ins Rollen brachte, beleuchten wir die Entstehungsgeschichte, die Probleme und die Erfolge, eine Kontroverse, die schon früh die Gemüter erhitzte – und blicken wir auf das, was damals in Deutschland los war, um die Serie ins Fernsehen zu bringen. Mit jedem Band dieser Chronik werden wir dann – wie einst J. Michael Straczynski bei seiner Serie – das Universum erweitern. Dann geht es um die Schauspieler, die Kostüme, die Effekte, die Musik und alles, was uns sonst bemerkenswert erscheint. Sechs Bände mit insgesamt rund 1200 Seiten soll diese Chronik schließlich stark werden. Wir würden uns freuen, Sie, unsere Leser, auf dieser Reise an Bord zu haben.

Doch beginnen wollen wir … natürlich am Anfang.

Das Jahr ist 2258. Der Ort der Handlung: Babylon 5.

Ihr Björn Sülter

KAPITEL 1

Am Anfang war ein Mann

Schauspieler lieben es, im Mittelpunkt zu stehen. Bei Autoren ist das nicht unbedingt so. Auf keinen Fall trifft das bei Joseph Michael Straczynski zu. Der Mann war und ist das Klischee eines Autors – jemand, der gern allein in seinem Büro sitzt und in den Welten aufgeht, die er erschaffen hat. Als *Babylon 5* in Science-Fiction-Kreisen Fahrt aufnahm, musste er jedoch etwas aus dem Schatten hervortreten, was an dieser Stelle maximal einen unbeabsichtigten Gag darstellt.

JMS wurde häufig zu Conventions eingeladen und nahm daran auch teil, um die Serie zu promoten. Aber auf einer Bühne zu stehen und vor Fans zu sprechen, war nicht unbedingt etwas, wobei er sich besonders gut fühlte. Im Gegenteil: Er war nervös, sogar noch nervöser, als wenn er irgendwelchen Managern von Fernsehsendern gegenübersaß. Aber er wusste auch, dass es wichtig war. Darum stand JMS mehr als einmal auf einer Bühne, um über *Babylon 5* zu reden. Wirklich angenehm war ihm das nie. Das Lampenfieber ging auch nicht weg, obschon er wusste, dass vor ihm Hunderte Menschen waren, die seine Schöpfung allesamt liebten.

Aber JMS eignete sich Rituale an. Im Grunde war es nur Fake, aber es sah dadurch aus, als wäre er wirklich gerne auf einer Bühne. Auch das waren Verhaltensmuster, die er erlernt hatte – nicht nur für seine öffentliche Persona, sondern auch im privaten Bereich.

JMS war mit dem Schriftsteller Harlan Ellison befreundet. Dieser lud JMS und seine Frau häufig zu sich ein, aber JMS merkte bald, dass es immer noch einen anderen Gast gab. Irgendwann sprach er Ellison darauf an. Dieser sprach seine Gedanken von jeher sehr offen aus und druckste nicht lange herum, auch wenn er wusste, dass die Antwort sein Gegenüber verletzen würde. Ellison sagte JMS, dass er ihn sehr mochte, dass er ein netter, kreativer, toller Mensch war, jedoch auch, was er nicht war: jemand, der eine Konversation aufrechterhalten konnte. JMS war, so sah Ellison das, eine Art schwarzes Loch bei jeder Dinnerparty, jemand, dem man gut etwas erzählen konnte, der zuhörte, von dem selbst aber nur wenig kam.

Das gab JMS zu denken. Er wusste, dass Ellison recht hatte. Er hatte ein Problem, und er ging es an. Er legte sich Verhaltens- und Kommunikationsmuster zurecht, um bei solchen gemeinsamen Abenden auch für sein Gegenüber interessanter zu werden.

IM HURENHAUS GEZEUGT

JMS hat die Geschichte seiner Familie gehütet, so wie es ihm als Kind beigebracht wurde. Er sprach wenig bis gar nicht über seine formativen Jahre – auch dann nicht, als er sich von seiner Familie längst losgesagt hatte. Erst für seine 2019 publizierte Autobiographie *Becoming Superman – A Memoir* sprach er ausführlicher öffentlich über seine Familie. Über seine Großeltern, die aus Polen entkommen waren, aber auch über die dunklen Seiten der Familie inklusive der Kollaboration mit den Nazis.

Über seine Eltern Charles und Evelyn hat JMS ebenfalls nicht viel Gutes zu sagen. Sein Vater sagte ihm immer, dass er gar nicht wüsste, ob er überhaupt sein Sohn sei, weil seine Mutter einige Zeit in einem Bordell in Seattle gearbeitet hatte. Gut möglich, dass ihr Zuhälter oder ein Kunde sein Vater sei. In den frühen 2000er-Jahren forderte Charles in einem Brief von JMS einen Vaterschaftstest, um das ein für alle Mal zu regeln – und zu verhindern, dass JMS etwas von ihm erben könnte. Das geschah wohlgemerkt an einem Punkt, an dem JMS längst sehr vermögend war! Auch seine Mutter schrieb ihm einen solchen Brief und ließ offen, dass sie nicht genau sagen konnte, ob er acht oder neun Monate nach ihrem Verlassen des Bordells geboren worden war.

JMS wurde am 17. Juli 1954 in Paterson, New Jersey, geboren. Seine Mutter litt an Depressionen; der Tod seiner Schwester Vicky im Kindsbett konnte durchaus von Evelyn verursacht worden sein. Der Vater war ein Sadist, die Mutter wurde mehrmals in die Psychiatrie eingewiesen, und der kleine Joe kam zu seiner Großmutter, um bei ihr zu leben. So wuchs JMS in einer Familie auf, in der es keine Liebe gab, auch nicht für Joes Schwester, die nach ihm geboren wurde.

Der Vater war außerdem ein Trinker, der mit allen Mitteln versuchte, die Kontrolle über jedes Familienmitglied zu behalten.

Dazu kam die Mutter, die depressiv und gewalttätig war. Es war ein Haushalt des Grauens, einer, in dem nur das Lesen von Comics und das Ansehen von Serien blieben – besonders gefiel ihm *Adventures of Superman (Superman – Retter in der Not,* 1952-1957) mit George Reeves in der Hauptrolle. Es waren die Comics, die seine Liebe zum Geschichtenerzählen weckten. Er las jedes Heft zuerst als Fan, dann wieder und wieder, um zu ergründen, wie die Story aufgebaut und wie die Dialoge gestaltet waren. Aber er erlebte auch, was viele Kinder und Jugendliche in jener Zeit erleben mussten – sein Vater zerstörte seine komplette Comic-Sammlung.

Die Familie zog mehrmals um, der Vater trank mehr, wurde wütender, schlug seine Frau. Die Situation stand kurz vor der Eskalation.

Als JMS 17 Jahre alt, verprügelte der Vater ein weiteres Mal seine Mutter, und JMS wäre bereit gewesen, ihn zu erschießen, wenn er nur die Munition für das Gewehr gefunden hätte. Er tat es nicht, aber JMS wurde klar, dass er aus diesem Haus heraus musste. Sein Leben wurde dadurch nicht unbedingt besser, auch wenn er nun für sich selbst sorgte. Seine erste Liebe kam und ging, doch was blieb, war der Wunsch, Geschichten zu erzählen – und leider auch eine Familie, die ihn weiterhin klein hielt.

JMS besuchte das Southwestern College und später die San Diego State University – er studierte Psychologie und Soziologie sowie Philosophie und Literatur. An der Universität begann er auch, für die Studentenzeitung *The Daily Aztec* zu schreiben, und zwar so viele Artikel, dass man ihn schon den »Daily Joe« nannte. Zugleich begann er auch, Geschichten zu schreiben. Er belegte Kurse und erkannte, dass er ein Talent besaß, wohingegen andere nur den Wunsch hatten, zu schreiben. Wenn die Aufgabe lautete, eine zehnseitige Geschichte zu schreiben, lieferte er oft welche ab, die deutlich umfangreicher waren, während die anderen schon Schwierigkeiten hatten, überhaupt zehn Seiten zu füllen.

JMS war bewusst, was er werden wollte, vielleicht unter anderem deshalb, weil sein Vater ihn immer wieder anbrüllte und verkündete, dass man mit Schreiben kein Geld verdienen konnte. Nach dem Abschluss am College lebte JMS in San Diego und schrieb für zahlreiche Zeitungen. Zu der Zeit war er schon mit Kathryn

M. Drennan zusammen, die der an der SDSU kennen gelernt hate. Beide zogen 1981 auch gemeinsam nach Los Angeles und heirateten zwei Jahre später. 1999 trennten sie sich, die Scheidung wurde 2001 besiegelt.

SCHREIBEN IN DEN ACHTZIGERN

JMS schrieb für Zeitungen, verfasste Bühnenstücke und schrieb Hörspiele für das örtliche Radio, vor allem für die Show *Alien Worlds*. Er hatte mit *Marty Sprinkle* sein erstes, lokales TV-Projekt, das er im Rückblick als absolut grauenhaft empfindet. Nach dem Umzug nach Los Angeles schrieb er auch dort für namhafte Zeitungen und interviewte zusammen für die Radio-Talk-Show *Hour 25* Autoren, Regisseure, Schauspieler und Produzenten. Das klingt einfacher, als es war. Für JMS war es notwendig geworden, San Diego zu verlassen, weil er dort als Journalist zu viele Brücken hinter sich abgebrannt hatte. Schon damals zeigte sich, dass er für jedes Wort kämpfte, das er schrieb.

Später konnte er es sich erlauben, zu diktieren, dass seine Texte gänzlich ohne Änderungen benutzt wurden – oder er hätte sie nicht freigegeben. Drennan war in San Diego sehr viel erfolgreicher als er, aber sie war bereit, mit ihm ins kalte Wasser zu springen und neue Karrieren in Los Angeles anzustreben.

Die Zeiten waren jedoch hart. JMS konnte eine Kurzgeschichte verkaufen und schrieb regelmäßig für verschiedene Magazine. Drennan hatte ihre Höhen und Tiefen, da nicht jedes Projekt, an dem sie beteiligt war, auch Wirklichkeit wurde.

JMS hatte in den frühen 1980er-Jahren *The Complete Book of Scriptwriting* verfasst. Er schrieb auch auf Verdacht ein Skript für die Zeichentrickserie *He-Man and the Masters of the Universe (He-Man: Im Tal der Macht,* 1983-1985). Das Skript wurde gekauft und weitere danach in Auftrag gegeben. Anschließend wurde er in den Autorenstab übernommen. Er arbeitete zusammen mit Larry DiTillio als Story Editor für diese, aber auch für die Spin-off-Serie *She-Ra: Princess of Power (She-Ra: Prinzessin der Macht,* 1985-1987). Allerdings wurden beide nicht als Story Editors genannt, ein Umstand, der zum Streit mit dem Produktionsstudio Filmation führte, weswegen beide kündigten und daraufhin und bei der Animationsserie *Jayce and the Wheeled Warriors* (1985-1986) als Autoren anheuerten.

Beide Männer verstanden sich sehr gut, sie liebten auch beide Comics – und hier insbesondere die Fantasy-Serie *ElfQuest* von Wendy und Richard Pini. In der zweiten Hälfte der 1980er-Jahre versuchten sie, eine Animationsserie daraus zu machen. CBS bekundete auch Interesse, das Projekt kam aber nicht vom Fleck, weil der Sender eine Ausrichtung auf ein viel jüngeres Publikum wollte, als es JMS und DiTillio vorschwebte.

Jayce and the Wheeled Warriors wurde von der Firma DIC produziert, die auch den Auftrag an Land zogen, aus dem Film *Ghostbusters (Ghostbusters,* 1985) eine Fernsehserie zu machen: *The Real Ghostbusters (The Real Ghostbusters,* 1986-1991). Len Janson und Chuck Menville sollten die Showrunner sein und holten JMS zu dem Projekt hinzu. Was zuerst eine 13-Folgen-Bestellung war, wurde schließlich eine, die ganze 65 Folgen umfasste. Darum beschlossen Janson und Menville, nur an ihren eigenen Drehbüchern für die Show zu arbeiten, während der DIC-Boss Jean Chalopin JMS zum Story Editor der Serie machte.

Die Serie lief erfolgreich, zum Ende gab es aber eigenartige Änderungen. So wuchs Slimer irgendwann ein Schwanz, der sich in der letzten Staffel wieder zurückgebildet hatte, und das Aussehen der Sekretärin war gänzlich anders. Selbst ihre Persönlichkeit veränderte sich.

Der Grund hierfür war, dass der Sender ABC mit der Beratungsfirma Q5 zusammenarbeitete, da man Verbesserungen erreichen wollte, durch die die schwächelnden Quoten des Samstag-Vormittag-Programms ausgeglichen würden. Das stieß den Autoren übel auf. JMS merkte an, dass viele dieser Änderungen rassistisch und sexistisch waren. So wurde aus dem farbigen Winston der Fahrer der Ghostbusters, und Janine sollte weniger »nuttig« daherkommen.

Um die Änderungen weiter zu verdeutlichen: Janines spitz geformte Brillengläser mussten rund werden, »weil spitze Objekte Kindern Angst machen würden«.

JMS verließ die Show aus Protest, wurde später aber zurückgeholt, denn die neu implementierten Ideen sorgten nicht für bessere

Quoten, sondern ließen sie abstürzen. Da die Geister noch alberner gestaltet waren und jeder Bezug auf ihren Tod oder das Nachleben fallengelassen wurde, geriet die Serie auch immer zahnloser. Derweil entwickelte JMS die Serie *Spiral Zone,* schrieb aber nur ein Skript und zog seinen Namen von dem Projekt zurück, weil es Änderungen gab, mit denen der Autor nicht leben wollte.

JMS hatte im Bereich Animation durchaus Erfolg, versuchte dann aber, in den Live-Action-Bereich zu gelangen. Er schrieb ein Drehbuch für *The Twilight Zone (Unbekannte Dimensionen,* 1985-1989), das so gut ankam, dass weitere Aufträge folgten. Insgesamt verfasste JMS zwölf Drehbücher für die Serie. Außerdem adaptierte er die Geschichte von Dr. Jekyll und Mr. Hyde für die Anthologie-Serie *Nightmare Classics* (1989).

Der Autor wurde Story Editor bei der neuen Science-Fiction-Serie *Captain Power and the Soldiers of the Future (Captain Power,* 1987-1988). Streitigkeiten mit dem Finanzier Mattel führten jedoch dazu, dass er für eine zweite Staffel nicht zur Verfügung stand. Stattdessen empfahl er Larry DiTillio, um seinen Platz einzunehmen, letztlich kam es aber nicht zur zweiten Season, weil Mattel die Finanzierung einstellte.

ZWISCHENSPIEL

Captain Power and the Soldiers of the Future

Befassen wir uns doch für einen Moment näher mit dieser Serie. Bemerkenswert ist *Captain Power and the Soldiers of the Future* nämlich vor allem, weil der spätere Schöpfer von *Babylon 5* hier erstmals versuchte, eine große Science-Fiction-Geschichte im Fernsehen zu erzählen.

Dafür zeichnen Gary Goddard, der *Masters of the Universe (Masters of the Universe,* 1987) inszeniert hat und in den letzten Jahren vor allem über seine eigene #metoo-Affäre stolperte, und Tony Christopher verantwortlich, aber keiner von beiden hat tatsächlich ein Drehbuch verfasst. Das fiel Marc Scott Zicree zu, der die Ideen der beiden als Fernsehserie entwickelte.

Er holte auch JMS zur Serie, der sich schon nach wenigen Folgen zum de-facto-Headwriter entwickelte und 14 der 22 Folgen schrieb beziehungsweise die Story vorgab. Er war es auch, der in einer Folge »Babylon 5« erwähnte, ohne zu beschreiben, was dies ist. Das wusste er wohl selbst noch nicht, aber er mochte den Klang und ließ Tank erklären, dass er von dort gekommen sei.

Wir schreiben das Jahr 2147: Der Krieg zwischen Menschen und Maschinen endete zu Ungunsten der Menschheit. Der Anführer der Maschinen, Lord Dread, selbst halb Mensch, halb Maschine, führt ein hartes Regime. Sein Ziel ist es, alle Menschen zu digitalisieren und in unsterbliche Roboterkörper einzusetzen. Eine kleine Gruppe von Soldaten, angeführt von Jonathan Power, macht sich daran, diesen Wahnsinn zu beenden. Sie nennen sich Soldiers of the Future und verfügen über spezielle Kampfrüstungen, mit denen sie gegen einen schier übermächtigen Feind antreten, um die Menschheit zu retten.

Entwickelt wurden die Helden der Zukunft auch, weil man einen Deal mit der Firma Mattel hatte, von der jede Menge Actionfiguren produziert wurden. Zudem gab es Videokassetten mit Spielsegmenten, für die man eine eigene »Waffe« benötigte.

Man zielte damit etwa auf die Brust der Gegner und erhielt Punkte für Treffer. Außerdem musste man die gegnerischen Schüsse »abschießen«, um nicht selbst getroffen zu werden.

Die Serie war auf Kinder ausgerichtet. JMS gestaltete sie aber dennoch sehr erwachsen – mit Beziehungen innerhalb der Gruppe, mit sexuellen Andeutungen und immer wieder einmal mit leichter Profanität. Dennoch wurde vor allem eine wirklich große Geschichte erzählt.

In den Hauptrollen agieren Tim Dunigan, Jessica Steen *(Earth 2 [Earth 2,* 1994-1995]), Sven-Ole Thorsen *(The Running Man [Running Man,* 1987]) und Maurice Dean Wint *(Robocop: Prime Directives [Robocop – Prime Directives,* 2001]).

Tim Dunigan ist ein Schauspieler, den Fans von *The A-Team (Das A-Team,* 1983-1987) ebenso wie Fans von SF-Serien der 80er-Jahre kennen dürften. Der 1955 geborene Schauspieler erhielt 1983 für den Pilotfilm von *The A-Team* die Rolle des Faceman. Eigentlich hätte er damit als Schauspieler zu Ruhm und Reichtum kommen sollen, denn die Stephen-J.-Cannell-Produktion war einer der großen Serienhits der 80er Jahre. Doch nach dem Pilotfilm entließ man ihn aus seinem Vertrag. Die Produzenten waren zu der Erkenntnis gelangt, dass er für die Rolle viel zu jung sei. Ersetzt wurde er dementsprechend vom zehn Jahre älteren Dirk Benedict. Die Geschichte eines Erfolgs über Nacht war damit zum Teufel, denn mit dem Pilotfilm hatte Dunigan sein Film- und Fernsehdebüt gegeben. Die folgenden Jahre waren geprägt von einer Handvoll Gastauftritte in Serien und einem Fernsehfilm. Erst 1987 erhielt er seine zweite Chance auf eine erfolgreiche Karriere als Schauspieler. Er wurde Captain Power. Nach dem Ende der Serie verschwand Tim Dunigan mehr oder weniger von der Bildfläche. Ein paar Gastauftritte in Serien hatte er zwar, doch davon konnte kein Mensch leben. 1991 verließ er effektiv das Showbusiness, auch wenn er noch gelegentlich bis 1995 in Serien zu sehen war und ein letztes Mal 2002 für eine Folge von *JAG (J.A.G. – Im Auftrag der Ehre,* 1995-2005) vor der Kamera stand. Tim Dunigan war danach ein erfolgreicher Geschäftsmann und Immobilienmakler, der besonders häufig für Kollegen der Schauspielergewerkschaft SAG tätig geworden ist.

Beeindruckend war die Serie seinerzeit auch, weil es hier computergenerierte Sequenzen gab, beispielsweise den fliegenden Roboterlakaien von Lord Dread. Hinter den Kulissen waren bereits einige der Leute tätig, die später mit JMS *Babylon 5* verwirklichen sollten.

Die Show überlebte nach ihrem Start im Jahr 1987 nur eine Staffel, da sie mit Produktionskosten von einer Million Dollar pro Folge zu teuer war und zwischen allen Stühlen saß: zu gewalttätig für Kinder, vom Titel her zu simpel für Erwachsene. Wer sie gesehen hat und das SF-Herz auf dem rechten Fleck trägt, wird aber wahrscheinlich mit einiger Nostalgie auf diese doch ziemlich coole Serie zurückblicken.

Die zweite Staffel hätte noch größer werden sollen. Die Drehbücher waren bereits geschrieben, verwirklicht wurden sie jedoch nicht mehr.

Seit ein paar Jahren heißt es immer wieder, ein Revival der Serie stünde an, aber bisher hat sich in dieser Hinsicht nicht wirklich etwas getan.

Die Serie debütierte hierzulande mit vier Videokassetten zum Ende der 1980er Jahre, wobei auf jeder vier Episoden enthalten waren, allerdings fehlten bei den meisten Vor- und Abspann.

Im Juni 1989 lief die Show dann im Abendprogramm von RTLplus an. Von 1990 bis 1992 wurde sie mehrmals im Morgenprogramm des Senders ausgestrahlt. Seitdem wurde *Captain Power and the Soldiers of the Future* nicht mehr im Fernsehen gesendet.

Am 31. Mai 2019 wurde die komplette Staffel in einer kostengünstigen Box von *Endless Classics* veröffentlicht – mit allen 22 Folgen auf drei DVDs. Allerdings ist wirklich nicht alles Gold, was glänzt. Bei der Bildqualität muss man einige Abstriche machen. Hier gab es ganz offensichtlich kein gutes Material. Entsprechend sieht das Ganze auch aus, als würde man eine alte VHS ansehen, mit verwaschenen Farben und unscharfem Bild. Sicher, man hätte sich hier mehr erhofft und gewünscht, mehr war aber wohl nicht möglich. Immerhin ist der Ton gut zu verstehen. Leider gibt es noch einen weiteren Wermutstropfen, denn für die Folgen 17 bis 22 – und damit auch das Finale der Serie – gibt es keine deutsche Lokalisation. Wieso das so ist, ist unklar, da die Serie

Ende der 1980er-Jahre komplett in deutscher Sprache bei RTLplus ausgestrahlt wurde. Enthalten ist dafür noch der Kompilationsfilm *Galaxy Heroes*. Darum empfiehlt es sich auch nicht, diesen Film zuerst anzusehen, denn hierin sind die letzten zwei Folgen der Serie enthalten, sodass man zumindest über diesen Umweg eine Synchronisation dafür geboten bekommt.

KAPITEL 2

Auf dem Weg zu *Babylon 5*

In den späten 1980er-Jahren lernte JMS Harlan Ellison kennen und freundete sich mit dem streitbaren Schriftsteller an. Er heuerte ihn auch für eine Folge von *The Twilight Zone* an, als er nach dem Ende des Autorenstreiks im Jahr 1988 bei er Serie Executive Story Editor war.

Nach dem Ende der unheimlichen Geschichten schrieb JMS vier Folgen für die Serie *Jake and the Fatman (Jake und McCabe – Durch dick und dünn,* 1987-1992), verließ die Show aber zusammen mit Jeri Taylor und David Moessinger, die ihn angeheuert hatten. Moessinger wurde dann bei *Murder, She Wrote (Mord ist ihr Hobby,* 1984-1996) eingesetzt und holte auch JMS hinzu. Er betätigte sich von 1991 bis 1993 als Ko-Produzent und schrieb insgesamt sieben Folgen selbst. Auf sein Bestreben hin nahm die Serie Änderungen vor – die Hauptfigur verließ das beschauliche Städtchen in Maine, in dem sie lebte, und ging nach New York City. Außerdem legte JMS mehr Wert darauf, zu zeigen, welche Herausforderungen mit Jessica Fletchers Karriere als Schriftstellerin verbunden waren. Die Quoten der Serie wurden deutlich besser.

Für Moessinger verfasste JMS zudem ein Skript für eine Folge der ersten Staffel von *Walker, Texas Ranger (Walker, Texas Ranger,* 1993-2001). Zu dem Zeitpunkt hatte er bereits den Pilotfilm von *Babylon 5* geschrieben. JMS steckte also schon mitten in den Vorbereitungen für seine eigene Serie. Den Rest der 1990er-Jahre verbrachte er vornehmlich in der Welt von *Babylon 5*. Er schrieb von 110 Episoden ganze 92 allein und produzierte die Show. Später meinte er, das seien die Jahre gewesen, in denen er grau geworden wäre. Außerdem konnte er sich an vieles gar nicht mehr erinnern, weil sein Leben sich nur noch um *Babylon 5* drehte.

Nach dem Ende der Serie produzierte er ein paar Fernsehfilme zu *Babylon 5*, dann kam das Spin-off *Crusade (Crusade,* 1999). Dieses wurde für den Sender TNT produziert, der allerdings kein großes Vertrauen in die Serie mitbrachte. Die Sende-Reihenfolge wurde völlig verändert und die Show nach nur dreizehn Folgen eingestellt. Da war von dem großen Plan, den JMS auch für diese Serie hatte, kaum mehr etwas zu sehen gewesen.

Und so endete es, denn das war das (vorläufige) Ende von *Babylon 5*. Versuche, es wiederzubeleben, gab es jedoch noch: den Pilotfilm *Babylon 5: The Legend of the Rangers (Babylon 5: The Legend of the Rangers,* 2002), der für den SYFY Channel gedacht war, aber nicht in Serie ging, und den Direkt-auf-DVD-Film *Babylon 5: The Lost Tales (Babylon 5: Vergessene Legenden,* 2007), dem aber auch nichts weiter folgte. Einige Zeit war JMS darauf bedacht, einen Kinofilm zu *Babylon 5* zu machen. Das Skript zu *The Memory of Shadows* war fertig, letztlich wurde es aber nie umgesetzt. In jüngster Zeit war JMS damit beschäftigt, eine Neuauflage der Serie für den Sender The CW zu produzieren, doch auch hier gab es immer wieder Verzögerungen.

Nach dem Ende von *Crusade* verfasste JMS noch ein Drehbuch für den Fernsehfilm zu *Murder, She Wrote: A Story to Die For (Eine zum Sterben schöne Geschichte,* 2000). Zwei Jahre später verantwortete er die SF-Serie *Jeremiah (Jeremiah – Krieger des Donners,* 2002-2004), die auf den Comics von Hermann Huppen basierte, mit ihnen jedoch nur wenig gemein hat.

Eine Seuche rafft alle Menschen jenseits der Pubertät dahin. Die übrig gebliebenen Teenager richten Kultur und Zivilisation zugrunde. 15 Jahre später macht sich Einzelgänger Jeremiah auf die Suche nach dem geheimnisvollen Valhalla-Sektor. Unterwegs trifft er auf den Dieb Kurdy. Jeremiah wird von Luke Perry gespielt, der in den frühen 1990er Jahren als Dylan McKay in *Beverly Hills 90210 (Beverly Hills 90210,* 1990-2000) bekannt wurde. Jeremiahs Kumpel Kurdy wird von Malcolm Jamal Warner gespielt. Der war einst Cliff Huxtables Sohn in *The Bill Cosby Show (Die Bill Cosby Show,* 1984-1992), hatte in den letzten Jahren aber auch mit der Krankenhausserie *The Resident (Atlanta Medical,* seit 2018) Erfolg.

Richtigen Erfolg hatte die Serie aber nie, es gab nur zwei Staffeln. Für JMS war die Arbeit daran ohnehin keine Freude. Er geriet ständig mit dem produzierenden Studio MGM aneinander und erklärte später, dass er nie wieder mit MGM arbeiten würde – es sei denn, ein neues Management wäre am Ruder.

DER COMIC-AUTOR

JMS hatte schon in den 1980er Jahren vereinzelt Comic-Hefte geschrieben, darunter auch eines zu *Star Trek* (Nr. 17 der zweiten DC-Serie). Zum Ende der 1990er-Jahre ging er diese Leidenschaft jedoch etwas offensiver an. Er erschuf seinen eigenen Imprint Joe's Comics, mit dem er verschiedene Comics über den Verlag Image veröffentlichte. Die Serien *Rising Stars* und *Midnight Nation* waren dabei große Erfolge.

Ersteres ist ein großes, in drei Akten abgeschlossenes Superhelden-Projekt, mit dem sich JMS anschickte, das Genre zu revolutionieren. Er erzählt von einem Kometeneinschlag in einer Kleinstadt in Illinois, durch den 113 Kinder noch im Mutterleib zu Superkräften gelangen. Nur eines von ihnen wird überleben: John Simmons alias Poet. Die Serie umfasst vierundzwanzig Hefte und erzählt eine Geschichte mit großen Superheldenthemen, vor allem aber auch mit exakt austarierten Charakteren und vielen menschlichen Momenten.

Midnight Nation besteht aus zwölf Heften. Im Mittelpunkt steht David Grey, der bei der Mordkommission in Los Angeles tätig ist. Als er in einem mysteriösen Fall ermittelt, wird er umgebracht und erwacht in einer Zwischenwelt wieder. Dort erfährt er, dass er seine Seele wiederfinden muss oder einer der Seelenjäger wird, die niemals Ruhe finden werden.

Beide Serien waren ein immenser Erfolg, da JMS eine große Fanschar, die er sich mit *Babylon 5* erarbeitet hatte, auch zu den Comics brachte.

Danach begann er für Marvel zu schreiben. Von 2001 bis 2007 war er sogar exklusiv als Comic-Autor nur für diesen Verlag tätig. JMS schrieb jahrelang *The Amazing Spider-Man;* er verließ die Serie jedoch, als die Chefredaktion Eingriffe in seine Geschichte vornahm – ein No-Go bei JMS. Zuvor hatte er begonnen, in einem großen Storybogen Spider-Man rundzuerneuern und die Hintergründe von dessen Kräften neu zu definieren. Er brachte die Totems ein, die mit den Tierkräften vieler von Spider-Mans Gegnern zu tun haben. Denn JMS hatte erkannt, dass gerade der Spinnenmensch ausgesprochen viele Schurken in seiner Feindesgalerie hat, die ebenfalls auf Tiere zurückgehen – seien es der Puma, der Skorpion, der Geier oder auch der relativ alberne Gibbon.

Danach wechselte er zu DC Comics, wo er unter anderem *The Brave and the Bold* und *Superman* schrieb. Er ließ Superman auf einen Selbstfindungstrip gehen und durch die USA ziehen, um das wahre Amerika zu finden. Mit der Graphic Novel *Superman: Earth One* konnte JMS die Ursprungsgeschichte seines Lieblingshelden aktualisieren. Im Jahr 2012 schrieb er mit *Dr. Manhattan* und *Nite-Owl* auch zwei der *Before Watchmen*-Miniserien, die vor Alan Moores grandioser Graphic Novel angesiedelt sind.

Im Interview mit *Comic Book Resources* erklärte, dass diese neue Welle an *Watchmen*-Comics auch zustande kam, um die Figuren relevant zu machen und den Lesern eine Geschichte zu erzählen, die ebenso wie die originale Graphic Novel eine Form von Bedeutung haben, also nicht nur banales Superheldengekloppe sein soll, aber im Vorfeld durfte man zumindest Zweifel hegen.

Watchmen war in den 1980er Jahren relevant, weil es eine gegenwärtige Geschichte war. Es gab zwar viele Rückblicke in die Vergangenheit, die Haupthandlung fand jedoch im Hier und Jetzt statt. Das geht den Prequels ab und macht es deutlich schwieriger, mit Subtext zu operieren. Dafür entschied JMS sich, mit seinem Konzept der fünf Wahrheiten zu arbeiten. *CBR* erklärte er: »Ich erwähnte im Vorgespräch mit Chefredakteur Dan Didio, dass ich glaube, dass es fünf Wahrheiten gibt. Die Wahrheit, die man lockeren Bekannten offenbart. Die Wahrheit, die man der Familie und engen Freunden offenbart. Die Wahrheit, die man im ganzen Leben nur wenigen Menschen offenbart. Die Wahrheit, die man nur sich selbst gegenüber eingesteht, und die Wahrheit, die man sich nicht einmal selbst eingesteht.«

Didio gefiel das – die letzten dieser beiden Wahrheiten sah er auch als thematischen Kern der ganzen *Before Watchmen*-Serien an.

Ein Jahr später belebte JMS sein Label Joe's Comics neu und schrieb eine Reihe von Miniserien. Von 2013 bis 2015 erschienen die Serien *Ten Grand* mit Ben Templesmith, *Sidekick* mit Tom Mandrake, *Protectors, Inc.* mit Gordon Purcell, *The Adventures of Apocalypse Al* mit Sid Kotian, *Dream Police* mit Sid Kotian und *Alone* mit Bill Sienkiewicz. Geplant war zudem für 2014 mit *The*

Book of Lost Souls mit Colleen Doran eine Fortsetzung der 2005 bei Marvel veröffentlichten Miniserie, doch diese erschien nie.

Außerdem verfasste er zwölfteilige Serien zu *The Twilight Zone* und *Terminator Salvation: The Final Battle.* Eigentlich gab er danach bekannt, sich aus dem Comic-Geschäft zurückzuziehen, seit 2020 ist er jedoch der Kopf des Creative Council des neuen Verlags AWA: Artists Writers & Artisans, wo er verantwortlich ist, ein ›shared universe‹ für die Autoren zu erschaffen, die für den Verlag tätig werden. Er selbst hat unter anderem mit *Resistance* auch wieder eigene Comics geschrieben.

Resistance ist eine Geschichte, die schon vor Corona geschrieben wurde, aber ausgesprochen aktuell ist. Denn ein Virus dezimiert die Weltbevölkerung. Dann verschwindet er, doch einige der Überlebenden haben nun Superkräfte. Damit jedoch nicht genug: Die USA versinken in einem neuen Faschismus, weswegen manche dieser neugeborenen Helden sich entscheiden müssen, in den Widerstand zu gehen. JMS ist toll darin, neue Welten zu erschaffen. Das merkt man auch dieser Serie an, die mehr als typische Superheldenkost darstellt und stattdessen stärker noch auf die politische Ebene und den dystopischen Hintergrund setzt.

DAS EIGENE STUDIO

Im Jahr 2012 kündigte er den Launch von Studio JMS an, mit dem Fernsehserien, Filme, Comics und mehr produziert werden sollten. Ein Ergebnis davon war die Science-Fiction-Serie *Sense8 (Sense8,* 2015-2018), die zusammen mit den Wachowski-Schwestern entstand. Bei Studio JMS diente Patricia Tallman zunächst als CEO und Ausführende Produzentin. Zu dem Zeitpunkt waren JMS und sie ein Paar. Sie hatten sich nach JMS‘ Trennung von Kathryn M. Drennan häufiger gesehen und ineinander verliebt. Im Jahr 2013 endete aber ihre Beziehung und damit auch ihr Engagement beim Studio JMS.

Sense8 war eine starke und besondere Serie, aber vielleicht nicht gar so leicht zugänglich. JMS lässt sich mit seinen Geschichten eben Zeit. Er fordert Geduld ein, doch er belohnt diese mit interessanten Story-Wendungen und Überraschungen. Bei

Babylon 5 war praktisch die gesamte erste Staffel nichts anderes als Exposition. Ähnlich ist es bei *Sense8*. Man muss die Geduld mitbringen, mehrere Folgen zu sehen, bis sich die Geschichte zu erschließen beginnt.

Acht einander völlig fremde Menschen aus unterschiedlichen Kulturen und Ländern erleben nach dem Selbstmord einer Frau allesamt Träume und Visionen. Sie sehen die Frau, sehen aber auch Dinge und Elemente, die die anderen erleben. Von nun an sind sie mental und emotional miteinander verbunden – es ist ein evolutionärer Sprung des Menschen, ausgelöst durch eine technologische Errungenschaft.

Während jeder der acht noch zu verstehen versucht, was mit ihm geschieht, arbeitet der mysteriöse Jonas daran, sie alle zusammenzubringen, während Mr. Whispers und seine Organisation alles daransetzen, sie zu fangen und zu töten. Er benutzt dabei die gleiche Fähigkeit wie die anderen Acht.

Die Serie lässt sich Zeit, die Figuren auszubauen. Mit jeder Episode werden die Hintergründe der Figuren genauer beleuchtet, auch und gerade in Hinblick darauf, was sie unterscheidet, aber auch, was sie verbindet.

Der Anfang erinnert an *Heroes*. Dort erhielten ebenfalls Figuren aus allen Teilen der Welt urplötzlich Kräfte und mussten sich zusammenraufen. Bei *Sense8* sind es nicht Kräfte im traditionellen Sinn, sondern vielmehr handelt es sich um einen evolutionären Schritt, den die Erzähler sehr gekonnt nutzen.

Sie begreifen Science-Fiction nämlich als das, was es im besten Fall immer ist: eine Möglichkeit, die Welt zu betrachten, sie zu analysieren und konsequent weiterzudenken, also zu beleuchten, was passieren könnte. Science-Fiction soll durch Übersteigerung den Blick auf den eigenen Ereignishorizont schärfen.

Das gelingt *Sense8*, denn hier geht es nicht um das Plakative, nicht um Action und Mysterien. Zwar spielt das alles mit hinein, in erster Linie interessiert sich die Serie aber für ganz andere Themen: Politik, Identität, Geschlecht, Sexualität und Religion.

Mit JMS und den Wachowskis, die auch einen guten Teil der Episoden inszeniert haben, fanden sich hier namhafte Macher ein. Sie hatten auch weitere Talente angezogen. So wurden weitere

Folgen von Tom Tykwer und James McTeigue inszeniert. Tykwer hat zudem auch an der Gestaltung der Musik mitgewirkt.

Sense8 ist eine internationale Serie. Sie spielt nicht nur in den USA, sondern auf verschiedenen Kontinenten. Zwar lassen die Macher alle Figuren Englisch sprechen, aber das ist eine rein logistische Entscheidung. Verständnisschwierigkeiten aufgrund unterschiedlicher Sprachen hätten hier keinen Reiz, sondern ein Hindernis dargestellt. Das erlaubt auch, Schauspieler aus aller Herren Länder zu verpflichten, so etwa Max Riemelt aus Deutschland.

Die Grundidee geht auf die Wachowskis zurück, die sich fragten, wie Technologie die Evolution bedingt. Sie luden JMS ein, um gemeinsam eine Serie zu entwickeln. Nachdem die Grundidee ausgearbeitet war, teilten sie sich das Schreiben der Drehbücher und überarbeiteten dann jeweils das des anderen. JMS arbeitete hier vor allem mit Lana Wachowski zusammen, die ihre eigenen Erfahrungen als Transgender-Frau in die Figur Nomi einfließen konnte – ein für sie nach eigenem Bekunden oft schmerzhafter, aber lohnender Prozess.

JMS sah die Serie als eine große Geschichte an, die über fünf Staffeln erzählt werden sollte. Dazu kam es dann aber leider nicht. Nach zwei Staffeln war Schluss – wie das bei Neflix leider häufig der Fall ist. Versuche, die Show woanders zu positionieren, scheiterten.

SCHREIBEN FÜRS KINO

Schon in den 80er-Jahren war JMS in einem Archiv auf die wahre Geschichte einer Frau gestoßen, deren Sohn Ende der 20er-Jahre entführt und von der Polizei zurückgebracht wurde. Aber es war nicht ihr Sohn, sondern ein anderer Junge. Doch niemand wollte das eingestehen, so dass man der Frau unterstellte, verrückt zu sein. Das machte JMS zur Basis seines Drehbuchs *The Changeling (Der fremde Sohn,* 2008), das so gut war, dass ein Bieterkrieg ausbrach.

Zudem entwickelte er bereits 2007 die Geschichte für *World War Z (World War Z,* 2013), schrieb für Joel Silver innerhalb von 53 Stunden das Skript zum Actionfilm *Ninja Assassin (Ninja Assassin,*

2009), entwickelte die Story für *Thor (Thor,* 2011) und schrieb das Skript für den Vampir-Film *Underworld: Awakening (Underworld: Awakening,* 2012).

Im Jahr 2006 wurde er von Universal angeheuert, die Geschichte von König David umzusetzen, im Jahr darauf schrieb er dann ein Skript für einen Silver-Surfer-Film, der als Spin-off von *Fantastic Four: Rise of the Silver Surfer (Fantastic Four: Rise of the Silver Surfer,* 2007) funktionieren sollte. Außerdem adaptierte er für Tom Hanks' Firma Playtone Productiosn den Roman *They Marched Into Sunlight,* den Paul Greengrass verfilmen wollte.

Als nächstes schrieb er ein Drehbuch zum SF-Klassiker *Lensman*, verkaufte Ron Howard ein eigenes Skript namens *The Flickering Light* und verkaufte ein weiteres namens *Proving Ground* an Tom Cruise. Danach war er im Gespräch, das Remake von *Forbidden Planet (Alarm im Weltall,* 1956) zu schreiben und entwickelte für Jerry Bruckheimer einen Film mit dem Titel *Shattered Union,* der auf dem gleichnamigen Game basiert, das von einem gegenwärtigen amerikanischen Bürgerkrieg erzählt. Ein weiteres Skript, das er verfasste, basiert auf dem Comic *Shadowman.* Außerdem schrieb er ein Skript zur Harlan-Ellison-Kurzgeschichte *„Repent, Harlequin!" Said the Ticktockman.*

Des Weiteren war JMS an der Serie *Red Mars* beteiligt, die für Spike TV entstehen sollte. Das war im Sommer 2016. Da hatte JMS den Posten als Showrunner aber schon aufgegeben. Die Serie ist bis dato nicht produziert worden.

Zur Mitte der 2000er-Jahre stellte JMS bei Paramount Studios ein eigenes *Star Trek*-Projekt vor, man winkte jedoch ab. Im vorletzten Jahr zeigte JMS dann Interesse daran, neuer Showrunner von *Doctor Who* zu werden, aber zu dem Zeitpunkt hatte die BBC bereits Russell T. Davies als rückkehrenden Showrunner nach dem Weggang von Chris Chibnall ins Auge gefasst.

BESCHÄFTIGUNG MIT DEM EIGENEN LEBEN

Im Jahr 2015 beschloss JMS, dass er seine eigene, aber auch die Geschichte seiner Familie erzählen wollte. Vier Jahre war er mit seinen Memoiren *Becoming Superman* beschäftigt. Eine Zeit, die nicht immer leicht war, da die Beschäftigung mit der unschönen Vergangenheit auch unschöne Erinnerungen wachrief. Aber das Schreiben dieses Buches war für JMS auch kathartisch, weil er mit vielem abschließen und sich selbst vor Augen führen konnte, den richtigen Weg eingeschlagen zu haben.

Es ist ein bemerkenswertes Buch, das sich tatsächlich teilswie ein spannender Roman liest – insbesondere in all den Passagen, die mit der Kindheit und Jugend zu tun haben, aber auch in jenen, die sich damit befassen, wie sein Vater immer wieder versuchte, an seinen Sohn heranzukommen – selbst dann, als dieser ihn schon längst aus seinem Leben getilgt hatte.

JMS hat sich nie verbogen. Er folgte immer seinen Idealen und Prinzipien, und er stellte die Integrität seiner Arbeit über alles. Damit machte er es sich selbst und den Leuten, mit denen er arbeitete, nicht leicht, aber dafür hat er auch ein Werk geschaffen – Sachbücher, Comics, Romane, Theaterstücke, Filme und Fernsehserien –, das seinesgleichen sucht.

JMS ist mehr als nur *Babylon 5*, aber *Babylon 5* ist ganz und gar JMS!

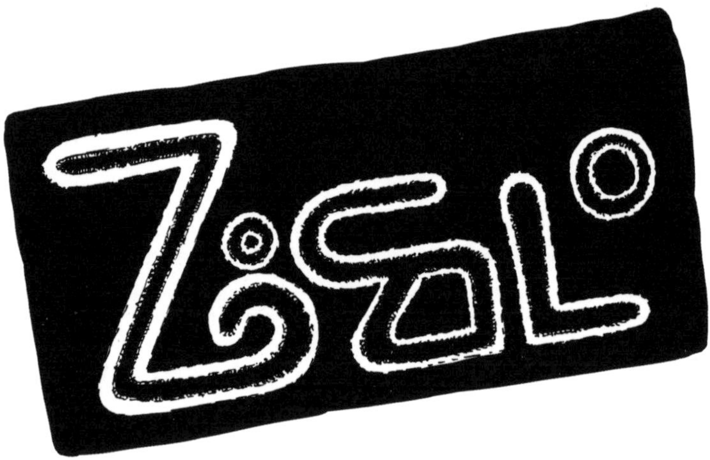

KAPITEL 3

Von der Idee zur fertigen Serie: Ein Roman für das Fernsehen

Heute betrachten wir es als völlig normal, dass die Folgen von Fernsehserien nicht in sich abgeschlossen sind. Wie die Kapitel eines Romans erzählen sie über eine oder mehrere Staffeln hinweg die Geschichte der Serie und ihrer Figuren. Diese Art des Storytellings empfinden wir als moderner und ambitionierter als in sich geschlossene Folgen, bei denen am Ende alles wieder auf Null gesetzt wird. Egal, was den Figuren widerfährt, egal, was sie durchmachen, egal, ob die halbe Stadt bei einer Explosion zerlegt wurde: In der nächsten Folge fangen wir von vorne an.

Das ist heute größtenteils anders. Selbst eine Serie wie *Star Trek: Strange New Worlds*, die in jeder Folge eine abgeschlossene Geschichte erzählt, existiert nicht in einem konsequenzlosen Vakuum. Figuren verändern sich durch ihre Erfahrungen und kommentieren die Veränderungen bei anderen. Sie sind flexibler, und eine einmal entworfene Charakterisierung klebt nicht an ihnen bis Ende aller Serientage. Das eröffnet viele kreative Möglichkeiten, ist beim Zusehen außerdem spannender und weniger vorhersehbar. Unter anderem wohl aus diesem Grund schreckten Fernsehsender lange davor zurück. Werbung lässt sich mit Worten wie »unvorhersehbar« und »kreativ« nicht gut verkaufen. Je konstanter und berechenbarer der Inhalt einer Serie ist, desto leichter fällt es Konzernen, zu entscheiden, wo sie ihre Werbung platzieren sollen. Eine Brauerei würde sich gerne in einer Polizeiserie zeigen, aber ungern in einer, deren Hauptfigur ab der zweiten Staffel alkoholkrank ist.

Sender wie HBO mit ihrem Abo-Modell und mittlerweile natürlich die Streamingdienste machen solche Bedenken hinfällig. Es ist sogar denkbar, dass komplexe Serien, wie wir sie heute kennen, im klassischen Network-Fernsehen nicht möglich gewesen wären.

ALTE ZEITEN

Sehen wir uns einmal die Fernsehlandschaft Ende der 80er-Jahre an. Während in J. Michael Straczynskis Verstand die ersten Ideen um eine Raumstation im All kreisten, herrschten Sitcoms wie Könige über die Einschaltquoten. In den Top 10 der erfolgreichsten Serien aus dem Jahr 1988 steht *The Cosby Show (Die Bill Cosby Show,* 1984-1992) auf Platz eins, *Roseanne* (1988 - 1997) auf Platz zwei, die Cosby-Ablegerserie *A Different World (Eine andere Welt,* 1987-1993) auf Platz drei, gefolgt von *Golden Girls* (1985 - 1992), *Cheers (Cheers – Lokalzeit bei Sammy,* 1982-1993), *Who's the Boss? (Wer ist hier der Boss?)* und so weiter. Unter den zehn erfolgreichsten Serien finden sich nur zwei, die keine Sitcoms sind: die Nachrichtensendung *60 Minutes,* die bis heute ausgestrahlt wird, und *Murder, She Wrote (Mord ist ihr Hobby,* 1984 - 1996). Letztere hatte JMS mit der Entscheidung, die Handlung aus einer verschlafenen Kleinstadt nach New York zu verlegen, aus dem Quotengrab geholt.

Die klassische Sitcom ist als Serienform auf eine Beibehaltung des Status Quo ausgelegt. Figuren können und dürfen sich nicht weiterentwickeln. Die humorvollen Spannungen und Charaktereigenheiten entstehen bereits in der Planungsphase. Im besten Fall greifen sie perfekt ineinander, sodass buchstäblich ein Wort das andere gibt. Wenn man eine Figur zu sehr verändert oder gar entfernt, läuft nichts mehr rund. Witze gehen ins Leere, etablierte Dynamiken lösen sich auf. Veränderungen sind riskant und schlichtweg unnötig.

Das war die Serienlandschaft, auf die JMS Ende der 80er-Jahre blickte, als er anfing, sich mit dem zu beschäftigen, was später zu *Babylon 5* werden sollte. Der überwältigende Erfolg statischer Sitcoms sorgte auch dafür, dass andere Serienformate ein wenig untergingen. David E. Kelleys Anwaltsserie *L.A. Law* (1986-1994) beinhaltete zwar schon viele Aspekte moderner Serien – Figurenentwicklung, übergreifende Handlungsbögen –, schaffte es aber nicht einmal in die Top-10. Ein noch düstereres Bild, zumindest für jemanden, der eine neue, innovative SF-Serie plante, fand man in der Science-Fiction. Abgesehen von *Star Trek: The Next Generation (Raumschiff Enterprise: Das nächste Jahrhundert)* und *Quantum Leap (Zurück in die Vergangenheit,* 1989-1993) gelang es kaum einer Serie, mehr als eine Staffel zu überleben. Dazu gehörten sehr interessante Projekte wie *Alien Nation* (1989-1990) und *Max Headroom* (1987-1988) oder nicht ganz so brillante Konzepte wie *Automan (Automan – Der Superdetektiv,* 1983-1984). Außerhalb von *Star Trek* lag die Science-Fiction im Fernsehen praktisch brach.

ANDERE WELTEN

JMS war seit seiner Kindheit Science-Fiction-Fan. Er sah im Fernsehen *Star Trek*, eine Serie, die das Weltall nicht einfach nur in Gut und Böse aufteilte, sondern nach Gemeinsamkeiten zwischen Menschen und Außerirdischen suchte. Außerdem griff sie immer wieder gesellschaftliche und politische Themen in verfremdeter Form auf, was für das Fernsehen der Mitt-Sechziger ungewöhnlich war.

Im Kino beeindruckte ihn *The Day the Earth Stood Still (Der Tag, an dem die Erde stillstand,* 1951), der heute als Klassiker gilt. Auch darin geht es um Verständnis zwischen Menschen und Außerirdischen, um Krieg und Frieden, Diplomatie und Gewalt.

Literarisch tastete er sich mit den Werken von Arthur C. Clarke, Isaac Asimov und Robert A. Heinlein an das Genre heran. Alle drei prägten nicht nur eine ganze Generation von Science-Fiction-Autoren und -Lesern, sie bestimmten auch, wie Science-Fiction in Film und Fernsehen dargestellt wurde.

Isaac Asimov erkundete oft die komplexen Beziehungen zwischen Mensch und Maschine, vor allem von Robotern und künstlicher Intelligenz. Er betonte aber auch die Neutralität wissenschaftlicher Entdeckungen, da ihr Einsatz allein von uns Menschen abhängt. Wir können mit Atomkraft Raumschiffe antreiben oder sie mit Atombomben zerstören. Was wir tun, bestimmen wir.

Diesen Ansatz übernahm JMS bei *Babylon 5*. Niemand hatte die Menschheit gezwungen, die Erd-Allianz zu bilden und ins All aufzubrechen. Sie tat das von allein, auf der Suche nach Entdeckungen, Antworten und natürlich Ressourcen. Das führte zu großen wissenschaftlichen und technologischen Fortschritten, aber auch zu Konflikten mit Völkern, die ebenfalls ins All aufgebrochen waren. »Alles fordert seinen Preis«, ist ein wiederkehrendes Motiv in der Serie.

Unter den drei großen Science-Fiction-Autoren ist Robert A. Heinlein wohl der politischste. Auch er beschäftigte sich mit der Erkundung des Weltalls, mit den Chancen und Gefahren, die auf die Menschheit warteten, und Zukunftstechnik im weitesten Sinn. Doch deutlich mehr interessierte er sich für die unausweichlichen Spannungen zwischen dem Einzelnen und dem politischen System, in das er hineingepresst wird. Heinleins Figuren sind häufig Individualisten, die nach Freiheit streben. Sie sind selbstständig, fühlen sich vom System eingegrenzt und setzen sich geschickt in einer sich rapide verändernden Welt durch.

Es fällt nicht schwer, die Parallelen zu Figuren in *Babylon 5* zu erkennen. Die Station ist weit von der Erd-Allianz entfernt, ist aber dennoch an Gesetze und Vorschriften gebunden, die in diesem Umfeld nicht funktionieren können. Sheridan und seine Besatzung reagieren frustriert auf die starren Hierarchien und die Bürokratie, der sie unterworfen sind. Sie könnten mehr erreichen, wenn man sie einfach in Ruhe ihrer Arbeit nachgehen ließe. Da meldete sich bei JMS wohl nicht nur Heinlein zu Wort, sondern auch seine Verärgerung über die Arbeitsweise beim Fernsehen.

Im Gegensatz zu Heinlein war Arthur C. Clarke vor allem von zukünftigen technischen Errungenschaften fasziniert. Er bettete sie in Geschichten über die Erkundung des Weltalls ein und ging dabei der Frage nach, wie wir als Menschheit unseren Platz im Universum finden würden. Die Konflikte, die er erschuf, konnten mit Wissenschaft und Technik gelöst werden. Nicht nur das, sie brachten die Menschheit voran. Clarke glaubte fest daran, dass alles mit wissenschaftlichen Errungenschaften bewältigt werden konnte. Je mehr die Menschheit lernt, desto besser findet sie sich im Universum und mit sich selbst zurecht.

Sein Weltbild war sehr optimistisch geprägt und spiegelt sich in *Star Trek* eher wider als in *Babylon 5*. Kein Wunder, denn Gene Roddenberry, die treibende Kraft hinter *Star Trek*, war zwar von Clarke und Co. geprägt worden, aber nicht von der späteren, politischeren Science-Fiction. Das wiederum bringt uns zu Frank Herberts *Dune (Der Wüstenplanet)*. Der erste Band erschien bereits 1965 und erschuf eine komplexe, von Adelsgeschlechtern geprägte Galaxie voller Intrigen und Machtgier. Thematisch behandelte Herbert so unterschiedliche Bereiche wie Kolonialismus, Umweltzerstörung, Ausbeutung, Niedergang und menschliche Evolution.

JMS war von dem in *Der Wüstenplanet* geschilderten Imperium so beeindruckt, dass er eines seiner Völker, die Centauri, auf ihm basieren ließ. Deren Republik befindet sich seit langem im Niedergang. Korruption, ein erstarrtes Feudalsystem, militärische Fehlschläge, Umweltzerstörung und politische Streitigkeiten sind dafür verantwortlich. Trotz aller Probleme stellt die Centauri-Republik weiterhin einen wichtigen Machtfaktor dar, etwas, an das sie sich, auch zum Leidwesen anderer Völker, verzweifelt klammert.

Der Wüstenplanet und Werke wie die von Philip K. Dick, Harlan Ellison oder Samuel R. Delaney läuteten eine neue Ära der Science-Fiction ein. Man richtete den Blick weniger nach außen und stärker nach innen. Joe Haldemans Roman *The Forever War (Der ewige Krieg,* 1974), der von JMS häufig als Einfluss genannt wird, ist ein gutes Beispiel dafür. Darin geht es um Soldaten, die mit überlichtschnellen Schiffen von einem Kriegsschauplatz zum nächsten geflogen werden. Weil die Zeit für sie langsamer abläuft als für die Menschen auf der Erde, werden sie immer stärker von der Gesellschaft isoliert. Hinzu kommt die Entmenschlichung und Verrohung, die durch die Langzeiteinsätze und die Auflösung des Individuums in einer alles beherrschenden, militärischen Bürokratie entstehen.

All das findet sich in *Babylon 5*: Soldaten, die nach dem Minbari-Krieg desillusioniert, traumatisiert und von der Gesellschaft isoliert sind, sowie eine übermächtige Bürokratie, die den Einzelnen einfach verschlingt.

Der ewige Krieg ist ein fast perfektes Beispiel für den Wandel, der sich in den 70er-Jahren in der Science-Fiction vollzog. Das Genre wurde in Literatur und Film offen politisch. Themen, die vorher, wenn überhaupt, subtil angegangen worden waren, rückten nun in den Mittelpunkt: Umweltzerstörung, Ungerechtigkeit, Überbevölkerung und Kriegstreiberei, um nur einige zu nennen. JMS war genau im richtigen Alter, um von diesen neuen Strömungen geprägt zu werden. Doch er sah auch, dass sie im TV so gut wie keine Rolle spielten. Wegen der Abhängigkeit von Werbekunden war das Network-Fernsehen deutlich konservativer als das restliche Hollywood.

Bei seiner Arbeit an Serien wie *Captain Power and the Soldiers of the Future (Captain Power, 1987-1988)*, *Jake and the Fatman (Jake und McCabe, 1987-1992)* und *Immer, wenn sie Krimis schrieb* stellte er auch andere Probleme fest: das Festhalten an starren Strukturen sowohl in der Hierarchie wie im Storytelling; fehlende kreative Kontrolle der Macher; ein kompliziertes Regelwerk von Dingen, die man nicht zeigen oder erwähnen durfte, aus Angst, irgendwelche Zuschauer vor den Kopf zu stoßen; die Einmischung von Network-Managern, die selten die Konsequenzen ihrer Forderungen verstanden; die ständig drohende Absetzung und mangelnde Vorausplanung. Letztere sorgte dafür, dass Serien häufig ihr Budget überschritten.

Wenn man sich diese Problemliste ansieht, erkennt man sofort, was JMS mit *Babylon 5* anders machen würde, doch noch bestand die Serie nur aus einer Sammlung von Ideen und Einflüssen.

A DREAM GIVEN FORM

Der Titel stand für ihn schon seit längerem fest: *Babylon 5*. Diesen Namen hatte er in der Serie *Captain Power* untergebracht, quasi als

Hommage an etwas, das es noch gar nicht gab. Interessant ist, dass JMS zu diesem frühen Zeitpunkt zwei Serien vorschwebten. Eine drehte sich um eine Raumstation im All, die andere um einen gewaltigen Krieg im All. Erst nach einer Weile wurde ihm bewusst, dass beide Serien eine bilden konnten, was gleich zwei Probleme lösen und die beiden Hälften ineinandergreifen lassen würde: Scheinbar kleine Ereignisse auf der Station führten zu großen Konsequenzen in der übergreifenden Handlungsebene des Kriegs, während dieser Krieg gleichzeitig Einfluss auf die Station und die Bewohner nahm und deren kleine Geschichten veränderte.

Wir haben schon gesehen, dass JMS sich von vielen, vor allem literarischen Vorbildern inspirieren ließ. Sein Weltraumepos stützte sich auf ebenso breit angelegte Geschichten wie die *Foundation*-Trilogie von Isaac Asimov und *Herr der Ringe* von J.R.R. Tolkien. In den Mittelpunkt stellte er nun, ähnlich wie bei den gängigen Krankenhaus- und Polizeiserien, einen zentralen Ort, seine Raumstation, von der aus man das Universum erkunden würde. Dort sollten auch die politischen Aspekte der Serie angesprochen werden. Diese Basis erfüllte zwei weitere Funktionen: Ein stehendes Set, zu dem man immer wieder zurückkehrte, reduzierte die Kosten, da man nicht für jede Folge neue Kulissen bauen musste. Außerdem bekamen die Zuschauer damit einen vertrauten Ort, an dem sie sich auskannten und der sie in der Serienwelt verankerte.

JMS erkannte schon bei der Ausarbeitung dieser Welt, dass er aus Kostengründen einige Kompromisse eingehen musste, nicht unähnlich seinen Hauptfiguren. Doch wie er selbst sagt, kam er während dieser Findungsphase seiner eigentlichen Geschichte immer näher. Nach und nach skizzierte er das Universum, in dem sich seine Raumstation befand. Wenn man sie sich losgelöst vom Rest der Serie ansieht, fallen die Ähnlichkeiten mit einer fiktiven Polizeiwache oder einem fiktiven Krankenhaus schnell auf. Es gibt verschiedene Bereiche, in denen unterschiedliche Figuren tätig sind, die alle irgendwie miteinander verbunden sind, aber auch eigene Storylines haben. Die Folgen können mal die eine, mal die andere in den Mittelpunkt stellen, während die Haupthandlung im Hintergrund weiterläuft. Das ist unheimlich dynamisch und abwechslungsreich. Die *Enterprise* in *Star Trek* erfüllt einen ähnlichen Zweck, aber da die Folgen für sich standen, war sie nicht in etwas Größeres eingebettet.

Straczynski bevölkerte sein Universum nun mit Menschen und Außerirdischen, gab ihm eine Geschichte, politische und gesellschaftliche Konflikte, Philosophien, Vorurteile, Armut und vieles mehr. Im Gegensatz zu *Star Trek: The Next Generation* würden sich die Figuren in *Babylon 5* nicht in einer Utopie bewegen, sondern in einer, wie er fand, realistischeren und vielschichtigeren Zukunft. Ähnlich wie in unserer Gegenwartsrealität würde es keine simplen Lösungen geben, sondern schwierige Entscheidungen und Kompromisse. Abgesehen von den fiktiven Einflüssen, die wir bereits geschildert haben, wurde JMS stark von der Geschichte des 20. Jahrhunderts und den Gräueln der beiden Weltkriege beeinflusst. Spontan fällt einem da der *Krieg der 20 Millionen Toten* zwischen den Centauri und den Xon ein, aber es gibt zahlreiche andere Beispiele.

Während des Autorenstreiks im Sommer des Jahres 1988 begann JMS mit der konkreten Ausarbeitung seiner Ideen und Gedanken. Für ihn erwies sich der Streik, der ganz Hollywood lahmlegte, als Segen. Er durfte an der Neuauflage von *The Twilight Zone* nicht weiterarbeiten und hatte somit genug Zeit für eigene Projekte.

JMS war klar, dass es seine Idee des Storytellings noch nie im Fernsehen gegeben hatte. Eine so komplexe Welt mit verschiedenen, oft ineinandergreifenden Handlungssträngen konnte man nicht einfach von einer Folge zur nächsten erzählen, wie *Mord ist ihr Hobby*. Sie erforderte Planung, komplette kreative Kontrolle, eine Hand, die alles ohne Einmischung leitete. Also das exakte Gegenteil von der Arbeitsweise, die im Fernsehen üblich war und die er selbst bisher praktiziert hatte.

Straczynski war zwar kein Anfänger in Hollywood, aber auch kein etablierter Produzent wie Glen A. Larson oder David E. Kelley. Er wusste, dass es schwer sein würde, eine auf fünf Staffeln ausgelegte, durcherzählte Serie zu verkaufen, hoffte aber auf die vielen Kontakte, die er mittlerweile in Hollywood geknüpft hatte. Bis März 1989 schrieb er das Drehbuch zum Pilotfilm. Damit bewaffnet, außerdem mit Produktionsskizzen und sogar einer 15-sekündigen CGI-Sequenz, machte er sich auf die Suche nach einem Sender.

Das war zunächst jedoch nicht von Erfolg gekrönt.

Die Studios und Sender, denen er das Projekt vorstellte, lehnten es stets aus denselben Gründen ab. Sie hielten *Babylon 5* für zu ambitioniert und bezweifelten, dass Fernsehzuschauer in der Lage sein würden, einer über fünf Staffeln erzählten Geschichte zu folgen – das klassische »Unsere Zuschauer sind zu doof«-Argument, das immer wieder Innovation im Fernsehen verhindert.

Der nächste von allen vorgebrachte Einwand war eher pragmatisch: die Kosten. Es mussten umfangreiche Kulissen gebaut und

Kostüme geschneidert werden, beides Faktoren, die gern übersehen werden. In einer Serie über einen Privatdetektiv kann man die Kleidung aus dem Fundus holen oder mal eben im nächsten Einkaufszentrum besorgen. In der Science-Fiction, vor allem, wenn auch noch Außerirdische ins Spiel kommen, geht das nicht. Man kann die Figuren auch nicht durch bereits bestehende Sets laufen lassen. Alles muss konstruiert, hergestellt oder verfremdet werden, damit es keinen Wiedererkennungswert mit Dingen aus unserer Zeit gibt. Das treibt das Budget in die Höhe, noch bevor man einen einzigen Spezialeffekt eingekauft hat.

Ein weiterer wichtiger Kostenfaktor waren die Schauspieler. *Babylon 5* war eine Serie mit einem sehr großen Ensemble, das heißt, mit vielen Hauptfiguren, die staffelweise und nicht pro Folge bezahlt werden mussten. Dass einige davon als Außerirdische mit dem entsprechenden Makeup ausgestattet werden mussten, förderte den Enthusiasmus der Studios nicht gerade.

Es ist kein Wunder, dass bis zum Auftritt von Bruce Boxleitner in der zweiten Staffel kaum ein bekanntes Gesicht in der Serie zu sehen ist. Das war allerdings nicht nur von Nachteil, denn es erlaubte JMS, seine Rollen allein nach Talent und Eignung zu besetzen. Für die Schauspieler und Schauspielerinnen, die er engagierte, war dies häufig die erste Hauptrolle in einer Serie, und sie legten sich entsprechend ins Zeug.

Doch an dem Punkt sind wir noch nicht. Die Liste der Einwände richtete sich auch gegen JMS selbst. Wie wir gesehen haben, arbeitete er zwar schon seit einigen Jahren beim Fernsehen, und das erfolgreich, doch eine so große Verantwortung hatte er noch nie übernommen. Um ehrlich zu sein, hätte das für jeden anderen Produzenten auch gegolten, da das, was er vorhatte, einzigartig war. Doch die Studios sahen das Budget, das sie dem relativ unerfahrenen JMS hätten anvertrauen müssen, und lehnten ab.

Die beiden letzten großen Einwände lassen sich gut zusammenfassen. Straczynski hatte seine Serie auf fünf Staffeln angelegt, doch abgesehen von *Star Trek: The Next Generation* hatte keine Science-Fiction-Serie mehr als drei Staffeln überstanden. Wenn *Babylon 5* dem Trend folgte, würde die Geschichte nicht zu Ende erzählt werden, ein für die Zuschauer unbefriedigendes Erlebnis.

Hinzu kam etwas, das in den USA als *Syndication* bezeichnet wird. Das funktioniert so: Serien werden zuerst landesweit bei den großen Networks ausgestrahlt. Wenn das durch ist, werden sie von lokalen Fernsehsendern eingekauft, die sie dann zeigen, wann immer sie wollen. Die Quoten entscheiden über die Tantiemen, die sie dem Studio nach der Ausstrahlung zahlen müssen. Die Networks argumentierten, dass Syndication bei *Babylon 5* unmöglich wäre, weil die Serie chronologisch ausgestrahlt werden müsste und nicht einfach so, wie es gerade passt. Diesen Einwand konnte JMS schließlich mit dem Hinweis entkräften, dass die Lokalsender Serien eh chronologisch zeigten, um die zu zahlenden Tantiemen besser überblicken zu können.

Die restlichen Einwände ließen sich jedoch nicht so leicht abschmettern. Er brauchte Unterstützer, die den Sendern klar machten, dass dieses Projekt gute Erfolgsaussichten hatte und dass er, JMS, genau der Richtige war, um alles aus diesem Potenzial herauszuholen. Also stellte er seine Idee den Produzenten Douglas Netter und John Copeland vor, mit denen er bei *Captain Power and the Soldiers of the Future* zusammengearbeitet hatte. Sie waren für ihn ideale Partner, weil sie seine Bedingung bisher stets akzeptiert hatten: Niemand durfte auch nur ein Wort an seinen Drehbüchern ändern.

Dieses gemeinsame Vorgehen führte schließlich zum Ziel. Warner Bros. Television zeigte Interesse an der Serie. Das Studio hatte zusammen mit einigen anderen das neue Network PTEN gegründet. Damit wollte man den etablierten vier großen Networks (ABC, CBS, FOX und NBC) Konkurrenz machen und deren Monopol brechen. *Star Trek* war zu diesem Zeitpunkt extrem erfolgreich. Niemand wusste, ob sich diese Beliebtheit auf andere Science-Fiction-Universen übertragen ließ, aber man war gewillt, das Risiko einzugehen. Schließlich wollte man PTEN mit einem Knall an den Start gehen lassen, mit etwas Innovativem und Neuem und nicht mit einer weiteren Sitcom oder Krankenhausserie. Dafür schien *Babylon 5* das richtige Projekt zu sein.

Warner kündigte die Serie als Flaggschiff des neuen Networks 1991 an. Keine zwei Monate später verkündete Paramount, dass es eine neue *Star-Trek*-Serie namens *Deep Space Nine* geben würde … die auf einer Raumstation spielte. Dass diese Wendung *Babylon 5* nicht noch vor dem ersten Drehtag das Aus bescherte, beweist, wie wichtig Warner/PTEN die Serie war. Sie mussten gegen eine nicht nur unerwartete Konkurrenz antreten, sondern gegen eine, die dank des *Star-Trek*-Labels bereits Millionen garantierter Zuschauer hatte. JMS betrachtete das als eine Herausforderung, in seiner Serie Geschichten weitab der üblichen *Star-Trek*-Versatzstücke zu erzählen.

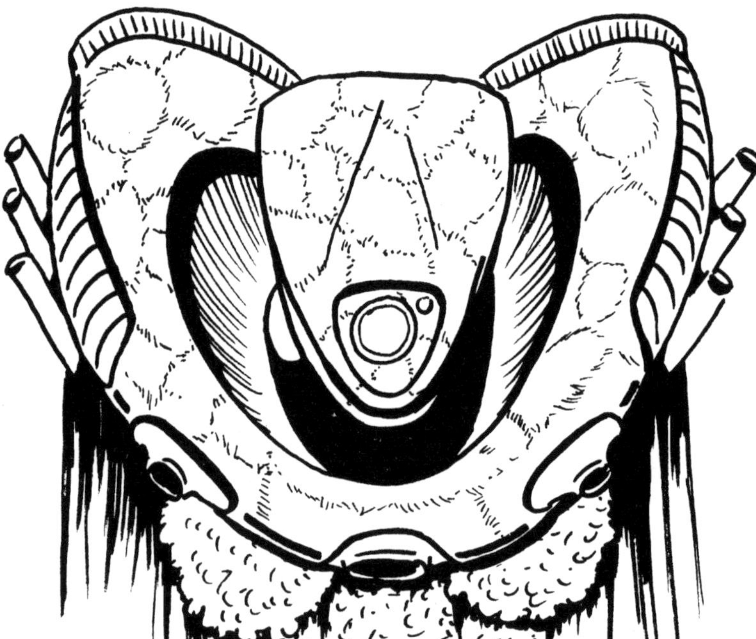

ZWISCHENSPIEL

Das Treatment und die Writer's Bible

JMS schrieb mehrere Versionen eines Treatments, mit dem *Babylon 5* den Sendern schmackhaft gemacht werden sollte. Darin setzte er auf Übertreibung und Zuspitzung – er selbst beschrieb das als »Network-Sprech«, mit dem phantasielose Manager überzeugt werden konnten.

Im Treatment vom 1. September 1988 beschrieb er die Station, hier drei anstelle der späteren vier Kilometer lang, sowie deren Funktion. Danach stellte er die Figuren vor. Neben den bekannten war der Arzt noch Dr. Chakri Mendrak. Außerdem erhielt der Vorlone einen Nachnamen: Khosh Naranek. Londo hieß mit Nachnamen Collari, G'Kars Name lautete Jackarr.

Anschließend erläuterte JMS, welche Art von Geschichten der Sender erwarten konnte. Er hob die menschlichen Geschichten hervor und betonte, dass Science-Fiction sehr unterschiedliche Bereiche abdeckt. JMS wollte den Managern auf diese Weise klar machen, dass nicht jede Science Fiction *Star Trek* sein muss. Darum zog er auch verschiedene Erfolgsformate wie *Hill Street Blues (Polizeirevier Hill Street,* 1981-1987) oder Serien wie *Dallas (Dallas,* 1978-1991) zum Vergleich heran.

In diesem Treatment drückte er ganz klar aus, dass er eine realistische Serie möchte – so realistisch, wie es im Weltraum sein kann, was sich vor allem in den Geschichten, aber auch in den Figuren widerspiegeln würde. Er führte hier unter anderem Ideen für weitere Episoden auf und erklärte, wie bedeutsam wiederkehrende Figuren für die Kontinuität und die charakterliche Entwicklung der Hauptprotagonisten sein würden.

Schließlich wurde der Knackpunkt für jeden Erbsenzähler angesprochen: die Kosten. JMS legte hier dar, dass sich die Serie für weniger als eine Million Dollar – er geht sogar bis auf 800.000 Dollar herunter – produzieren ließe. Er begründete dies damit, dass man stehende Sets hätte und keine teureren Location-Shootings benötige, da alles im Studio umgesetzt werden könne.

Nachdem er Warner Bros. überzeugt hatte, ging er daran, eine umfangreiche Writer's Bible zu erstellen. Ein solches Regelwerk wird am Beginn einer jeden Serie erstellt, um den Autoren die nötigen Informationen zu geben, die sie in Hinblick auf die Serie benötigen. Hier wird auch definiert, was in einer Serie möglich ist und was nicht.

JMS musste anfangs mit anderen Autoren zusammenarbeiten, und es war einfacher, alle relevanten Informationen zu den Figuren und dem Setting in einem Dokument zu sammeln, statt mit jedem Autor einzeln darüber zu sprechen.

Das Ziel der Writer's Bible war es, den Autoren an die Hand zu geben, was sie brauchten, um eine Geschichte zu schreiben. Sie sollte darüber Aufschluss geben, welche Geschichten nicht gebraucht würden. Dadurch sollte den Autoren klar werden, dass *Babylon 5* nicht gleichbedeutend mit *Star Trek* war. Damals wurde letzteres jedoch zu großen Teilen als Synonym für Science-Fiction angesehen. Da JMS trotz allem immer noch Vorschläge erhielt, die auch *Star Trek*-Geschichten hätten sein können, hängte er schließlich ein Schild über seinem Schreibtisch auf: »Wenn es für *Star Trek* funktioniert, will ich es nicht hören!«

In der Writer's Bible wies JMS darauf hin, dass die Serie keinen durchgehenden erzählerischen Ton haben sollte, sondern vieles möglich war. Er betonte zudem, dass er kein Technobabble wollte – schon gar nicht, um Probleme zu lösen. Zugleich gab er vor, dass er keine der ausgelatschten Geschichten wie die über seltsame Weltraumkrankheiten wünschte, weil diese schon ad infinitum bei anderen Serien genutzt worden waren.

Was in erfolgreichen Filmen bereits erzählt worden war, oder dass die Figuren über den Großteil einer Folge herauszufinden versuchen, was eigentlich los ist, nur um in den letzten Minuten auf wundersame Weise die Lösung zu finden, war ebenso unerwünscht. Zudem erwartete der Showrunner – und das wurde hier klargestellt –, dass die Autoren auf die wissenschaftlichen Aspekte achteten und um die Unterschiede beispielsweise einer Galaxie zu einem Sonnensystem wussten.

Geschichten um ein Wunderkind, aber auch um Figuren, die verfolgt werden und zur Station fliehen, wollte er ebenfalls nicht. Erwünscht waren Ereignisse um die Hauptfiguren herum. Wichtig war hierbei: Die Figuren mussten sich entwickeln. Die Zuschauer sollten nicht nur ein Gefühl für sie bekommen, sondern sie auch liebgewinnen. Die Gastautoren wussten zwar nichts über den großen Storybogen der Serie, mit ihrer Figurenzeichnung trugen sie jedoch dazu bei.

Die Writer's Bible ging kurz auf das Budget und die Möglichkeiten ein, stellte dann aber die Figuren vor. Hier erschienen mehrere wiederkehrende Figuren, die in der Serie nicht so sehr zum Tragen kamen, etwa der Ombudsmann Wellington.

In dem Dokument wurde ausgiebig darauf eingegangen, dass Gastfiguren nicht die wichtigsten und schon gar nicht die interessantesten Elemente einer Geschichte sein sollten. Wenn es Gastfiguren gäbe, sollte deren Situation auch in den Hauptfiguren widerhallen.

Zugleich ermutigte die Writer's Bible Autoren dennoch, starke Gastfiguren zu entwickeln. JMS wedelte hier mit der Karotte, denn ausgeprägt charakterisierte Figuren konnten natürlich wieder auftauchen, was für den Autor weitere Zahlungen für die Nutzung dieser Figur bedeuten würde.

Danach befasste sich die Writer's Bible mit der Erdhistorie und bot eine zeitliche Einordnung, wann was passierte.

2184: Erstkontakt mit den Centauri
2230: Erstkontakt mit den Narn
2242: Erstkontakt mit den Minbari
2243: Der Erd/Minbari-Krieg beginnt
2247: Der Erd/Minbari-Krieg endet
2250-2254: Das Babylon-Projekt beginnt, die ersten drei Stationen werden zerstört, die vierte verschwindet
2254: Konstruktion von Babylon 5 beginnt
2256: Babylon 5 wird fertiggestellt
2257: Erstkontakt mit den Vorlonen
2262: Die Geschichte von Babylon 5 endet

Des Weiteren setzte sich die Writer's Bible mit der Technologie, dem Psi Corps, der Stationssicherheit und der Terminologie der Serie auseinander.

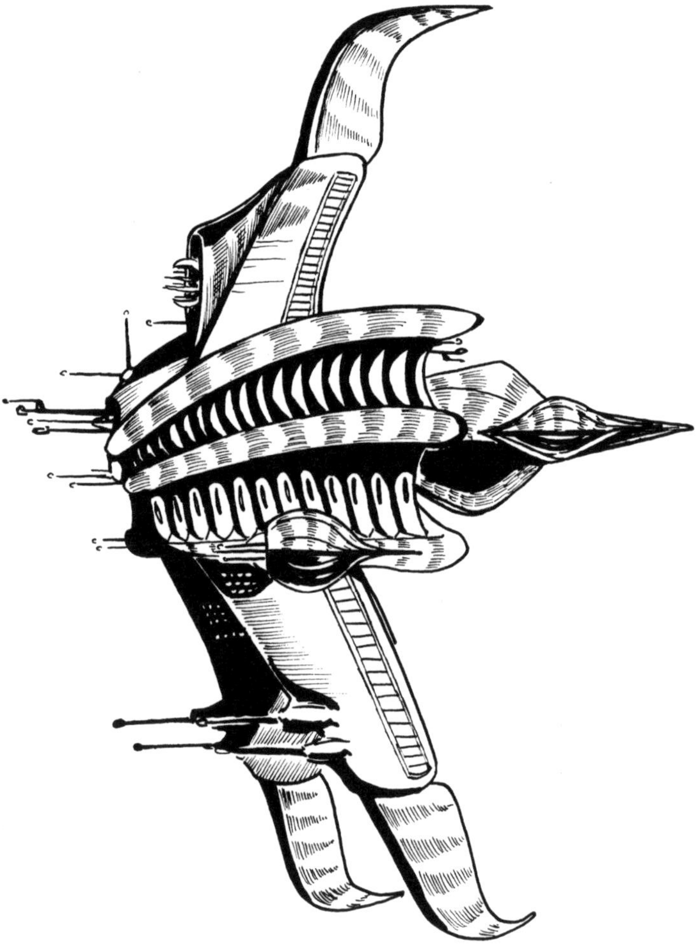

KAPITEL 4

Die Stars der Serie
Teil 1: Michael O'Hare

In dieser Rubrik werden wir in jedem Band die Menschen hinter den zentralen Rollen der Serie vorstellen. Beginnen möchten wir mit jemandem, der leider nur in der ersten Staffel durchgehend mit von der Partie dabei war, später aber immerhin noch zur Serie zurückkehrte. Die Rede ist natürlich von Michael O'Hare, der viel zu oft unterschätzt und von einigen Kollegen zu Zeiten der Serie und sogar bis heute als hölzern bezeichnet wurde und noch immer wird. Es steckt jedoch eine Menge mehr in ihm.

EIN MANN BEISST SICH DURCH

O'Hare wurde als Darsteller für die zentrale Rolle der Serie auserkoren, die des Commanders Jeffrey Sinclair. Er wurde als Robert Michael O'Hare Jr. Am 6. Mai 1952 in Chicago geboren. Seine Eltern, die irischer und italienischer Herkunft waren, schickten ihn auf eine katholische Schule, an der er neben seinen sehr guten schulischen Leistungen auch durch sein Talent für Football auffiel. Erstaunlicherweise gelang ihm das trotz seines Asthmas und entgegen den Voraussagen seines Arztes, der ihm derartige Erfolge nicht zugetraut hatte. O´Hare berichtete einmal, er habe es ihm damit auch beweisen wollen.

Da er aus einer Militärfamilie stammte, war der Eintritt in die US Navy immer ein Thema. Doch dachte er auch über eine professionelle Football-Karriere nach. Wie es oft im Leben ist, studierte er dann jedoch englische Literatur in Harvard. Football trat in den Hintergrund, während er begann, Theater zu spielen. 1972 stand er erstmals in einer tragenden Rolle auf einer Bühne und leckte Blut. Er berichtete einmal auf einer Convention, dass ihn dieses Gefühl, auf der Bühne zu stehen und Einfluss auf die Emotionen der versammelten Zuschauer auszuüben, nie mehr losgelassen habe.

O'Hare war in den Folgejahren in vielen Produktionen im ganzen Land zu sehen, unter anderem natürlich auch am Broadway. Er war der erste weiße Schauspieler, der von der afroamerikanischen Gemeinschaft in New York AUDELCO Award nominiert wurde, da er auf wunderbare Weise den Captain Jaap van Tonder in Michael Picardies Stück *Shades of Brown* gespielt hatte.

Es folgten Fernsehfilme, Piloten, die nicht in Serie gingen und schließlich – nun sind wir bereits in den 80er-Jahren angekommen, und O'Hare war um die dreißig Jahre alt – viele Gastauftritte im US-Serienfernsehen. Dazu gehörten *Trapper John, M.D.* oder auch *T.J. Hooker,* wo er auf Hauptdarsteller und Kirk-Mime William Shatner traf.

Bevor es für ihn auf die uns allen so wohlbekannte Raumstation ging, wirkte er 1988 noch im preisgekrönten Kurzfilm *Short Term Bonds* in einer Hauptrolle mit.

DER ERSTE, NICHT DER EINE

JMS wählte O'Hare schließlich aus einer Vielzahl an Kandidaten für seine zentrale Rolle in *Babylon 5* aus. Am Ende der ersten Staffel war jedoch für viele Fans überraschend Schluss, hatte es sich bei Jeffrey Sinclair doch um eine dramaturgisch wichtige Figur gehandelt.

Dass O'Hare damals bereits mit großen gesundheitlichen Schwierigkeiten zu kämpfen hatte, verschwieg man bis zu seinem späteren – viel zu frühen – Tod.

NACH DER ZEIT IM ALL

Nach seiner Zeit bei der Serie kehrte O'Hare noch zweimal für Gastauftritte nach Babylon 5 zurück. Abgesehen davon war er in einer Gastrolle in *Detektiv Hanks* zu sehen und kam zu zwei Auftritten in *Law & Order.* Doch stellte das neben einigen Aufnahmen für die Werbung und einer Radio-Adaption von *Think Like a Dinosaur* alles dar, was er zwischen 1992 und 2000 noch öffentlich machte. Allerdings promotete er *Babylon 5* weiterhin bei jeder Gelegenheit. Er nahm sogar an Conventions teil und wurde von den Fans gefeiert, auch wenn damals niemand ahnen konnte, wie tragisch die Geschichte hinter seinem Ausscheiden wirklich war.

O'Hare setzte sich im Jahr 2000 zur Ruhe und war kaum mehr öffentlich zu sehen.

Am 28. September 2012 starb Michael O'Hare an den Folgen eines Herzinfarkts, den er in New York City erlitten hatte, nach fünf Tagen im Koma. J. Michael Straczynski verkündete seinen Tod noch am selben Tag über die sozialen Netzwerke, ging aber auch hier noch immer nicht auf die Umstände ein. Das geschah erst acht Monate später im Rahmen der *Phoenix Comicon.*

DER JMS-FAKTOR

JMS kommt eine gewichtige Rolle zu, wenn es um das lang anhaltende Mysterium bezüglich des Ausstiegs von Michael O'Hare geht.

Über Jahre hinweg erklärte er immer wieder, dass der Ausstieg ein Zusammenkommen verschiedener Faktoren war. Einerseits fühlte Michael O'Hare sich in der Rolle gefangen und fürchtete, darauf festgelegt zu werden, andererseits wollte das Studio einen Star in der Hauptrolle, und dann gab es noch die Notwendigkeit, eine Figur zu finden, die für das, was kommen sollte, besser geeignet war. All das war … Bullshit. JMS blieb jedoch bei dieser Version, um Michael O'Hare zu schützen.

Erst besagte acht Monate nach dessen Tod sprach JMS nun offen darüber, was zur Umbesetzung führte. Das führte er in seiner Autobiographie *Becoming Superman* auch noch sehr viel detaillierter aus. JMS wurde im Verlauf der Dreharbeiten der ersten Staffel darauf aufmerksam gemacht, dass es mit O'Hare Probleme gab. Crew-Mitglieder beschwerten sich über ungebührliche Bemerkungen, sein Verhalten nahm bizarre Züge an, und er verzettelte sich in Diskussionen, die nirgendwohin führten.

JMS rief ihn also zu sich ins Büro, um mit ihm zu sprechen. Es war ein harter, langer Arbeitstag, und der zeigte sich bei O'Hare auch. Er sprach inkohärent, wechselte in seiner Erzählebene von einem Punkt zum nächsten, ließ andere fallen, kehrte später dazu zurück, und erklärte dem Showrunner, dass er die Zeitungen nach geheimen Botschaften an ihn absuchen würde. Und wenn er sie entschlüsseln könnte, dann würde auch alles gut werden. Auch über das Fernsehen erhielt er Nachrichten, dass das FBI ihn beobachtete und dass Stimmen ihm etwas über andere Menschen zuflüsterten.

Das ließ JMS zunächst einmal sacken. Später versuchte er, mit O'Hare zu sprechen und ihn zu überzeugen, in Behandlung zu gehen. Doch O'Hare fürchtete, dass »sie« nun auch JMS beeinflussten und gegen ihn aufwiegelten. In den nächsten Tagen versuchte JMS auszuloten, was er tun sollte. Es gab Momente bei O'Hare, da war er gänzlich klar – oder er tat zumindest so. Als Schauspieler fiel es ihm leicht, eine Maske aufzusetzen und ganz normal zu erscheinen.

JMS sprach mit Doug Netter. Die einzige Lösung, die er sah, war, die Produktion der Staffel für einige Zeit zu unterbrechen. Natürlich hätten ein paar Wochen nicht gereicht, auch wenn O'Hare in Behandlung gegangen wäre, aber in der Zeit hätte man vielleicht auch neu besetzen können. Das Problem dabei: Die Kosten für Warner Bros. liefen weiterhin auf, egal, ob man drehte oder nicht. Es war also wahrscheinlicher, dass die Produktion der Staffel gar nicht mehr aufgenommen worden wäre, sondern man eine verkürzte erste Staffel gezeigt hätte. Und das, da war JMS überzeugt, hätte sicherlich zur Einstellung von *Babylon 5* geführt.

Dennoch war er gewillt, es zu versuchen. Er sprach mit O'Hare, als dieser einen seiner lichteren Momente hatte. Aber O'Hare war vehement dagegen. Er wusste, dass das Studio die Show absägen würde, und er wollte nicht der Grund dafür sein, dass all die anderen Leute ihre Arbeit verloren. Beide diskutierten lange, dann bat O'Hare JMS, ihm die Chance zu geben, die Staffel zu beenden. Wenn er es nicht könnte, wenn er zu krank würde, dann sollte JMS die Dreharbeiten unterbrechen, wenn er das wollte, oder seine Figur töten, um so der Serie eine Chance auf ein weiteres Leben zu ermöglichen. Aber O'Hare wollte es zumindest versuchen.

JMS stimmte schließlich zu, verlangte von O'Hare aber, sich in Behandlung zu begeben, wenn es noch schlimmer werden sollte. Zugleich strukturierte er den Rest der Staffel um. Es war klar geworden, dass O'Hares Zustand sich verschlechterte, je länger und stressiger die Arbeitstage waren. Darum verteilte JMS einige von Sinclairs Szenen und Dialogen auf andere Figuren, um so den Druck auf O'Hare zu mindern.

Nachdem die letzte Folge im Kasten war, war JMS aber auch klar, dass O'Hare nicht länger die Hauptrolle spielen konnte. Der Schauspieler konnte nicht in Behandlung gehen und daran arbeiten, dass es ihm besser ging, und zugleich der Star einer wöchentlichen Serie sein. Er sagte das O'Hare jedoch erst, als die zweite Staffel bestellt worden war. Davor hätte es ohnehin keinen Sinn ergeben. JMS erklärte dem Schauspieler, dass er seine Figur zurückbringen würde, wenn auch nur kurz, um ihr einen Abschluss zu geben, wenn es O'Hare besser gehen würde. O'Hare verstand, machte sich aber auch Sorgen, dass er niemals wieder einen Job finden würde, wenn bekannt würde, wie es um ihn stand. JMS versicherte ihm, den Grund seines Ausstiegs geheim zu halten. Er versprach gar, dies bis zum Ende seines eigenen Lebens zu tun. Aber O'Hare fand es besser, damit nur bis zu seinem Tod zu warten. Er wollte, dass JMS danach darüber sprach, damit die Menschen erfuhren, dass mentale Krankheiten jeden erwischen konnten – selbst den Star einer Serie und den Commander einer Raumstation.

JMS hielt in jeder Hinsicht Wort. O'Hare erhielt in der zweiten und dritten Staffel den Abschluss seiner Figur, war weiterhin ein Held der Fans und konnte sicher sein, dass JMS nach seinem Tod reinen Tisch machen würde.

GEDANKEN

Was man anhand dieser Geschichte niemals vergessen sollte, ist, wie wichtig in jeder Situation des Lebens der Kontext ist. O'Hare mag als Sinclair für einige Fans steif gewirkt haben. Niemand konnte jedoch ahnen, was es ihm offenbar damals abverlangte, diese Leistungen überhaupt zu erbringen und was dazugehörte, diese Staffel unbedingt zu einem guten Ende bringen zu wollen. Zudem hatte er in seiner Karriere zuvor oft genug bewiesen, was in ihm steckte.

Und noch ein persönliches Statement: Uns gefiel die ruhige Art des Jeffrey Sinclair immer sehr. Er war Ruhepol, väterlicher Freund und Kumpel, Ratgeber und Fels in der Brandung, kein

Sprücheklopfer und kein Actionheld. Eher war er der Jean-Luc Picard von *Babylon 5,* während Nachfolger Boxleitner später den Kirk gab. Verdrehte Welt bei JMS.

Ruhen Sie in Frieden, lieber Robert Michael O´Hare Jr. – wir werden Sie niemals vergessen.

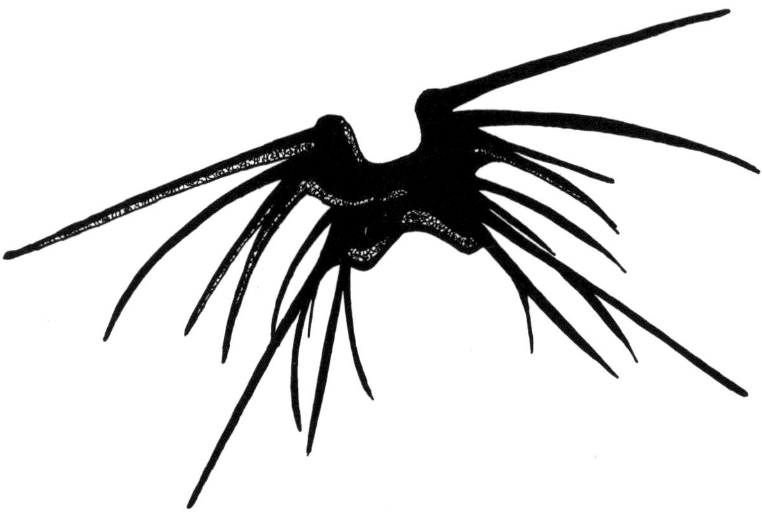

ZWISCHENSPIEL

Besucher der Station
Teil 1: Ed Wasser

Ed Wasser war in 15 Folgen von *Babylon 5* dabei. Auf fünf Staffeln verteilt ist das nicht so viel, aber der in New York geborene Schauspieler hatte als Mr. Morden eine der dankbarsten Rollen überhaupt, eine, die er selbst als Privileg ansah. Auch heute noch schätzt Wasser, was JMS ihm mit dieser Rolle ermöglichte. Er war damals ein junger Schauspieler, und JMS ging mit ihm ein gewisses Risiko ein. Doch es zahlte sich aus. Denn als Mr. Morden ist Ed Wasser großartig. Sein natürlicher Charme, sein Lächeln, sein Auftreten – all das war etwas, das man mit einer Figur verbinden würde, die gut ist, aber Mr. Morden ist das genau nicht. Er ist ein Botschafter des Teufels, ein Verführer.

Für Wasser begann seine Zeit bei *Babylon 5* damit, dass er von Casting Director Dori Zuckerman angerufen wurde. Sie heuerte ihn als Reader für den Pilotfilm der Serie an. Ein Reader spielt nicht zwangsläufig in einem Projekt mit; seine Aufgabe ist es, den Gegenpart von Schauspielern zu sprechen, die für eine Rolle vorsprechen, um ihnen etwas zu geben, auf das sie reagieren können.

Dem Magazin *Starlog* erzählte er später: »Mira Furlan beeindruckte mich sehr. Ich weiß nicht, ob sie die beste Schauspielerin für die Rolle war, aber ich weiß, dass sie immenses Talent hatte. Jerry Doyle haute mich in der Beziehung weniger um, aber der Mann ist cool, was für die Rolle genau richtig war. Einer, der mir besonders im Gedächtnis hängen geblieben ist, ist jemand, der *Einer flog übers Kuckucksnest* gemacht hatte und für G'Kar vorsprach. Er war atemberaubend. Ich habe Andreas Katsulas beim Vorsprechen nicht erlebt, sein Spiel ist aber sehr imposant. Ein brillanter Schauspieler. Michael O'Hare fand ich toll. Er hatte die Präsenz, die ein Commander benötigt.«

Wasser machte seine Aufgabe gut, sodass er im Pilotfilm eine kleine Rolle erhielt. Mr. Morden war er noch nicht, aber JMS erinnerte sich an ihn, als es in der ersten Staffel darum ging, die Rolle des Sendboten der Schatten zu besetzen.

Ed Wasser wurde am 26. März 1964 in Roslyn Heights, New York, geboren. Er besuchte die State University of New York und erlangte einen Bachelor of Fine Arts. Noch während der College-Zeit gründete er mit Ad Skates, Inc. seine eigene Firma, während er auch versuchte, als Schauspieler Fuß zu fassen. Das Konzept seiner Firma: Er heuerte Rollerskater an, die durch die Stadt fuhren und Werbeflyer verteilten.

In New York stand er hin und wieder auf der Bühne, dann beschloss er jedoch, nach Los Angeles zu gehen. Einerseits, weil die Film- und Fernsehindustrie dort war, andererseits, weil das Leben in Kalifornien sehr viel günstiger war. Er konnte das Geld, das er verdiente, dort einfach länger strecken.

Noch in New York war er in 1986 in zwei Folgen der Daily Soap *Another World* aufgetreten, im Jahr 1992 war es dann eine Folge von *Quantum Leap (Zurück in die Gegenwart)*, in der er nach seinem Umzug nach Kalifornien zu sehen war. Viel tat sich daran anschließend zunächst nicht. Wasser spielte mal hier eine winzige Rolle, mal da in einer Gastkapazität. Aber die Rollen, die er ergatterte, waren nicht ausreichend, um sein Leben zu finanzieren. Das wurde umso drängender, als er eine Familie gründete. Zuvor war er allein und musste sehen, wo das Geld zum Leben herkam, dann trug er aber auch Verantwortung.

Sein Hoffnungsanker war die Rolle des Mr. Morden, weil er hier zeigen konnte, was in ihm steckte, aber auch, weil er darauf hoffte, dass sich daraus andere Gelegenheiten ergeben würden. Das Problem war nur, dass *Babylon 5* keine sehr präsente Serie war. Sie war nie ein großer Hit, sie hatte selten die besten Sendezeiten, sie flog unter dem Radar von vielen, so auch einigen Profis in Hollywood. Bruce Boxleitner erzählte einmal, dass er nach dem Ende von *Babylon 5* zu Vorsprechen ging und die Casting Directors ihn fragten, was er die letzten vier, fünf Jahre so gemacht hätte, weil sie seine Arbeit als John Sheridan nicht wahrgenommen hatten. Wenn es einem Bruce Boxleitner so erging, kann man sich vorstellen, wie es für Ed Wasser war. Er spielte sich in einer starken Rolle die Seele aus dem Leib, aber kaum jemand bemerkte das.

Wasser war bis 1998 in *Babylon 5* dabei – in der fünften Staffel absolvierte er seinen letzten Auftritt. Zu dem Zeitpunkt musste er sich im Grunde eingestehen, dass er als Schauspieler gescheitert war. Er lebte von der Hand in den Mund, was so nicht weitergehen konnte, weil er zwischenzeitlich auch Vater geworden war und die Zukunft seiner Familie nicht von etwas so Unsicherem wie der Schauspielerei abhängen durfte. Für Ed Wasser war es an der Zeit, sich neu zu erfinden. Eigentlich stand für ihn immer fest, dass er als Schauspieler leben und arbeiten wollte, aber jedem Vorsprechen hinterherzulaufen, immer zu hoffen und zu bangen, um dann doch nicht genug zum Leben zu haben, erforderte neue Maßnahmen. Er musste umdenken und sich fragen: »Welche anderen Fähigkeiten besitze ich noch? Was kann ich außerhalb der Schauspielerei mit meinem Leben anfangen?«

Er besann sich darauf, dass er mit Ad Skates schon einmal eine eigene Firma gehabt hatte. Nun wollte er wieder eine haben, aber größer. Wasser beschloss also, sich als Bauunternehmer lizensieren zu lassen, und gründete Waterstone Construction. Mit seiner Baufirma bewarb er sich für Bauaufträge, war sich aber auch für Remodeling-Jobs bei Küchen und Bädern nicht zu schade. Er selbst ist dabei weniger ein Handwerker, sondern kümmert sich um alles Organisatorische. Wasser holt die Aufträge ein, kauft das Material, macht die Pläne, und seine Angestellten kümmern sich um die Umsetzung.

Sich neu zu erfinden, verlieh Wasser auch eine neue Leichtigkeit. Er musste nicht mehr um jeden Job kämpfen, er konnte sein Geschäft vorantreiben und – für ihn weit wichtiger – für seine Familie da sein. Die Schauspielerei ist auch terminlich unstet, es lässt sich nur schwer etwas planen. Aber genau das wollte Wasser. Er wollte der Football-Coach des Teams seines Jungen sein, er wollte für seine Kinder da sein, er wollte seiner Frau ein Gefühl von Sicherheit geben. Das konnte er nur ohne die Schauspielerei.

Hier und da gab er der alten Passion nach. Wasser war im Jahr 2004 in einer Folge von *24 (24,* 2000-2008) dabei. Er wirkte auch in ein paar Kurzfilmen mit und lieh im Jahr 2009 einem Roboter in dem von der NASA finanzierten Zeichentrickkurzfilm *Robot Astronomy Talk Show: Gravity and the Great Attractor* seine Stimme. Aber im Großen und Ganzen wollte er vor allem ein Dad sein. Die große Karriere als Schauspieler blieb ihm versagt. Als Mr.

Morden hat er aber seine Fans und wird hin und wieder sogar auf der Straße erkannt.

Bei Interviews wird ihm gerne eine Frage gestellt, für die Mr. Morden berühmt ist: »Was wollen Sie?«

Im Jahr 2007 gab er diese Antwort: »In persönlicher Hinsicht möchte ich, dass meine Familie weiterhin gesund und glücklich ist und dass ich für sie sorgen kann. Globaler betrachtet würde ich gerne sehen, dass die internationale Gemeinschaft stärker zusammenkommt, um etwas gegen die globale Erwärmung zu tun. Ich möchte, dass eine sicherere Welt für uns alle erschaffen wird, um darin zu leben. Es wäre wirklich schön, wenn wir einen Planeten hätten, der im Einklang mit uns gedeihen könnte.«

KAPITEL 5

EPISODENFÜHRER

STAFFEL 1 (1994)
ZEICHEN UND WUNDER

»It was the dawn of the Third age of mankind, ten years after the Earth-Minbari war. The Babylon project was dream given form. Its goal: to prevent another war by creating a place where humans and aliens could work out their differences peacefully. It's a port of call – home away from home for diplomats, hustlers, entrepreneurs, and wanderers. Humans and aliens wrapped in two million, five hundred thousand tons of spinning metal, all alone in the night. It can be a dangerous place, but it's our last best hope for peace. This is the story of last of the Babylon stations. The year is 2258. The name of the place is Babylon 5.«

»Ich war dabei, als das dritte Zeitalter der Menschheit begann. Zehn Jahre nach dem interstellaren Krieg zwischen den Menschen und den Minbari. Das Babylon-Projekt, ein uralter Traum, war Wirklichkeit geworden. Um weitere Kriege zu verhindern, war ein Ort geschaffen worden, an dem Menschen und Außerirdische trotz aller Unterschiede friedlich zusammenleben können. Babylon 5 ist eine Anlaufstelle für Flüchtlinge, Schmuggler, Geschäftsleute, Diplomaten und andere Reisende aus den verschiedensten Welten. Sie leben, umgeben von 2 1/2 Millionen Tonnen Stahl, mitten im Weltraum. Es kann ein sehr gefährlicher Ort sein, aber es ist auch die einzige und letzte Hoffnung auf dauernden Frieden. Wir schreiben das Jahr 2258. Dies ist die Geschichte der letzten großen Weltraumstation. Ihr Name ist Babylon 5.«

Darsteller: Michael O'Hare (Cmdr. Jeffrey Sinclair), Jerry Doyle (Michael Garibaldi), Mira Furlan (Delenn), Peter Jurasik (Londo Mollari), Andreas Katsulas (G'Kar), Claudia Christian (Lt. Cmdr. Susan Ivanova), Richard Biggs (Dr. Stephen Franklin), Andrea Thompson (Talia Winters), Stephen Furst (Vir Cotto), Bill Mumy (Lennier), Julie Caitlin Brown (Na'Toth)

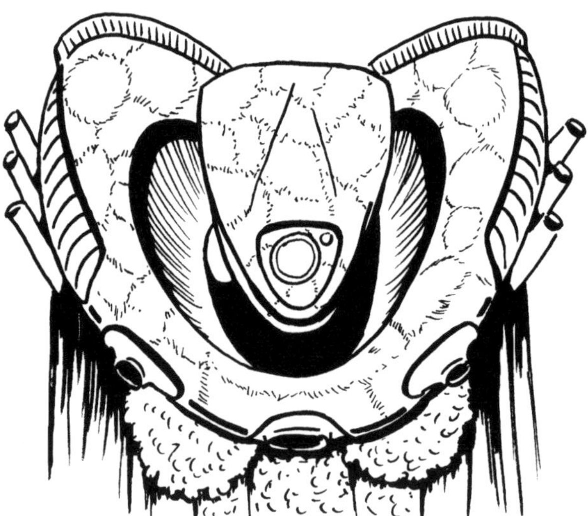

Pilotfilm
The Gathering
(Die Zusammenkunft)

US-Erstausstrahlung: 22. Februar 1993
Deutsche Erstausstrahlung: 3. August 1995
Regie: Richard Compton
Drehbuch: J. Michael Straczynski

Darsteller: Tamlyn Tomita (Laurel Takashima), Blaire Baron (Carolyn Sykes), John Fleck (Del Varner), Paul Hampton (der Senator), Johnny Sekka (Dr. Benjamin Kyle), Steven R. Barnett (Eric Hazeltine), Ed Wasser (Guerra), Ardwright Chamberlain (Kosh)

Inhalt

Babylon 5 ist die letzte der großen Raumstationen, ein neutraler Ort unter dem Kommando der Erdallianz, an dem sich die Völker treffen. Durch Botschafter sind die Minbari und die Centauri vertreten, der Botschafter der Vorlonen wird erst noch erwartet. Doch mit seiner Ankunft wird die Station ihrer ersten Feuerprobe unterzogen. Der Vorlone Kosh wird vergiftet, und der Verdacht fällt auf Commander Jeffrey Sinclair. Der Rat der Station beschließt, dass Sinclair den Vorlonen übergeben werden muss. Dieser wiederum sucht mit seinem Sicherheitschef Michael Garibaldi den wahren Schuldigen – einen Mann, der dank Technologie das Aussehen von jedem annehmen kann. Die Vorlonen erscheinen und drohen, die Station zu vernichten. Aber Sinclair gelingt es, den Schuldigen zu überführen, auch wenn dieser im darauffolgenden Kampf stirbt: ein Minbari der Kriegerkaste.

Hintergründe

Einige Zeit lang spielte J. Michael Straczynski mit der Idee für eine Serie namens *Babylon 5.* Am Anfang waren es für ihn jedoch zwei Serien. Eine um eine Raumstation im All, die andere um einen großen epischen Krieg im Weltall. Erst nach einer Weile wurde ihm bewusst, dass beide Serien eine bilden konnten, weil damit zwei Probleme gelöst wurden: Auf der Station passierte etwas, das von außen bestimmt wurde, und die große Geschichte um den Krieg hatte Einfluss auf die Station und die Bewohner, die ansonsten ihrem Leben nachgingen.

Während des Autorenstreiks im Sommer des Jahres 1988 begann JMS damit, erste Ideen und Gedanken zu *Babylon 5* zu Papier zu bringen. Es war die perfekte Zeit. Er durfte an der Neuauflage von *Twilight Zone (Unbekannte Dimensionen,* 1985-1989) nicht weiterarbeiten und hatte damit die Zeit, neue Ideen zu entwickeln.

Er stellte seine Idee Douglas Netter und John Copeland vor, mit denen er bei *Captain Power and the Soldiers of the Future* zusammengearbeitet hatte. Für ihn waren sie zwei ideale Partner, weil sie seine Bedingungen immer akzeptiert hatten: Niemand ändert auch nur ein Wort an seinen Drehbüchern. Bis zum März 1989 schrieb JMS das Skript zum Pilotfilm. Mit diesem an der Hand, aber auch mit Produktionsskizzen und sogar einer 15-sekündigen CGI-Sequenz, machte man sich daran, einen Sender zu finden. Ein fast hoffnungsloses Unterfangen, weil erstens die Manager bei SF an *Star Trek* dachten und zweitens die Größe der Show ihnen Angst machte. Es klang teuer. Nach mehreren gescheiterten Versuchen stieß man bei Warner Bros. Television jedoch auf Interesse. Dort wollte man die Show für den neuen Sender PTEN.

Dennoch wäre *Babylon 5* fast noch gescheitert, denn 1991 wurde von Paramount die nächste *Star Trek*-Serie angekündigt, die auf einer Raumstation spielen sollte. JMS hatte *Babylon 5* auch Paramount präsentiert – die Idee schien den Managern gefallen zu haben. Mit *Star Trek: Deep Space Nine (Star Trek: Deep Space Nine,* 1993-1999) wurde ein Konkurrenzprodukt angekündigt, das JMS' Vision hätte ersticken können. Aber PTEN hielt an *Babylon 5* fest, und JMS sah es als Herausforderung, Geschichten zu erzählen, die sich weit vom üblichen *Star Trek*-Erzählstil entfernten.

Der Pilotfilm wurde auf einer angemieteten Bühne in Santa Clarita gedreht. Im Grunde war das Studio zu klein, aber man errichtete hier schnellstmöglich alle notwendigen Sets. Für die Regie hatte man mit Richard Compton einen fähigen Handwerker gefunden. Er lieferte seine erste Schnittfassung von *Die Zusammenkunft* ab. JMS konnte seine eigene erstellen, ließ die von Compton aber weitestgehend unverändert, da ihm die Erfahrung fehlte, einen Film im Schnittraum zu gestalten.

Er hatte später jedoch die Gelegenheit, seine bevorzugte Fassung zu entwickeln. Als die Serie nach vier Staffeln vom Prime Time Entertainment Network zu TNT (Turner Network Television) wechselte, konnte er eine Special Edition des Pilotfilms entwerfen.

Er fügte 14 Minuten an Material ein, das zuvor gefehlt hatte, strich aber auch Szenen, die nicht funktionierten. Dies gilt vor allem für die Tour durch den Alien-Sektor, die den Eindruck erweckt, man wandele durch einen Zoo, weil man in die Quartiere der Außerirdischen, die andere Umweltbedingungen benötigten, hineinblicken konnte.

Zudem wurden Tamlyn Tomitas originale Dialoge wieder verwendet. Bei der Pilotfilmfassung hatte sie ihren Text neu einsprechen müssen, weil sie dem Studio zu harsch erschienen war. Außerdem wurde die Musik ersetzt. Im Pilotfilm war sie noch von Stewart Copeland gewesen, einem Gründungsmitglied der Band The Police. Für die Special Edition kam Christopher Franke zum Einsatz, der auch die Musik für die Serie komponiert hatte.

In einer winzig kleinen Rolle als Teil des Kommandostabs agiert Ed Wasser. Seine Figur Guerra tauchte später nie wieder auf, der Schauspieler aber schon. Er wurde von JMS in der Rolle des mysteriösen und charmanten Mr. Morden besetzt.

Nach der Ausstrahlung des Pilotfilms konnte der Sender gute Quoten verlautbaren lassen. Aber es dauerte dennoch zwei Monate, bis man bei JMS formal eine erste Staffel orderte.

Kommentar

Ein Problem hat jeder Pilotfilm. In relativ begrenzter Zeit – und mit 90 Minuten hat *Babylon 5* einen längeren Pilotfilm – muss nicht nur eine Vielzahl an neuen Figuren vorgestellt, sondern dem Zuschauer auch der Status Quo dieser neuen Welt nähergebracht werden. Innerhalb von gerade mal einer Filmlänge ist »worldbuilding« auf eine Art gefragt, die zwei Herren dient: Einerseits müssen alle notwendigen Informationen für den Start vorhanden sein, andererseits soll das Ganze auch noch spannend sein, damit die Zuschauer auch Interesse für die eigentliche Serie entwickeln.

Bei *Babylon 5* war das noch wichtiger als beispielsweise bei einer der *Star Trek*-Serien. Denn während es dort in der anschließenden

Woche gleich mit der ersten Folge weiterging, dauerte es bei J. Michael Straczynskis Serie fast ein Jahr, bis die erste reguläre Folge ausgestrahlt wurde. Der Pilotfilm musste dem Sender gefallen und dem Zuschauer auch – dann konnte es weitergehen.

Sieht man ihn sich heute an, merkt man deutlich, an welch frühem Zeitpunkt der Show man sich befindet. Es ist alles da, um in die Geschichte einzusteigen, aber auf dem Weg vom Pilotfilm zur wöchentlichen Serie hat JMS noch einige Änderungen vorgenommen.

Vieles von dem, was die Serie ausmacht, ist hier jedoch schon vorhanden. Nennen wir zuallererst die CGI-Effekte mit der Station und den Raumschiffen. Zu ihrer Zeit waren diese bahnbrechend, insbesondere auch, weil die Qualität so hoch war. Die Konkurrenz arbeitete zu der Zeit noch mit echten Modellen, was die Umsetzung aufwendiger machte.

Aber auch das Innenleben der Station hat Flair. Man beachte nur den Zocalo, den Marktplatz der Station. Hier herrscht reges Treiben – mehr als es das jemals beim ungleich teureren *Star Trek: Deep Space Nine* tat.

Was den Look der Figuren betrifft: Dieser wirkt aus heutiger Sicht ein wenig aus der Zeit gefallen, bei den Menschen zumindest. Denn obwohl im Jahr 1992 produziert, haben Frisuren, aber auch Kleidung in mancherlei Hinsicht durchaus noch echtes 1980er-Jahre-Flair.

JMS gelingt es, die Handlung – ein klassischer Whodunit – voranzutreiben, aber auch die Figuren und die verschiedenen Spezies vorzustellen. Man erfährt von Jeffrey Sinclair, dass er an der Battle of the Line teilnahm, der letzten Verteidigungslinie der Menschen gegen die Minbari. Ein Krieg, der vor zehn Jahren endete, und das nicht, weil die Menschen obsiegt hätten, sondern weil die Minbari im Augenblick des Triumphs die Waffen streckten und kapitulierten. Von den Centauri erfährt man, dass sie einst ein riesiges Reich beherrschten, aber in Dekadenz verfallen sind – eine Art Großbritannien, das dem alten Empire hinterhertrauert. Die Narn leben auf einem einst von den Centauri besetzten Planeten, was ihren Hass auf die Centauri noch heute anfacht.

Sicherheitschef Michael Garibaldi ist ein Mann, der keinen Posten lange behalten konnte, auf den Sinclair jedoch große Stücke hält. Lyta Alexander ist eine Telepathin, die als Teil des Psi-Corps an sehr strenge Regeln gebunden ist.

Die einzigen Figuren, die im Pilotfilm unterentwickelt bleiben, sind Laurel Takashima und Dr. Kyle – beide schafften bezeichnenderweise nicht den Sprung in die wöchentliche Serie.

Manches wirkt noch roh und ungeschliffen. Delenns Griff zu Gewalt gegenüber G'Kar ist höchst uncharakteristisch, ebenso wie die Drohung der Vorlonen, die gesamte Station zu zerstören. Das sind die Holprigkeiten eines Pilotfilms, nach dem eine Phase begann, in der der Macher vieles noch einmal überdenken konnte.

Aus heutiger Sicht mag *Babylon 5* mit seinem Look das Alter nicht verbergen können, aber schon der Pilotfilm kann locker darüber hinwegtäuschen, weil die Figuren sehr schön ausgearbeitet sind und die Welt von Anfang an so reich und originär ist.

JMS hat aber auch clever konstruiert. Dass er Londo am Anfang erklären lässt, die Geschichte spiele an der Morgendämmerung des dritten Zeitalters, ist ein klarer Verweis auf J.R.R. Tolkiens *Der Herr der Ringe,* ein Roman, der JMS sehr beeindruckt haben muss. Denn vieles *an Babylon 5* lässt sich als Parallele auf Tolkiens Romane deuten, manchmal offensichtlicher, bisweilen subtiler.

Die Zusammenkunft erzählt nicht nur eine in sich abgeschlossene Geschichte, sondern wirft auch genügend Fragen auf, die das Interesse für die eigentliche Serie steigern sollen. Als am Ende der Minbari-Krieger von Sinclair besiegt wird, sagt dieser, der Commander habe ein Loch in seinem Gedächtnis – eine Anspielung auf die Stunden bei der Battle of the Line, an die Sinclair keine Erinnerung mehr hatte. Das ist Foreshadowing vom Feinsten. Es ist ein Vorausdeuten, das JMS meisterlich versteht, weil er anders als viele andere Showrunner von Serien schon am Anfang wusste, was am Ende passieren würde.

Darum konnte er Kosh in seiner einzigen Dialogzeile zu Sinclair auch »Entil'zha, Valen« sagen lassen. Erst in späteren Staffeln ist klar, was Kosh damit meint – und dass er mehr weiß, als man denken sollte.

Das Gedicht

Jeffrey Sinclair zitiert übrigens in einer Dialogzeile Alfred Lord Tennysons Gedicht *Ulysses*. Es wurde 1833 geschrieben und 1842 in einem Gedichtband veröffentlicht. Sinclair zitiert die Zeile »To strive, to seek, to find, and not to yield« aus dem letzten Absatz.

We are not now that strength which in old days
Moved earth and heaven, that which we are, we are;
One equal temper of heroic hearts,
Made weak by time and fate, but strong in will
To strive, to seek, to find, and not to yield.
In der klassischen Übersetzung klingt das so:
Sind wir auch länger nicht die Kraft,
die Erd‘ und Himmel einst bewegte,
so sind wir dennoch, was wir sind;
Helden mit Herzen von gleichem Schlag,
geschwächt von Zeit
und von dem Schicksal;
doch stark im Willen
zu ringen, zu suchen, zu finden.
Und nie zu weichen.

Das Skript

Im ersten Drehbuch vom 26. März 1989 ist noch vieles anders – vor allem, was die Namen der Figuren betrifft. G'Kar hieß dort noch Jackarr. Die Aussprache blieb gleich, der Name wurde später aber anders geschrieben, weil sich JMS Gedanken darüber gemacht hatte, wie die Sprache der Narn aussehen könnte. Aus rein logistischen Gründen wurde der Name von Jeffrey Sinclairs Erster Offizierin geändert: Aus Laurel Chang wurde Laurel Takashima. Eigentlich war die Figur als Chinesin angelegt. Als man jedoch die japanischstämmige Tamlyn Tomita einstellte, passte JMS den Namen an, um das zu reflektieren.

Dr. Benjamin Kyle hieß zunächst Dr. Chakri Mendak. JMS hatte vor, einen indischstämmigen Schauspieler in der Rolle zu besetzen, weil er der Meinung war, diese Ethnie sei im amerikanischen Fernsehen vollkommen unterrepräsentiert. Lyta Alexander hieß zuerst Lyta Kim, aber der Klang des Namens gefiel JMS nicht so recht. Und Londo Mollari hieß anfangs Londo Collari.

JMS machte sich im Vorfeld einige Gedanken darüber, wie er den Raumflug in seiner Serie definieren wollte. Ihm war klar, dass es nahe Babylon 5 ein Jumpgate geben würde. Aber der Logik nach musste es auch Schiffe geben, die von sich aus in der Lage waren, den Sprung in den Hyperraum zu schaffen. Denn sonst wäre ja nie jemand in neue Bereiche gekommen, um Jumpgates zu errichten. Er legte darum fest, dass größere Schiffe in der Lage sein sollten, auch ohne Jumpgates in den Hyperraum zu gelangen, während kleinere Schiffe die Tore benötigten. Im Drehbuch benutzt er ein Wort dafür, das in der Serie dann aus offensichtlichen Gründen nicht vorkommt.

Laurel erklärt in Hinblick auf die nahende Ankunft des vorlonischen Botschafters: »They warped into sub-space about thirty minutes ago.« Der Begriff »warp« mochte für die erste Drehbuchfassung noch in Ordnung sein, jede Ähnlichkeit mit *Star Trek* sollte später aber vermieden werden.

Die Vorlonen sind mysteriös – das kommt schon im Pilotfilm klar zur Geltung, auch und gerade dann, als Kosh medizinische Hilfe verweigert wird, weil der Eindämmungsanzug, der ihn vor der Atmosphäre schützt, nicht geöffnet werden darf. Sie sind zu vielem bereit, um ihr Aussehen als Mysterium zu wahren. Zu wieviel, zeigt diese Textzeile von Laurel: »The Earth Alliance has sent three expeditions to their sector to try and establish formal contact. All three met with – accidents. They always tendered their sincerest condolences – and suggested no further expeditions.«

Kurz darauf spricht Sinclair davon, dass mit Kosh der fünfte und letzte Botschafter an Bord kommen wird, nachdem die Station vor zwei Jahren ihren Betrieb aufnahm und endlich von allen als neutrales Territorium anerkannt wurde. Die Erdallianz will, dass Sinclair nicht nur der Commander ist, sondern auch die Aufgaben des Botschafters übernimmt. Delenn vertritt die Minbari, G'Kar die Narn. Wer mag der fünfte Botschafter gewesen sein?

Das Drehbuch enthält etwas mehr Charakterisierung von Michael Garibaldi. Er versucht im Verlauf der Geschichte immer wieder, mit seinem Vater auf dem Mars zu sprechen, aber Verbindungen über derart weite Strecken sind noch immer diffizil. Darum bittet er Laurel um Hilfe. JMS entschied sich schließlich gegen diese Szene, weil er zwar wusste, dass sie funktionierte, um die Sympathien des Zuschauers auf Garibaldi zu richten, ihm aber auch klar war, dass es der billigste aller narrativen Wege ist, durch den Tod eines für die Hauptfigur wichtigen Menschen das Publikum auf Garibaldis Seite zu ziehen.

Ein Unterschied zum fertigen Film ist, dass nicht Sinclair Lyta Alexander auf der Station begrüßt, sondern Chang. Als nächstes folgt im Skript die erste Szene mit Sinclair und Delenn. Im Skript wird Delenn noch als Mann beschrieben. JMS plante zwar bereits, diesen von einer Frau spielen zu lassen, aber mit einem Make-up, das maskulin erschien. Schon hier hatte er die Idee für Delenns Transformation, die in *Chrysalis* stattfindet, nur dass Delenn vom Mann zur Frau hätte werden sollen. In der Postproduktion merkte man jedoch, dass dies nicht wirklich funktionierte – und so entschied JMS, Delenn gleich zur Frau zu machen.

Das erste Treffen findet nicht beim japanischen Steingarten, sondern in einem Korridor statt. Beide werden von einer Frau unterbrochen, die Delenn verbal angreift. In diesem Dialog erfährt man erstmals vom Krieg der Menschen mit den Minbari.

Die Szene im Casino mit Garibaldi und Mollari verläuft ähnlich wie im Pilotfilm, jedoch mit einem großen Unterschied: Nachdem Londo vergeblich Garibaldi um Geld gebeten hat, bestiehlt der Botschafter ihn. Zunächst sieht es so aus, als wäre er ein fingerfertiger Taschendieb. Später klärt sich bei einem Gespräch zwischen Chang und Garibaldi, es sei ein eigenes Budget dafür vorhanden, dass der Sicherheitschef sich von Londo berauben lässt. Das ist eine Charakterisierung von Londo Mollari, die zu Recht von JMS geändert wurde. Londo ist vieles, aber kein Dieb.

Danach folgt der Anschlag auf Kosh. Sinclair und Garibaldi finden ihn so, wie es auch im Pilotfilm ist. Aber es gibt eine Figur, die im Film nicht auftritt: Velana, ein Vorlone in einem Anzug ähnlich dem von Kosh, aber kleiner. Als Sinclair sie fragt, wer sie ist, antwortet sie: »Velana. His life-mate.«

Koshs Frau ist dann auch dabei, als es um seine Behandlung geht. Während Sinclair im Film entscheidet, dass Kyle an seinen

Verschwiegenheitseid gebunden ist, erfragt Velana hier von dem Doktor, ob er alles, was er sieht und in Erfahrung bringt, für sich behalten wird. In einem Gespräch zwischen Sinclair und einem Offiziellen der Erdallianz erfährt man ein klein wenig mehr über die Vorlonen: Vor 500 Jahren gab es auf der Vorlonenwelt einen Krieg mit biologischen Waffen.

Die Szene mit G'Kar, der Delenn in ihrem Quartier aufsucht und sich bemüht, eine Allianz zwischen Minbari und Narn zu schmieden, gibt es hier auch schon. Aber sie verläuft anders. Im Pilotfilm nutzt Delenn Minbari-Technik, um G'Kar fast zu töten, hier spricht sie – er – vom Lebensstein, der von der Mutter an das Kind übergeben wird und mit dem Besitzer verbunden ist. Es ist ein deutlich philosophischerer Moment als im Film. Die Entscheidung, Delenn im Film zu Gewalt greifen zu lassen, war wohl auch dem Gedanken geschuldet, dass man für den Sender und den Zuschauer mehr Action benötigte.

Anders als im Pilotfilm ist es hier nicht Lyta Alexander, die Koshs Geist sondiert und sieht, wer ihn vergiftet hat, sondern Velana. Delenn spricht mit Dr. Mendak und erklärt ihm, dass Vorlonen im Moment ihres Todes all ihre Erinnerungen auf ihren Lebenspartner übertragen. Darum sollte Velana auf Wunsch des vorlonischen Reichs auch nicht nach Babylon 5 kommen. Es ist aber auch möglich, ausgewählte Erinnerungen zu übertragen. Und das geschieht hier. Velana ist es, die Sinclair schließlich bezichtigt.

Direkt im Anschluss findet ein Gespräch mit mehreren hohen Tieren der Erdallianz statt. Man überträgt Laurel den Posten des Interims-Commanders über die Station und verfügt, dass Sinclair in seinem Quartier zu bleiben hat, bis alles geklärt ist.

Das Gespräch zwischen Carolyn und Sinclair über die Battle of the Line verläuft etwas anders. Sinclair wirkt hier mehr wie eine frühe Version von Sheridan: Nach dem Kampf, als er mit einer Medaille ausgezeichnet wurde, schlug er einen Vorgesetzten, der darüber schwadronierte, dass all die Männer, die bei diesem Kampf umkamen, glücklich gestorben seien. Weil Sinclair aber auch der Held dieses Kampfes war, konnte man ihn nicht vor ein Kriegsgericht bringen. Man stellte jedoch sicher, dass er in der Hierarchie nie auf einen höheren Rang als Commander aufsteigen würde.

In diesem Gespräch versucht Carolyn zum zweiten Mal im Drehbuch, es Sinclair schmackhaft zu machen, die Erdallianz zu verlassen und mit ihr nach dort draußen zu den Sternen zu gehen.

Garibaldi spricht später mit Londo und Lyta. Von der Telepathin erfährt er, dass Del Varner eine perfekte mentale Blockade hatte, aber Garibaldi weiß, dass der Mann keinerlei Psi-Training genossen hat. Kurz darauf trifft er Laurel im Lift, die ihn plötzlich angreift. Er kann sie nicht dingfest machen, aber Gewebeproben sichern. Garibaldi ist überzeugt, dass es sich bei der falschen Laurel um einen Gestaltwandler handelt. Das teilt er sowohl Sinclair als auch der echten Laurel mit.

Die Suche nach dem Gestaltwandler läuft anders als im Pilotfilm, wo es ein technisches Gerät ist, das für das veränderte Aussehen verantwortlich ist – und extrem viel Energie verbraucht. Garibaldi weiß hier, dass der Gestaltwandler Del Varner dargestellt hat und dass dieser tot ist. Aber das weiß der Gestaltwandler noch nicht. Und da er die Menschen, die er kopiert, bis zur letzten Zelle imitiert, will Garibaldi den Computer nutzen, um auf der Station nach jemandem zu suchen, dessen Lebenszeichen genau Varner entsprechen. Aber der Plan geht nicht auf. Der Gestaltwandler ist in anderer Gestalt unterwegs. Darum lässt Garibaldi nach exakt denselben Lebenszeichen suchen – und der Computer findet zwei genau gleiche Menschen.

Da sie nun zwei Ziele haben, müssen Garibaldi und Sinclair aktiv werden. Letzterer verlässt sein Quartier, löst damit aber auch gelben Alarm aus. Dieser wird an Garibaldi übermittelt.

Garibaldi: You realize that now I'll have to arrest you.
Sinclair: Can you wait an hour?
Garibaldi: Why not?

Sinclair verfolgt eines der beiden Ziele. Erst ist es ein dunkelhaariger Mann, dann ein Minbari. Es kommt zwischen beiden zum Kampf. Als Garibaldi dazukommt, hat der Gestaltwandler die Form gewechselt. Nun kämpfen zwei Sinclairs miteinander. Um herauszufinden, wer wer ist, fordert Garibaldi die Sinclairs auf, einen Witz zu erzählen. Denn laut Londo sind die Menschen die einzige Spezies im All, die Witze machen. Sinclair gibt einen miesen Witz zum Besten, und der falsche Sinclair greift Garibaldi an. Aber Garibaldi kann ihn erschießen.

Als die Vorlonen davon erfahren, lassen sie alle Anklagen gegen Sinclair fallen. Er wird wieder als Commander von Babylon 5 eingesetzt.

Garibaldi hätte im Verlauf der Handlung die Chance gehabt, mit seinem Vater zu sprechen, doch zu dem Zeitpunkt war er auf der Jagd nach dem Gestaltwandler. Als er später mit ihm reden will, erfährt er, dass sein Vater verstorben ist. Aber dieser hat seinem Sohn eine Nachricht hinterlassen.

Es ist ein gutes Skript – für eine erste Version. Die Änderungen zum fertigen Pilotfilm halfen aber immens, da stärkerer Fokus auf G'Kar und Londo gelegt wird. Die Szene mit dem Rat, dem die Botschafter angehören und in der entschieden wird, dass Sinclair den Vorlonen übergeben werden soll, ist im fertigen Film stimmiger. Es fehlt auch die Enthüllung, dass der Attentäter ein Minbari war. Er war zwar einmal als einer zu sehen, hier weiß man aber nicht, ob das nicht nur eine seiner vielen Tarnungen ist. Notwendig wurde die Änderung vom Gestaltwandler zu einem Assassinen mit technologischer Ausrüstung, weil man gehört hatte, dass bei *Star Trek: Deep Space Nine* eine der Hauptfiguren ein Gestaltwandler sein würde. Zwar kam man mit diesem Skript DS9 zuvor, aber man wollte vermeiden, dass es aussieht, als hätte *Babylon 5* die *Star Trek*-Serie kopiert. Das fertige Ergebnis ist auch deshalb besser, weil JMS ihn dann zu einem Minbari machen konnte.

Zudem gab es die Szene, in der der Minbari auf das Loch in Sinclairs Geist anspielt. Das wollte JMS eigentlich erst in der Serie bringen. Es schon hier einzufügen, war aber sinnvoll, weil es auch eine große Frage offenließ, die die Zuschauer erst in der wöchentlichen Serie beantwortet bekamen.

Wertung von Kosh

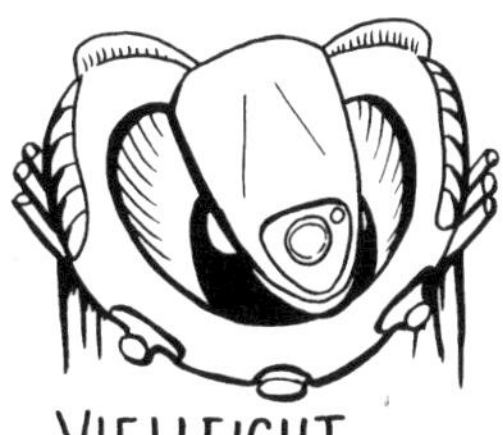

1.01
Midnight on the Firing Line
(Ragesh 3)

US-Erstausstrahlung: 26. Januar 1994
Deutsche Erstausstrahlung: 6. August 1995
Regie: Richard Compton
Drehbuch: J. Michael Straczynski

Darsteller: Paul Hampton (der Senator), Peter Trencher (Carn Mollari), Ardwright Chamberlain (Kosh), Maggie Egan (Jane)

Inhalt

Die Centauri-Kolonie Ragesh 3 wird von Narn angegriffen. Sinclair beruft ein Treffen des Rats mitsamt der Liga der blockfreien Welten ein. Er will Sanktionen gegen die Narn durchsetzen, obwohl seine eigene Regierung dies nicht wünscht. Die Centauri wiederum nehmen den Verlust hin, was Mollari missfällt. Bei dem Treffen präsentiert G'Kar Beweise dafür, dass die Narn als Befreier kamen – vorgetragen von Londos Neffen Carn, dem Chefwissenschaftler auf Ragesh 3. Letztlich zwingt Sinclair G'Kar, die Truppen dennoch abzuziehen, da sich Beweise für einen unprovozierten Angriff finden.

Hintergründe

Erst zwei Monate nach Ausstrahlung des Pilotfilms orderte PTEN eine volle Staffel von *Babylon 5*. Ein Sendeplatz war gefunden: Im Januar 1994 sollte es losgehen. Das ließ der Vorproduktion nicht viel Zeit. Der alte Drehort in Santa Clarita war nicht mehr tragbar. Dabei hatte es sich im Grunde um eine Lagerhalle gehandelt, auf der man ein Set errichtet hatte, während direkt daneben am nächsten gebaut wurde. Für die wöchentliche Produktion brauchte man eine bessere Infrastruktur und fand sie in einer leerstehenden Fabrik für Badewannen in Sun Valley.

Als der Mietvertrag unterschrieben war, blieben nur etwa zwei Monate, um drei separate Bühnen zu bauen, sie schalldicht zu gestalten, zu verkabeln, die Klimaanlage einzubauen und die schon vorhandenen Sets aus dem Lager zu holen. Dann wurde eruiert, welche davon noch verwendet werden würden und welche man besser ganz neu baute.

Zudem gab es Veränderungen bei den Kostümen und bei den Masken, und neue Figuren wurden besetzt. All das musste gemacht werden, während JMS schon Drehbücher schrieb und weitere Autoren an Bord holte. JMS vermutete, dass sie zwei Folgen lang brauchen würden, bis wirklich alles gut liefe. Darum wurde *Midnight on the Firing Line,* die als erste Episode ausgestrahlt wurde, erst als dritte gedreht.

Diese Folge sollte an den Start gehen, weil sie vom Fleck weg zeigte, wo sich *Babylon 5* von *Star Trek: Deep Space Nine* unterschied. Indem man auf CGI setzte, konnte man in Sachen Weltraumszenen – und der dort stattfindenden Action – weit mehr machen. In dieser Folge debütierte man auch die Starfurys, die von einem Piloten gesteuerten Kampfschiffe, die JMS am liebsten schon im Pilotfilm gezeigt hätte, aber keine geeignete Stelle dafür gefunden hatte.

Was ihm wichtig war: Diese Schiffe sollten wissenschaftlich möglichst akkurat sein, mit Steuerdüsen vorne, hinten und an den Seiten, sodass sich das Schiff in jede Richtung bewegen konnte. Es konnte sich drehen und nach hinten feuern, während der Schub es weiter nach vorne bewegte.

Bedenken muss man, dass *Babylon 5* im Grunde eine Low-Budget-Serie war. Die Folgen der ersten Staffel kosteten jeweils ca. 800.000 Dollar. Zum Vergleich: Die Macher von *Star Trek: Deep Space Nine* hatten etwa zwei Millionen Dollar pro Folge zur Verfügung.

Aufgrund des begrenzten Budgets galt die Regel, dass sich *Babylon 5* pro Folge zwei von drei großen Produktionselementen leisten konnte: Sets, Stunts oder CGI. Bei *Midnight on the Firing Line* sind alle drei vorhanden. Das wurde nur möglich, weil man bei den zwei zuvor gedrehten Episoden *Soul Hunter* und *Infection* einiges einsparen konnte.

Auf dem Weg vom Pilotfilm zur wöchentlichen Serie ergaben sich einige Änderungen – nicht alle waren gewollt. Dass die Botschafter nun persönliche Assistenten hatten, war schon immer geplant, ließ sich im Pilotfilm aber nicht umsetzen. Die für die Serie unter Vertrag genommenen Schauspieler – Stephen Furst, Bill Mumy und Julie Caitlin Brown – waren nicht für die gesamte Staffel gebucht, wurden aber im Vorspann genannt. Die Produktion konnte sich nicht alle durchgehend leisten.

Als das Skript entstand, war Lyta Alexander noch die Telepathin an Bord von *Babylon 5.* Zu dem Zeitpunkt, da JMS daran schrieb, befand sich Patricia Tallman über ihren Manager gerade in Verhandlung, um zu der Serie zu stoßen. Aber sie überspannte den Bogen. JMS wollte sie unbedingt in der Rolle – ihm hatte ihre Darstellung in *Night of the Living Dead (Night of the Living Dead,* 1990) gefallen, und er hatte die Figur darum mit ihr im Sinn entwickelt. Aber Warner Bros. war nicht unbedingt zufrieden mit dieser Besetzung, weil Tallman zu dem Zeitpunkt hauptsächlich als Stuntfrau gearbeitet hatte. Das Studio wollte jemanden mit mehr Erfahrung. Im Pilotfilm setzte JMS sich durch, hier nun gelang es ihm nicht. Denn Tallmans Manager verlangte eine Gage, die deutlich höher sein sollte. Als Warner sich nicht bewegte, erklärte Tallmans Management, dass man an dem Projekt nicht weiter interessiert sei. Für Warner war das ideal; für JMS nicht, aber nun war er gezwungen, mit Talia Winters eine neue Figur zu entwickeln.

Johnny Sekka kehrte nicht zur Serie zurück, weil er sich nicht auf eine ganze Staffel einlassen wollte. Tamlyn Tomita wurde auf Wunsch von Warner Bros. ersetzt. Dort fand man, dass ihre Figur zu weiblich erschien und man ihr die Kommandofunktion nicht abnahm. Paradoxerweise hatte man sie im Pilotfilm für zu harsch gehalten, sodass Tomita all ihre Dialoge deutlich weicher noch einmal einsprechen musste.

Das machte Platz für den neuen Doktor, gespielt von Richard Biggs, und Sinclairs neue rechte Hand, gespielt von Claudia Christian. Ihre Susan Ivanova war im Grunde nun so, wie Laurel Takashima hätte sein sollen – und es eigentlich auch war.

Kommentar

Mit der ersten regulären Folge hat sich einiges verändert. Manche Figuren sind weg, andere sind neu dazugekommen, obwohl nicht alle hier schon gezeigt werden – so etwa Richard Biggs, der nur in den Stabsangaben geführt wird, aber nicht auftritt. Neu ist auch, dass die Botschafter persönliche Assistenten haben. Eine durchaus kluge Entscheidung, die nebenbei der Glaubwürdigkeit zuträglich ist. Welcher Botschafter agiert schon im gänzlich luftleeren Raum und kümmert sich um alles selbst?

Der Look kommt dezent überarbeitet daher. Delenn sieht weiblicher aus, die Effekte scheinen noch etwas geschliffener. Als Auftaktfolge ist *Midnight on the Firing Line* wirklich gut, weil hier gleich mit großem Einsatz gespielt wird. Es geht um etwas, nämlich den Beginn oder das Verhindern eines neuen großen Kriegs.

Die Narn werden hier noch als die Aggressoren gezeichnet, aber ihr Hass auf die Centauri, unter deren harter Knute sie ein Jahrhundert lang leben mussten, ist verständlich, ebenso wie die Abneigung der Centauri gegenüber den Narn. Das wird exzellent durch G'Kar und Londo Mollari verkörpert. Grandios ist die Szene, als Londo Commander Sinclair erklärt, dass Centauri manchmal davon träumen, wie sie sterben werden. Es ist eine Art Vorahnung. Er hat immer davon geträumt, wie er in etwa 20 Jahren als alter Mann stirbt, die Hände eines Narn an seiner Kehle. Beide bringen sich gegenseitig um. Als er die Station betrat und G'Kar zum ersten Mal sah, wurde ihm klar, dass dieser der Narn aus seinen Träumen ist. Schon in der ersten Folge spielt JMS hier mit einem zukünftigen Element. Überhaupt hat er seine Serie so angelegt, dass er immer wieder vorausdeutet, was passieren wird. Auch dieser Traum wird noch relevant werden.

Die politische Dimension der Serie wird hier schon angedeutet, nicht nur in Hinblick auf den schwelenden Konflikt zwischen Narn und Centauri, sondern auch mit der Erde. Hier geht es nebenbei um die Wahl des neuen Präsidenten. Es wird Luis Santiago, der mit dem Versprechen, die Erde aus Kriegen herauszuhalten und die Militärbudgets zu kürzen, die Wahl für sich entschieden hat. Hier wird schon angedeutet, dass sich auf der Erde eine Stimmung breitmacht, die von Befürchtungen getragen ist, dass Außerirdische zu viel Einfluss auf die Erden-Gesellschaft nehmen. Ebenso erfährt man, dass der neue Präsident die Beziehungen zum Mars wieder normalisieren will. All das sind Elemente, die im Lauf der großen Handlung noch elementar werden.

Hier sind sie, wie so vieles in der ersten Staffel, expositorischer Aufbau. JMS erzählt einzelne, für sich stehende Geschichten und etabliert dabei all die Elemente, die er benötigt, wenn die Serie mit der zweiten Staffel das Gaspedal richtig durchtritt.

Midnight on the Firing Line ist im Grunde so etwas wie ein zweiter Pilotfilm, der es schafft, in der Hälfte der Zeit den Status Quo zu verdeutlichen, die alten Figuren neu einzuführen und neue Figuren vorzustellen.

Das Skript

Der erste Unterschied vom Skript zur fertigen Folge fällt bereits in der vierten Zeile auf der ersten Seite auf. Die Kolonie heißt hier noch Raghesh, nicht Ragesh. Auch ein weiterer Name ist anders: Londo Mollaris Assistent wird hier Virell genannt. JMS entschied sich später, Vir daraus zu machen, da er das Gefühl hatte, Virell klänge zu sehr nach einem Minbari-Namen.

In diesem Skript ist sich JMS auch noch unsicher, wie er Sinclair genau charakterisieren soll. Er ist ein starker Mann, aber keiner, der aufbrausend wäre oder gegen Untergebene handgreiflich wird. Hier geschieht dies allerdings. Als einer der Piloten ihm von dem Notruf erzählt, auf den sie nicht reagieren konnten, weil der Sprung schon im Gang war, packt er ihn und rammt ihn gegen die Wand.

Sinclair: Pilot's Code Nine-Nine-Five, section three: ANY PILOT MONITORING A CALL FOR HELP IS REQUIRED TO RESPOND. You ever run out on a distress call again, and you won't have to worry about raiders, because I'll frag your ship myself!

Im Skript ist Lyta noch vorhanden. Die Geschichte ist jedoch dieselbe, da auch Lyta sich Susan Ivanova noch nicht vorgestellt hatte und das nun nachholen wollte. In dem Dialog zwischen den beiden wird auch klar, dass Laurel Takashima versetzt wurde.

Kleinigkeiten in den Dialogen sind anders. Im Gespräch zwischen Ivanova und Sinclair, bei dem er auch über seinen Vater spricht, fragt er sie, wen sie bei der bevorstehenden Präsidentschaftswahl wählen wird. Sie zitiert die Vorschriften.

Ivanova: Under statute 4-17, the expression of political views cannot be required by a superior officer or used as criteria when …

Sinclair unterbricht sie dann und erklärt, dass es eine einfache Frage war. In der fertigen Folge zitiert sie keine Vorschriften, ihr Blick zeigt aber, dass sie kurz überlegt, ob sie die Frage beantworten soll.

Später gibt es eine Szene in der Observationskuppel – mit Garibaldi und Ivanova. Es ist das Gespräch in der Folge, bei dem es darum geht, dass er auf ihrem Platz sitzt. Hier bekommen sie jedoch Besuch von Kosh.

Ivanova: Ambassador Kosh. Welcome to the observation dome. Would you … like a tour of our facilities?
Kosh: Ahh … beautiful.
Ein Moment vergeht.
Kosh: I will miss this. When it is gone.
Garibaldi: I really hate it when he does that.

Im Grunde ist das nur eine kleine Szene, aber eine, die mit der Vorausschau spielt. Denn Kosh weiß, was passieren wird – entweder haargenau oder zumindest im Groben. Er ist mysteriös, und seine Andeutungen klingen alles andere als optimistisch stimmend.

Das erste Treffen des Rats und der Liga der blockfreien Welten geht hier weiter. Sinclair schlägt tiefgreifende militärische Sanktionen vor, wie Friedenshütertruppen, die nach Ragesh 3 geschickt werden, eine Blockade der Kolonie oder gar eine Blockade der Narn-Heimatwelt, bis das Narn-Regime seine Truppen von Ragesh 3 zurückgezogen hat. Eine Abstimmung wird vorgenommen. Die Mehrheit ist für militärisches Eingreifen. Sinclair verschiebt die Sitzung um acht Stunden. Dann soll entschieden werden, was genau getan wird.

Direkt im Anschluss spricht Sinclair mit einem Senator und wird zurückgepfiffen. Er soll seine Stimme abändern, auch wenn das an den Mehrheitsverhältnissen nichts ändert. Das ist im Skript insgesamt komplexer gestaltet, in der fertigen Folge musste man aber wohl aus Zeitgründen beide Szenen vereinfachen.

Wertung von Kosh

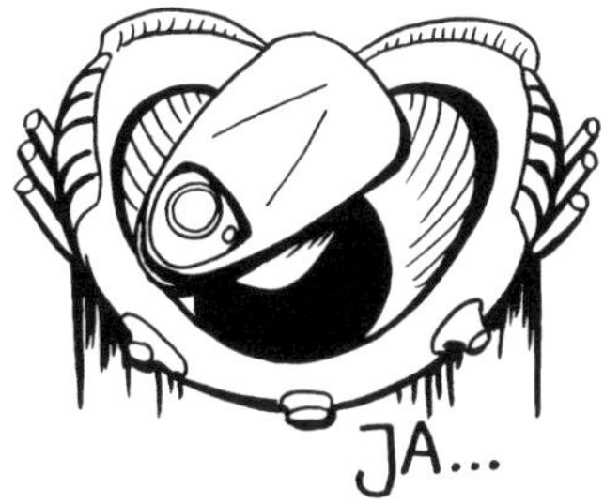

1.02
Soul Hunter
(Der Seelenjäger)

US-Erstausstrahlung: 2. Februar 1994
Deutsche Erstausstrahlung: 13. August 1995
Regie: Jim Johnston
Drehbuch: J. Michael Straczynski

Darsteller: William Morgan Sheppard (The Soul Hunter), John Snyder (Soul Hunter #2)

Inhalt

Ein havariertes Schiff erreicht Babylon 5. An Bord befindet sich nur ein Passagier – ein Seelenjäger. Als Dr. Franklin ihn behandelt, erkennt Delenn, wer der Mann ist. Sein Volk ist in der Galaxis verfemt. Sie erscheinen, wenn wichtige Personen sterben – um deren Seele an sich zu nehmen. Als der Anführer der Minbari starb, stellten sich Delenn und andere diesem Seelenjäger in den Weg. All die verlorenen Seelen haben den Seelenjäger zu der Erkenntnis kommen lassen, dass die Gefahr, zu spät zu kommen, ausgeschaltet werden muss. Er will nun die Personen töten, deren Seelen der Rettung wert sind – und er hat es auf Delenn abgesehen.

Hintergründe

Als die Produktion der ersten Staffel begann, hatte JMS mit immensem Zeitdruck zu kämpfen. Seine ersten drei Drehbücher – *Midnight on the Firing Line, Soul Hunter* und *Infection* – lieferte er mit Datum des 3., 21. und 28. Juni 1993 ab. Während er nach dem Schreiben des Skripts von *Soul Hunter* noch zufrieden war, änderte sich das schlagartig, nachdem er das Skript mittels Boten bereits verschickt hatte und nochmals einen Blick darauf warf.

Er hatte plötzlich den Eindruck, eine falsche Geschichte geschrieben zu haben, oder besser gesagt eine, die für *Star Trek* typisch gewesen wäre. Aber sein Ziel war es, sich so weit wie möglich von allem zu entfernen, was *Star Trek* war. Darum hatte er sich ja überhaupt erst entschieden, mit dieser Folge ein religiöses Thema aufzugreifen.

Fürs Fernsehen produzierte Science-Fiction schreckt davor gerne zurück, weil man sich sehr schnell in die Nesseln setzen kann. Religiöse Themen sind dazu prädestiniert, die eine oder andere Gruppe vor den Kopf zu stoßen, die dann nicht nur negative Publicity bringen, sondern auch Boykottaufrufe starten würde. Aber JMS wollte eine Zukunft zeigen, in der Religion noch immer ein Thema war, und er wollte über etwas schreiben, das ihn selbst bewegte und interessierte.

Nur missfiel ihm dann seine erste Version, weswegen er alle Empfänger des Skripts aufforderte, es bitte sofort ungelesen zurückzuschicken. Derweil machte er sich daran, Soul Hunter umzuschreiben – dafür benötigte er drei Tage, was hieß, dass er für *Infection* nur vier Tage hatte, um das Skript fertigzustellen.

Der Seelenjäger wird von W. Morgan Sheppard (1932-2019) gespielt. Er war u.a. so etwas wie der Stiefvater von Data in der Folge *The Schizoid Man (Das fremde Gedächtnis)* von *Star Trek: The Next Generation (Raumschiff Enterprise: Das nächste Jahrhundert).* Außerdem spielte er in mehreren Folgen der ersten und zweiten Staffel von *seaQuest DSV (Seaquest)* einen holographischen Professor und war in *Max Headroom* dabei. Die Rolle des Seelenjägers schätzte er sehr, weil JMS ihm bei der Interpretation freie Hand ließ. So entschied er sich, den Sprachduktus der Figur recht eigen zu gestalten – er zieht manche Wörter sehr in die Länge. Sein Sohn ist übrigens Mark Sheppard.

Kommentar

Diese Folge wurde als erstes gedreht, aber erst als zweites gezeigt. Da Richard Biggs als Dr. Stephen Franklin nicht in *Midnight on the Firing Line* dabei war, erlebt man hier seine Ankunft auf Babylon 5. Das ist die eine große Entwicklung dieser Folge, es gibt aber noch andere. Denn obwohl *Soul Hunter* anmutet wie eine völlig von allem losgelöste Geschichte, hat JMS hier sehr viel mehr integriert.

Die Haupthandlung könnte man als typische Science-Fiction-Kost ansehen, aber sie ist auch dazu da, dem Zuschauer weitere, für den Verlauf der Serie wichtige Informationen zu liefern, indem es um Seelen geht. Man erfährt hier mehr darüber, welchen Wert die Minbari auf ihre Seele legen. Hier kann man es noch nicht verstehen, ebensowenig wie den Halbsatz, den Delenn zu Sinclair sagt, als sie in der Krankenstation erwacht. Auch das ist ein Element dieser Folge, das sie im gesamtheitlichen Ansatz von *Babylon 5* so wichtig macht. Denn es geht ebenfalls um dieses Loch in Sinclairs Gedächtnis – das, was er von der Battle of the Line nicht mehr weiß, das aber gleichermaßen mit dem zu tun hat, was Delenn hier sagt.

Außerdem erfährt man, dass Dukhat der Führer der Minbari war und zu Beginn des Erd-Minbari-Kriegs starb. Im Kontext dieser Episode ist das fast ein Wegwerfsatz, zu dem JMS später im Fernsehfilm *In the Beginning* zurückgekehrt ist.

Weiterhin wird mehr über Delenn preisgegeben. Sie ist Satai, ein Titel der Minbari, der den Mitgliedern des Grauen Rats vorbehalten ist. Aber, so fragt sich auch Sinclair völlig zu Recht, wieso wird ein Mitglied des Grauen Rats – und damit der Regierung der Minbari – zu Botschafterdiensten auf eine Raumstation wie Babylon 5 entsandt?

All diese Enthüllungen und Verweise auf die Zukunft harmonieren wunderbar mit der Haupthandlung. *Soul Hunter* dient damit zwei Herren: Die Episode ist für den Gelegenheitszuschauer unterhaltsam, sie bietet dem Fan aber weit mehr.

Das Konzept der Seelenjäger hat JMS danach lange nicht mehr aufgegriffen. Erst nach dem Ende der Serie brachte er sie in dem Fernsehfilm *River of Souls* zurück. Interessant ist es, weil die Seelenjäger als Monster angesehen werden, sich selbst jedoch als Retter verstehen – und beide Sichtweisen sind legitim. Wenn man glaubt, dass das physische Ende wirklich und wahrhaftig das Ende ist, dann erscheint es reizvoll, dass jemand die eigene Essenz rettet und weiterleben lässt. Glaubt man jedoch an eine Form von Nachleben, dann ist es ein schrecklicher Gedanke, dass die eigene Seele für alle Zeiten gefangen und nicht in der Lage sein wird, die nächste Entwicklungsstufe zu erklimmen. Ein interessantes Paradoxon, das auch mit JMS' Interesse für den Glauben zusammenfällt – im Verlauf der Serie wird noch mehrfach daran angeknüpft.

Das Skript

Es gibt zwei Drehbücher für *Soul Hunter:* Eines, mit dem die Folge gedreht wurde, und eines, das JMS verworfen hat. Fangen wir mit der ersten Version an, von der JMS meint, er hätte ein *Star Trek*-Skript mit *Babylon 5*-Figuren geschrieben.

Die Ankunft von Stephen Franklin ist gleich, es gibt aber noch einen Neuankömmling an Bord: Inspektor Falkenburg, ein Erbsenzähler, der dafür sorgen soll, dass auf Babylon 5 nicht zu viel Geld ausgegeben wird. Als er einen Sicherheitsmann darum bittet, ihn zu Commander Sinclair zu bringen, stellt er sofort fest, dass dieser einen weit teureren Comlink auf der Handfläche hat, als hier nötig wäre. Der Teaser endet damit, dass ein Reisender von Garibaldi überprüft wird, eine Waffe zückt und eine Frau bedroht.

Die Szene wird nach dem Vorspann fortgesetzt. Falls sie jemandem bekannt vorkommt: Ja, sie ist aus dem Pilotfilm. JMS wollte hier dasselbe Material nochmals verwenden. All das wird von einem Seelenjäger beobachtet, der die Station ganz normal betreten hat.

Ivanova zeigt Franklin die Krankenstation, danach wird Sinclair von Falkenburg aufgesucht. Er stellt sich dem Commander vor. Da der neue Präsident auch gewählt wurde, weil er versprach, das Ausgabenbudget zu kürzen, soll Falkenburg jetzt nach Möglichkeiten suchen, wie Babylon 5 noch effizienter laufen kann, und das, obwohl Sinclair innerhalb des vorgegebenen Budgets geblieben ist.

In der nächsten Szene lernen wir Lennier kennen, der sich wiederum Delenn vorstellt und sie als Satai anspricht. Man erfährt hier schon, dass Delenn ein Mitglied des Grauen Rats ist, aber sie fordert Lennier auf, dies in keiner Weise mehr zu erwähnen, da sie Fragen anderer von vornherein vermeiden will.

Der Seelenjäger wird hier noch gänzlich anders dargestellt. Immer wieder taucht er kurz auf. In einer Szene sieht man, wie er eine jener Seelenkugeln nimmt, in denen die Seelen konserviert werden. Man erkennt, dass sich darin etwas bewegt. Ein verzerrtes, gepeinigtes Gesicht ist zu sehen. Die Retter großer Geister sind die Seelenjäger hier noch nicht.

Die nächste Szene mit Sinclair, Garibaldi und Ivanova ähnelt der Version aus der fertigen Episode. Es geht darum, dass der Alien-Sektor ziemlich verlassen ist und außerirdische Raumschiffe früher starten, als bis dato angesetzt war. Außerdem wird kurz darüber gesprochen, wie nervig Falkenburgs Überprüfung ist.

Danach folgt eine Szene, in der ein Geschäftsmann von der Erde Delenn aufsucht. Er möchte eine heilige Minbari-Reliquie kaufen, weil er schon ähnliche Artefakte anderer Völker hat und glaubt, mit der Ausstellung gutes Geld machen zu können. Delenn ist alles andere als erfreut darüber, geht es doch um das Horn des Propheten, den heiligsten Gegenstand der Minbari, der an einem geheimen Ort aufbewahrt wird und nur alle paar Jahre wenige Minuten lang ausgewählten Minbari gezeigt wird.

Danach besucht Delenn Sinclair und warnt ihn davor, dass ein Seelenjäger an Bord ist. Der erste Akt endet damit, dass dieser einen Unbeteiligten tötet und dessen Seele einfängt, da er sicherstellen muss, dass sein Equipment auch richtig kalibriert ist.

Sinclair hört sich Delenns Erzählung über die Seelenjäger an, hält diese jedoch für Aberglauben. Dann wird er von Franklin ins Medlab gerufen. Er hat eine Autopsie an dem Mann durchgeführt, der vom Seelenjäger getötet wurde. Auf seinem Gesicht spiegelt sich immenser Schrecken wider.

Während Falkenburg erneut mit Sinclair reden will, sucht Garibaldi den einer Gottesanbeterin ähnelnden Außerirdischen N'Grath auf, um mehr über den Seelenjäger zu erfahren – aber ohne Erfolg.

Delenn spricht mit Ivanova, die den Ernst der Lage verkennt. Derweil stellt sich Lennier dem Commander vor, der gerade Swing-Musik der 1920er hört. Lennier mag diese Musik und erhält von Sinclair eine Kopie geschenkt – mit dem Verweis, dass er möglicherweise eine Quittung dafür brauchen wird. Der zweite Akt endet damit, dass Garibaldi den Seelenjäger findet, oder besser, von diesem gefunden wird.

In der nächsten Szene spricht Sinclair mit dem Seelenjäger und verbietet ihm, seiner Tätigkeit auf der Station nachzugehen. Man erfährt hier mehr über das, was die Seelenjäger tun. Sie bringen die in Seelensteinen gefangenen Seelen in die Große Halle auf ihrer Heimatwelt, wo sie einen ehrwürdigen Platz innehaben, flüsternd miteinander sprechen, Konzepte ersinnen und austauschen – und mit der Zeit wollen die Seelenjäger das Wissen dieser großen Seelen mit dem Rest des Universums teilen.

Als der Seelenjäger Sinclairs Büro verlässt, trifft er auf Delenn, die er als Satai vom Grauen Rat erkennt. In der nächsten Szene spricht

Falkenburg über Ivanova – und die maßlose Verschwendung, bei der Verarbeitung von Metallplatten vier statt drei Bolzen benutzt zu haben. Garibaldi nervt das bald so sehr, dass er Ivanova bittet, Falkenburg erledigen zu dürfen. Er schlägt vor, ihn in eine Luftschleuse zu locken und auf diese Weise loszuwerden.

Am Ende des dritten Akts flehen die Seelen den Jäger an, sie gehen zu lassen, doch er will davon nichts hören. Er weiß jetzt, wer der Grund für seine Anwesenheit hier ist: Delenn.

In einem Nebensatz erwähnt JMS mit Beginn des vierten Akts, dass ein außerirdischer Sicherheitsoffizier im Alien-Sektor patrouilliert – mit der Begründung, dass es eben keinen Sinn ergibt, hier einen Menschen einzusetzen. Es wäre das erste Mitglied des Sicherheitsdienstes gewesen, das kein Mensch ist.

Der Seelenjäger tötet einen Sicherheitsbeamten, trifft wie in der fertigen Folge N'Grath, und der zweite Seelenjäger erreicht die Station. Er spricht mit Sinclair; der Dialog ist ziemlich genau der gleiche wie in der Episode. Aber dann kommt Lennier dazu, da Delenn Hilfe benötigt – sie schwebt in Lebensgefahr. Das Ende des vierten Akts zeigt, wie der Seelenjäger Delenn stellt und ihr erklärt, dass sie es kaum spüren wird, wenn ihr Körper stirbt.

Der Kampf um Delenn verläuft dann ähnlich wie in der Episode. Es wird in dieser Skriptversion nur klarer, dass die Seelen den Jäger angreifen, um all das zu beenden – auch ihr eigenes Leid. Anders als in der fertigen Episode erhält der zweite Seelenjäger die anderen Seelensteine, erklärt aber, dass die Angehörigen benachrichtigt werden. Sie müssen darüber entscheiden, ob die Seelen in die Große Halle gehen oder freigegeben werden.

Bevor der zweite Jäger geht, fragt Sinclair ihn, ob er weiß, was mit Babylon 4 passiert ist, da die Seelenjäger den Tod spüren und von ihm angezogen werden. Aber der Jäger muss ihn enttäuschen. Dieses Mysterium kann er nicht lösen. Er spürt jedoch keinen Tod, weshalb Sinclair sich fragt, ob Babylon 4 noch existiert.

Ein letztes Mal trifft Sinclair Falkenburg. Dieser erklärt, dass er Wege gefunden hat, 27 Prozent der Ausgaben einzusparen. Das würde die Abläufe auf der Station jedoch deutlich beeinträchtigen. Falkenburg erklärt, dass Präsident Santiago vielleicht keine Kürzungen will, sie aber durchführen muss, da er längst nicht mehr die volle Macht besitzt. Er weiß sogar, wo diese mittlerweile zu finden ist: bei den neuen Stimmen, die gegen zuviel außerirdischen Einfluss auf der Erde sind. Und Sinclair wäre gut beraten, seine Loyalität entsprechend auszurichten. Aber Sinclair kann Falkenburg zwingen, seinen Bericht noch einmal zu überarbeiten – das kommt davon, wenn man auf Staatskosten zu Prostituierten geht.

Die Falkenburg-Handlung fehlt in der fertigen Episode völlig. Sie hätte vielleicht aber auch schon etwas zu früh angezeigt, dass auf der Erde Veränderungen im Gang sind, und nicht unbedingt vorteilhafte.

Im zweiten Drehbuch hat JMS dann einiges verändert, anderes nur umgestellt. Die Ankunft des Seelenjägers wurde umgestaltet und ist so vielleicht aufregender. Die Handlung rund um diesen bleibt jedoch relativ intakt, nur das erste Treffen mit Delenn verläuft etwas abweichend. Und er ist nicht mehr der absolute Schurke. In der ersten Version tötet er, um sein Equipment zu testen, das geschieht hier nicht mehr. Außerdem wird es nicht so dargestellt, dass die Seelen in den Seelensteinen leiden.

Die Falkenburg-Handlung ist in ihrer Gänze im zweiten Skript für *Soul Hunter* enthalten. Dass sie in der Episode selbst nicht vorkommt, liegt wohl vor allem an der Länge. Das Skript hat mit 95 Minuten deutlich mehr als andere Episoden, die eher zwischen 60 und 80 liegen. Die Drehbücher von JMS sind meistens etwas länger, als für die Laufzeit von knapp 45 Minuten notwendig gewesen wäre.

Eine Szene mit dem Seelenjäger wurde aus der Folge entfernt, aber keine besonders große. Vor seinem Treffen mit N'Grath sieht man ihn durch einen Gang schleichen und einen Außerirdischen nach der Richtung fragen.

In der zweiten Drehbuchfassung kommen die Seelenjäger differenzierter daher. Das macht die Folge deutlich besser. Schade ist der Verlust des Falkenburg-Plots, da er im Hinblick darauf, was auf der Erde vorgeht, wichtig gewesen wäre. Aber JMS fand im Verlauf der Staffel andere Wege, den Zuschauer darüber in Kenntnis zu setzen. Lennier hat in der ersten Skriptfassung einiges zu tun, in der Folge taucht er jedoch nicht auf. Das mag den Kostengründen geschuldet gewesen sein; dabei wäre seine Begegnung mit Sinclair schon interessant gewesen, ebenso wie das Gespräch mit Delenn darüber, was er von Londo Mollari zu erwarten hat, wenn er sich ihm vorstellt.

Wertung von Kosh

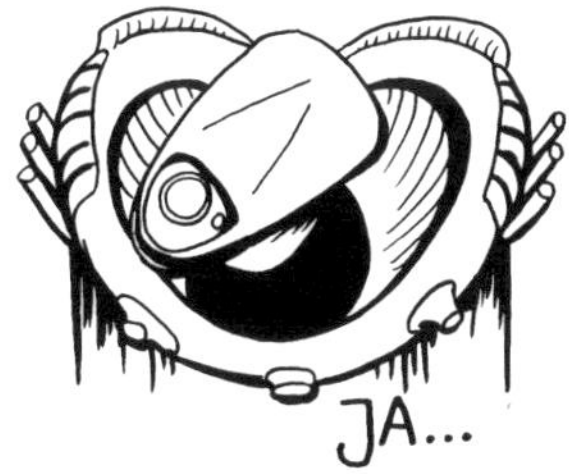

1.03
Born to the Purple
(Die Purpurdaten)

US-Erstausstrahlung: 9. Februar 1994
Deutsche Erstausstrahlung: 20. August 1995
Regie: Bruce Seth Green
Drehbuch: Larry DiTillio

Darsteller: Fabiana Udenio (Adira Tyree), Mary Woronov (Ko D'Ath), Clive Revill (Trakis), Jimm Giannini (Ock), Robert Phalen (Andrei Ivanov), Robert DiTillio (Norg), Mike Norris (Butz), Laura Peterson (Gera Akshi), Momo Yashima (Dr. Goyokin)

Inhalt

Londo Mollari ist verliebt – in die Tänzerin Adira Tyree. Doch die ist in Wahrheit die Sklavin von Trakis, der sie benutzt, um von Londo den Zugangscode zu dessen Purpurdaten zu erlangen. Diese enthalten all den Schmutz, den die Familie Mollari im Lauf der Jahre über andere Centauri ausgegraben hat. Für die Narn wäre das immens wertvoll. Zeitgleich soll es Verhandlungen um ein System geben, an dem sowohl Narn als auch Centauri Interesse haben. Da Londo dies vernachlässigt, lässt er Vir übernehmen, was G'Kar dazu bringt, seiner Assistentin Ko D'Ath die Verhandlungen zu übertragen. Garibaldi hat bemerkt, dass jemand unautorisiert den Goldkanal benutzt. Er sucht nach dem Täter.

Hintergründe

Larry DiTillio ist der Autor von *Born to the Purple.* Für ihn war es jedoch nicht nur ein Drehbuch, das er verfasste. Es war auch so etwas wie ein Job-Interview, denn JMS wollte ihn als Story Editor für die Serie haben. Warner Bros. war aber erst bereit, ihm diesen Posten zu geben, nachdem ein Skript von ihm vorlag. Es gab zwar jede Menge zu anderen Serien, die er geschrieben hatte, aber es sollte ein *Babylon 5*-Skript sein.

JMS und DiTillio waren zu dem Zeitpunkt bereits seit vielen Jahren befreundet. Sie hatten sich bei Filmation Studios kennen gelernt. Das war Mitte der 1980er Jahre, als die *Masters of the Universe* als Zeichentrickformate groß wurden. Ihre professionellen Wege trennten sich, führten sie dann aber wieder zusammen – mit *Captain Power and the Soldiers of the Future.* Die Serie war kurzlebig, sie machte JMS und DiTillio allerdings mit den Produzenten Doug Netter und John Copeland bekannt. Als JMS schließlich *Babylon 5* entwickelte, holte er auch DiTillio an Bord.

Für das erste Skript gab JMS ihm eine Geschichte vor. Es sollte um Londo Mollaris Liebe zu einer Frau gehen, die nicht ganz ehrlich war. Ursprünglich dachte JMS daran, dass Adira Dust schmuggeln könnte, jene Droge, mit der man zeitweise telepathische Fähigkeiten erlangt. Das erschien DiTillio zu gewöhnlich und zu klischeebehaftet. Auf seinem Mist wuchs die Idee, dass es um die Purpurdaten von Londo Mollari gehen könnte, um all das Geheimwissen, das er über seine Feinde unter den Centauri angesammelt hatte.

JMS ließ sich schließlich von DiTillio überzeugen – der Logik der Geschichte war dadurch weit mehr gedient.

Die B-Story um Ivanovas Vater sollte vor allem zeigen, dass trotz der zänkischen Art zwischen Garibaldi und ihr echter Respekt vorhanden war. Diese beiden Figuren sollten sich aneinander reiben und immer wieder einmal verbal aneinandergeraten, aber man sollte spüren, dass sie nicht wirklich Gegner waren.

DiTillio war mit der Szene mit dem Tod von Ivanovas Vater zunächst zufrieden. Nach den Dreharbeiten stellte er jedoch fest, dass er diesen zwar alles hatte sagen lassen, was ihm noch wichtig war, aber Ivanova nicht die Chance bekam, anzusprechen, was sie bewegte. Die Möglichkeit, das noch einmal aufzugreifen, bot sich DiTillio später im Skript zu *TKO*.

Bei der Besetzung hatte DiTillio ein Wort mitzureden. Er gab seinem Bruder Robert die kleine Rolle des Schlägers, der in dem Club Londo und Sinclair angreift. Die Rolle des Marine, der im Club von Ko D'Ath niedergeschlagen wird, ging an Mike Norris, seines Zeichens Sohn von Chuck Norris, Stuntman und Schauspieler. Für den Schurkenpart engagierte man den Briten Clive Revill, da dieser – anders als alle anderen Kandidaten – beim Vorsprechen die Rolle nicht als schnurrbartzwirbelnder Bösewicht interpretiert hatte, sondern den Text mit weicher, sanfter Stimme sprach, unter der man die Bösartigkeit der Figur erahnen konnte.

Kommentar

Das ist die erste Folge, die nicht von JMS geschrieben wurde. In der ersten Staffel kommt das noch häufiger vor, in der fünften auch. Den Löwenanteil der Serie hat JMS jedoch allein verfasst. *Born to the Purple* ist eine Folge, die mehrheitlich auf Londo Mollari ausgelegt ist und ihn von einer anderen Seite zeigt – als liebender Mann, der für seine Adira auch auf jedwede Centauri-Etikette pfeift. Diese Folge zeigt Londo Mollari als einen Mann voller Passion und – nicht zuletzt – Ambition. Am Ende hat er Adira auch vergeben und sie gebeten, bei ihm zu bleiben – oder wenigstens zu ihm zurückzukommen.

Im Rückblick betrachtet ist dies wohl der letzte Moment, an dem sich Londo Mollaris Lebensweg noch hätte ändern lassen. Es war dieser Moment, an dem der Botschafter hätte glücklich werden können. Aber es sollte nicht sein, und schon bald darauf führt sein Weg in sein persönliches Verderben – auch wenn er den kommenden Krieg und das, was danach folgt, überlebt –, vor allem aber in den Niedergang des Centauri-Imperiums.

Auch diese Folge steht vor allem für sich. Wie viele Episoden der ersten Staffel dient sie aber ebenso dazu, dem Zuschauer ein besseres Verständnis in Hinblick auf die Figuren zu geben. Für den großen Handlungsbogen ist hier praktisch nichts gegeben, außer dem Umstand, dass man besser im Blick hat, wieso Londo handelt, wie er handelt – und das später weiterhin so handhaben wird.

Der Nebenplot dreht sich um den Goldkanal, der von Ivanova unberechtigt genutzt wird, was Garibaldi erst am Ende herausfindet. Auch diese Geschichte sagt etwas aus – über Ivanova, die ein letztes Mal mit ihrem sterbenden Vater spricht und in gewisser Weise ihren Frieden damit macht, was früher passierte, sowie über Garibaldi, der Menschlichkeit beweist, als er Ivanova erklärt, er habe den Schuldigen gefunden: eine Computerfehlfunktion. Die Idee eines sterbenden Vaters hatte JMS schon für den Pilotfilm. In dieser Planung sollte der Plot aber noch Michael Garibaldi zugutekommen.

Mit Ko D'Ath taucht endlich G'Kars Assistentin auf. Es bleibt aber ihr einziger Einsatz, da er wenig später eine andere Assistentin bekommt. Der Grund dafür war denkbar einfach: Woronov entwickelte eine starke allergische Reaktion auf das Narn-Make-up und konnte die Rolle nicht länger spielen. Sie ist keineswegs ein großer Star, im Bereich des Independent-Kinos aber durchaus bekannt. Sie hat in bereits in den 1970er Jahren in einer Reihe kleiner B-Filmklassiker wie *Death Race 2000 (Frankensteins Todesrennen,* 1975) oder *Rock'n'Roll High School (Rock'n'Roll High School,* 1979) mitgewirkt.

Das Skript

Als Larry DiTillio das Skript schrieb, ging man noch davon aus, dass Lyta Alexander die Telepathin an Bord von Babylon 5 sein sollte. Ihre Szenen konnten aber genauso an Talia Winters weitergegeben werden.

Die Szene, in der Talia aus dem Raum geht, weil die Emotionen dort mit Londo und G'Kar zu stark werden, ist im Skript ein wenig länger. Sinclair spricht mit ihr und erklärt ihr, dass Centauri und Narn es seit langem gewohnt sind, einander anzulügen.

Die direkt darauffolgende Szene ist die, als Adira nach einem Schäferstündchen mit Londo das Bett verlässt. Im Skript ist beschrieben, was man auf ihrem Rücken sieht. Am unteren Teil des Rückens sind sechs kiemenartige Schlitze zu sehen. Als Regisseur Bruce Seth Green das las, fragte er DiTillio, was das sein sollte, aber im Grunde kannte er die Antwort schon. Das waren Adiras Geschlechtsorgane. Sie sitzen bei Centauri woanders, wie sich in einer späteren Folge in Hinblick auf Londo auch noch zeigen sollte.

Es gab längere Diskussionen, ob man die Szene so drehen und vor allem auch in der Episode zeigen konnte. Letztlich hätte ja niemand gewusst, was es wirklich ist. Man entschied sich dann aber dagegen.

Im Anschluss an diese Folge findet die erste Verhandlung zwischen Narn und Centauri statt, zu der Londo zu spät kommt. Sinclair kommentiert Londos gute Laune mit »You're in exceptionally good spirits, Ambassador.«

Talia reagiert nur mit einem »Ohhh …«, was Sinclair erst später versteht, als sie ihm erklärt, welcher Art Londos Gedanken in dem Moment waren.

Umfangreicher ist auch die Szene in Sinclairs Quartier, als Londo ihn um Hilfe bittet, die Purpurdaten zurückzubekommen. Als der Commander sagt, er hätte eine Idee, möchte Londo ihn umarmen, aber Sinclair wehrt das ab. Etwas länger ist auch die Szene, als Sinclair und Londo Talia überzeugen wollen, ihnen zu helfen. Sie schlägt dem Botschafter vor, einen Karrierewechsel in Betracht zu ziehen.

Die letzte Szene mit Londo und Adira ist im Skript auch länger. Denn DiTillio hatte zuerst noch einen Dialog für Adira geschrieben, in dem sie Londo erklärt, dass sie ihn trotz ihres Verrats wirklich liebt. Aber das war schon aus den vorherigen Szenen offensichtlich. Darum meinte JMS zu DiTillio, das er diese Dialogzeile streichen könnte. Das tat er auch.

Was in der fertigen Folge jedoch fehlt, ist etwas anderes. Ein durchaus schöner Moment, der noch ein bisschen mehr Einblick in Londo Mollari gibt und zeigt, wie er die Centauri sieht. Adira erklärt ihm, dass sie sich in die Sklaverei begab, um zu überleben, ein für sie notwendiger Zug, nachdem ihre Familie ausgelöscht worden war. Bevor er ihr den Kontrakt gibt, der ihr die Freiheit sichert, sagt er: »We Centauri are all slaves, Adira. Slaves to our indulgences, our masks, our passion for appearance. You, at least, are an honest slave. Or were.«

Wertung von Kosh

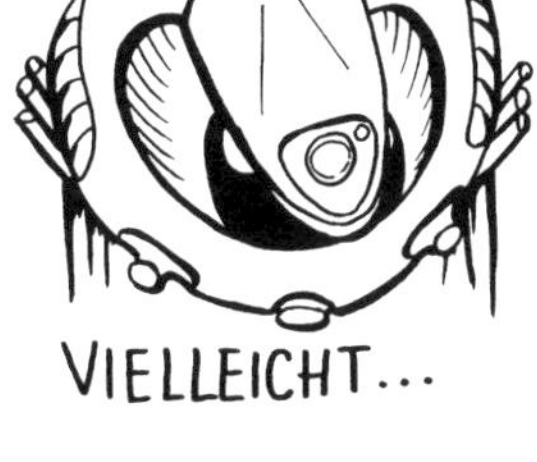

1.04
Infection
(Ein unheimlicher Fund)

US-Erstausstrahlung: 16. Februar 1994
Deutsche Erstausstrahlung: 27. August 1995
Regie: Richard Compton
Drehbuch: J. Michael Straczynski

Darsteller: David McCallum (Dr. Vance Hendricks), Marshall R. Teague (Nelson Drake), Patricia Healy (Mary Ann Cramer)

Inhalt

Dr. Vance Hendricks ist ein alter Bekannter von Dr. Franklin, sogar ein Mentor. Er kommt mit einigen antiken Stücken organischer Technologie an Bord der Station. Sein Assistent Nelson Drake hat die Stücke durch den Zoll geschmuggelt und dabei einen Sicherheitsmann getötet. Hendricks bittet um Franklins Hilfe bei der Erforschung dieser Artefakte, da er glaubt, dass damit große Sprünge in Bezug auf organische Technologie gemacht werden können. Franklin ist interessiert, doch wie sich zeigt, handelt es sich bei den Stücken um eine Waffe, die mit Nelson Drake verschmilzt und ihn transformiert – zu einer lebenden Kampfmaschine, die den Planeten ihrer Erbauer beschützen sollte, aber letztlich auch jeden Einheimischen vernichtet hat.

Hintergründe

Natürlich war JMS bewusst, dass er mit *Infection* einem der Science-Fiction-Standards entsprach. Es ist eine Geschichte über ein außerirdisches Monster, in dessen Kostüm ein Mensch steckt. Damit lässt sich reichlich Action inszenieren, wirklich originell ist es aber nicht, sondern mehr schon ein typisches Science-Fiction-Klischee. Zugleich wollte JMS aber auch mehr damit erreichen.

Er wollte mit dieser lebenden Waffe und die ideologische Aufladung durch die Ikkaraner, die sie darauf eichten, alles zu vernichten, was nicht rein ikkaranisch ist, etwas darüber aussagen, wie Paranoia und Faschismus dazu führen, dass man selbst zu dem Feind wird, den man gefürchtet hat.

Zugleich wollte er mit dem Interstellar News Network (ISN) auch die Medien als treibende Kraft in die Serie einbauen. Das macht die Serie heute umso aktueller, wenn man in Betracht zieht, welche Kapriolen der rechtslastige Sender Fox News in den USA schlägt. Hier wird der Grundstein gelegt, später wird ISN dann auch als Propaganda-Arm der Clark-Regierung gezeigt. Es wird sogar eine Szene geben, in der eine Journalistin aufbegehrt – ähnlich der russischen Journalistin Marina Ovsyannikova, die sich im russischen Fernsehen aufgelehnt und gegen den Krieg des Putin-Regimes gegen die Ukraine Stellung bezogen hat.

JMS nutzte dies für eine persönliche Agenda. Nach dem Pilotfilm hat kaum ein Medienjournalist Chancen eingeräumt, dass es je zur Serie kommen würde. Das kommentiert JMS hier, indem er die Reporterin mit Garibaldi reden lässt und es um die Wetten geht, die darauf abgeschlossen wurden, dass die Station nicht lange überdauern würde, und nun aber schon ihr zweijähriges Bestehen feierte.

Wie sehr die Serie vorausgeplant war, sieht man hier auch, weil JMS vieles vorbereitet. Oft erwähnen Außerirdische eine gigantische Katastrophe vor 1.000 Jahren – den ersten Schattenkrieg, der wohl auch den Untergang der Ikkaraner einläutete. Ihre lebenden Waffen wiederum, das Amalgam von organischer Technologie und biologischem Lebewesen, ist Schattentechnik. Das alles baute JMS hier schon ein, wohl wissend, dass kein Zuschauer, der die Serie jetzt sah, das erahnen konnte. Die Implikationen dieser Folge wurden erst etwa zwei Jahre später klarer. Das macht *Babylon 5* aber auch so reizvoll, denn wenn man sich die Serie wieder ansieht, bemerkt man alle Elemente und Details, die frühzeitig eingebaut wurden, um der größeren Geschichte Vorschub zu leisten.

In einer Zeit, in der lineares Erzählen in einer Serie praktisch unbekannt war und die gängige Logik war, Geschichten zu erzählen, die am Ende den Reset-Knopf drücken, sodass alles immer gleichbleiben kann, ist *Babylon 5* außergewöhnlich. Weil es die erste Serie war, die eine Geschichte in Langform erzählte, aber auch, weil JMS wusste, worauf er hinaus wollte – etwas, das selbst spätere Serien, die linear eine große Geschichte erzählen, nicht unbedingt hatten, als man mit ihnen begann. Zudem funktionieren die Geschichten aber auch isoliert für sich stehend.

Der namhafte Gaststar dieser Episode ist David McCallum. Er ist der erste von einigen großen Namen, die JMS für die Serie in Gastkapazitäten holte. Der 1933 geborene Schotte wurde als Ilya Kuryakin in *The Man from U.N.C.L.E. (Solo für O.N.K.E.L.,* 1964-1968) bekannt und erlebte in den letzten 20 Jahren mit seiner Rolle des Donald Mallard in *NCIS: Naval Criminal Investigative Service (NCIS,* seit 2003) eine Karriere-Renaissance.

Kommentar

Diese Folge rückt Dr. Stephen Franklin in den Fokus und zeigt ihn als absolut integer. Er ist ein Mann mit großer Leidenschaft für das Heilen, ein durch und durch guter Mensch. Franklin ist das Herz von *Babylon 5.* Der Grundstein dafür wird hier gelegt.

Die Geschichte an sich ist alles andere als außergewöhnlich. Der alte Mentor, der sich als nicht integer erweist, die Waffe einer längst vergangenen Zivilisation – das alles sind storytechnische Standards. Die Art, wie Sinclair die lebende Waffe besiegt, erinnert zudem fatal an Captain Kirk, der auch in der Lage war, jedem Computer argumentativ den Selbstmord nahezulegen. Hier drängt Sinclair die lebende Waffe, die Erinnerungen ihres Erbauers anzuzapfen und zu sehen, dass es seinesgleichen war, das alle Bewohner des Planeten vernichtet hat, weil die Programmierung keine biologisch-logische bzw. wissenschaftliche, sondern eine ideologische war. Die Waffen sollten jeden vernichten, der kein reiner Ikkaraner war. Aber welches Lebewesen ist schon wirklich rein? Keines, sodass niemand den hohen Anforderungen genügte, das Volk daher von seiner eigenen Kampfmaschine vernichtet wurde. Es ist die ewige Frankenstein-Warnung, dass der Schöpfer seiner eigenen Kreatur zum Opfer fällt.

Zum wiederholten Mal hat sich Sinclair an die Frontlinie gestellt und mit den Bedrohungen gekämpft, die Babylon 5 heimsuchen. Das lässt JMS auch Garibaldi so kommentieren, dass einige altgediente Soldaten nach dem Krieg eine Form von Todessehnsucht hätten und sich immer wieder in Gefahr begäben, um mit Glanz und Gloria abzutreten. Ein erstaunlicher Charaktermoment, der Sinclair zum Nachdenken bringt – und den Zuschauer auch. Denn auf eine solche Weise wird in anderen Science-Fiction-Serien nur selten eine Figur dekonstruiert.

Auf den ersten Blick könnte man meinen, dass diese Folge mit dem großen Handlungsbogen nichts zu tun hat, aber hier werden Konzepte und Ideen präsentiert, die durchaus Bedeutung erlangen: Archäologen, die uraltes Böses bergen; biologische Waffensysteme; die Vergangenheit, die die Zukunft heimsucht. All das wird im Verlauf der Serie noch größer ausgespielt.

Dazu passend gibt es dann auch noch einen kleinen Nebenplot, in dem eine Reporterin von ISN mit Jeffrey Sinclair ein Interview führen will. Dabei wird eines erneut klar: Auf der Erde verändert sich etwas. Eine Welle des Hasses auf Außerirdische sorgt für eine Umgestaltung der Gesellschaft.

Garibaldi erzählt der Reporterin, wie Sinclair und er sich auf dem Mars erstmalig trafen. Die Geschichte dazu wurde später en detail in den *Babylon 5*-Comics erzählt. Auch in der Folge *Messages from Earth* wird nochmals darauf eingegangen. Was Garibaldi jedoch nicht wusste, der Leser bzw. später Zuschauer aber schon: Hier waren die Schatten bereits involviert.

Das Skript

Das Drehbuch lief etwas zu lang. Einige Szenen fielen darum der Schere zum Opfer. Eine sehr schöne hat mit der Reporterin Mary Ann Cramer und Susan Ivanova zu tun. Ivanova führt sie herum und zeigt ihr das C&C, Command and Control, die Brücke von Babylon 5. Die Reporterin stellt eine Frage zu ihrer Familie, Ivanova erwähnt aber nicht, dass ihr Vater tot ist. Als Cramer fragt, ob Ivanova noch etwas hätte, das sie den Zuschauern mitgeben will, gibt es eine typische Ivanova-Antwort.

Ivanova: Never eat anything bigger than your head. Also, a fool and his money were lucky to get together in the first place. Good day.

Zwei Szenen wurden daraufhin verändert und zusammengelegt. Im ursprünglichen Skript ist dies die Szene mit Garibaldi, der Sinclair wegen des Interviews aufzieht, und später eine Szene, in der Ivanova Sinclair an das Interview erinnert. Das wurde dann wohl auch aus Zeitgründen kombiniert.

Ein kurzer Moment mit Nelson Drake wurde entfernt. Er läuft einen Gang entlang, wirkt müde und verwirrt. Dann lehnt er sich an eine Wand und stellt fest, dass sich sein Körper noch mehr verändert hat.

Später gibt es eine Szene mit Ivanova und Franklin. Sie spricht ihn auf die Energiespitze an, die man aus dem Umfeld des Medlabs in der Nacht zuvor wahrgenommen hat. C&C kontaktierte das Medlab und erreichte Hendricks' Assistenten Nelson, der sich darum kümmern und es Franklin sagen wollte – was nicht geschehen ist. Die Szene, in der Nelson zur Waffe wird und Franklin angreift, ist im Skript etwas länger. Hier kommt er noch einmal zu sich und prüft, ob Franklin noch am Leben ist, bevor er wegläuft.

Das Entfernen dieser Szene ist inhaltlich durchaus richtig. Nelson hat zuvor einen Sicherheitsmann getötet, warum sollte er Bedenken bei Franklin haben?

In der fertigen Folge ist Franklins Bericht über den Angriff und sein Gespräch mit Hendricks zu zwei Szenen geworden – im Skript ist es dieselbe. Danach sieht man Nelson erneut, nun aber in voller Montur der ikkaranischen Waffe. Er wurde ganz und gar von ihr vereinnahmt.

Entfernt wurde ein kurzer Moment, als über den Lautsprecher die Evakuierung eines bestimmten Bereichs verlautbart wird. Es gibt danach einen Dialog zweier Männer, die das nun für die perfekte Gelegenheit zum Plündern halten. Später gibt es per Lautsprecher eine Warnung an die Besucher des Zocalo, und Garibaldi erteilt einem Untergebenem Befehle. Kurz darauf wurde eine Szene entfernt, in der Garibaldi Sinclair sagt, dass sie hier gegen Nelson kämpfen werden. Ivanova warnt sie, dass er kommt. Sinclair lässt die Lichter ausschalten.

Verändert wurde das Ende mit der Nelson-Maschine, die ihr Herz entfernt, woraufhin Ivanova einen Energieanstieg wahrnimmt. Sinclair entkommt, während eine Luftschleuse geöffnet wird und die lebende Waffe ins All gesogen wird. Dort explodiert sie.

Die letzte Szene war von JMS deutlich länger gestaltet. Sinclair gibt Cramer das Interview. Nachdem er geendet hat, endet auch die Folge. Das Skript ist etwas länger. Es gibt eine News-Meldung von ISN, die weitere Interviews zum zweijährigen Bestehen von

Babylon 5 ankündigt, aber auch, dass ein neuer Doppelstern von Wissenschaftlern der Mars-Kolonie entdeckt wurde. Man tauft ihn Kennedy Proxima, nach dem Präsidenten des 20. Jahrhunderts, der in dieser Woche vor 340 Jahren geboren wurde.

Das Bild dieser ISN-News wird immer kleiner, umgeben von den Sternen. Daraufhin wollte JMS eine Aufnahme von JFK zeigen, mit einem Auszug aus einer Rede, die er vor einer Versammlung der Demokraten hielt, nachdem er zum Präsidentschaftskandidaten gekürt wurde.

JFK: I believe that the times require imagination, and courage, and perseverance. I'm asking each one of you to be pioneers toward that New Frontier. My call is to the young at heart, regardless of age; to the stout of spirit, regardless of party; to all those who respond to the scriptural call, »Be strong and of good courage. Be not afraid, neither be dismayed.« For courage, not complacency, is our need today.

JMS wollte dieses Ende, um zu zeigen, wie weit die Reise der Menschheit von dieser Rede bis zu jenem Moment auf Babylon 5 gewesen ist und dass es sich um eine gerade Linie handelte. Warner Bros. legte ein Veto ein. Man hatte das Gefühl, dass dies die Folge zu sehr auf die Zeit ihrer Entstehung datieren würde. Für JMS war es jedoch die Historie, die auch die Figuren von Babylon 5 kannten und die sie als den Moment ansahen, da die Menschheit erstmals nach den Sternen griff.

Wertung von Kosh

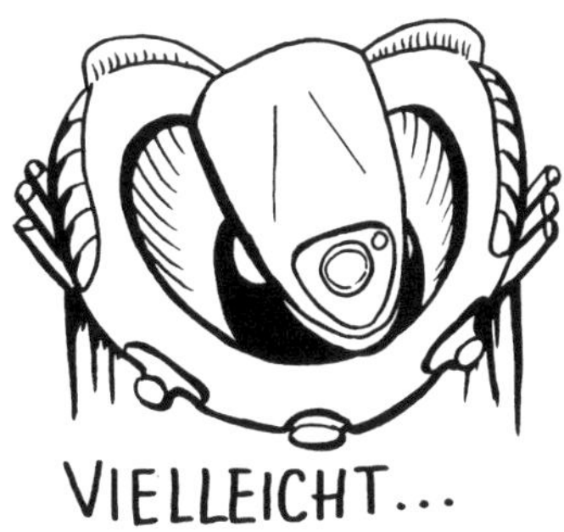

1.05
The Parliament of Dreams
(Angriff auf G'Kar)

US-Erstausstrahlung: 23. Februar 1994
Deutsche Erstausstrahlung: 3. September 1995
Regie: Jim Johnston
Drehbuch: J. Michael Straczynski

Darsteller: Julia Nickson (Catherine Sakai), Thomas Kopache (Tu'Pari), Mark Hendrickson (Du'Rog)

Inhalt

Earth Central hat Sinclair mit einer besonderen Aufgabe betraut: Die verschiedenen außerirdischen Spezies sollen auf der Station über ihre Religion aufklären. Man hofft, dass dies das gegenseitige Verständnis steigern wird. Sinclair und sein Führungsstab nehmen an verschiedenen Zeremonien teil. Als es darum geht, die dominierende Religion der Erde zu demonstrieren, stellt er den außerirdischen Würdenträgern Vertreter aller menschlichen Religionen vor. G'Kar fürchtet derweil um sein Leben. Ein alter Feind ist gestorben, hat ihm aber eine Nachricht hinterlassen. Ein Attentäter ist bereits beauftragt und wird G'Kar nach Ablauf von zwei Tagen töten. Kann er da überhaupt noch seiner neuen Assistentin Na'Toth trauen? Jeffrey Sinclair trifft nach Jahren wieder auf Catherine Sakai. Beide kreisen seit ewigen Zeiten umeinander, aber nun scheint endlich alles zu stimmen, dass sie sich auf eine Beziehung einlassen können.

Hintergründe

Mit dieser Folge begann JMS die Veränderung von G'Kar, von der er von vornherein wusste, dass sie kommen würde – ganz im Gegensatz zum Zuschauer. Der war und ist durch zahlreiche Serien darauf konditioniert, den Schurken immer als den Schurken zu sehen. Als solcher wurde G'Kar im Pilotfilm eingeführt, ein solcher wäre er bei einer geringeren Serie als *Babylon 5* auch geblieben. Aber JMS hatte mehr vor, und das nicht nur mit G'Kar, sondern auch mit Londo, die beiden Antagonisten dieser Serie, die im Verlauf der fünf Jahre große Veränderungen durchleben.

Londo beginnt als jemand, der einst groß war, jetzt jedoch zu einer Witzfigur verkommt, G'Kar als ein Krieger, der vor allem auf Rache aus ist. Beide entwickeln sich immens. Londo wird zu einer tragischen Figur, der im Verlauf der Serie zwar immer mehr Macht zufällt, aber auch immer weniger Wahl bleibt. G'Kar steigt zu einem vor allem spirituellen Anführer auf, der etwas an den Tag legt, das Schurkenfiguren niemals bekommen: Weisheit.

Mit *The Parliament of Dreams* beginnt die Transformation von G'Kar. Es ist diese Folge, in der die Figur dem Zuschauer erstmals wirklich sympathisch ist.

Die Dreharbeiten waren jedoch alles andere als eine angenehme Angelegenheit. Denn für die Szene in G'Kars Quartier, in der er Essen für sich zubereitet, verlangte das Skript nach etwas, das wie eine Mischung aus einem Schweinekopf und einer Aubergine aussah, aber das Prop Department schaffte es nicht, etwas zu zaubern, das auch nur halbwegs nach Essen aussah. Die simple Lösung war, einen echten Schweinekopf zu benutzen. Das erschien im ersten Moment wie ein Geniestreich, doch die Dreharbeiten dauerten den ganzen Tag, auf einem Set, das starker Beleuchtung ausgesetzt war, und so geschah, was geschehen musste – es entwickelte sich ein ekelerregender Geruch, der auch Tage nach den Dreharbeiten noch vorhanden war.

JMS hatte sich lange darauf gefreut, über die religiösen Aspekte der verschiedenen Völker zu schreiben, weil er auch die Unterschiede herausarbeiten wollte. Später tat er das noch mehr, dies ist jedoch der Anfang. Die Szene mit den Centauri ist dabei eher eine Orgie als ein religiöses Ritual. Eine Szene wie die, in der Londo davon erzählt, wie die Centauri die Xon, eine ebenfalls auf Centauri Prime lebende Spezies, vernichtet haben, zeigt zudem die Skrupellosigkeit dieses Imperiums. Auch das ist etwas, das noch zum Tragen kommen wird.

Besonderes Augenmerk verdient die Szene, in der Londo auf den Tisch klettert und dort betrunken ohnmächtig wird. Die anderen Cast-Mitglieder wussten nicht, wie weit Peter Jurasik gehen würde. Ihre Reaktionen sind echt, da man hier die Aufnahmen des ersten Takes genommen hat.

In dieser Folge frönt JMS auch wieder seinem Faible für Alfred Lord Tennyson. Sinclair hört in seinem Quartier das Hörbuch zu

Ulysses, die Geschichte des alten Odysseus, der sich zu Hause nach den Abenteuern seiner Jugend sehnt.

Gaststar Julia Nickson ist in nur drei Folgen dabei – ihre Figur verschwindet von Babylon 5, wenn auch Jeffrey Sinclair abtritt. Die 1958 geborene Nickson hatte früh Erfolg als John Rambos Verbindungsagentin Co Bao in *First Blood: Part II (Rambo II,* 1985), danach wirkte sie neben Pierce Brosnan in den Miniserien *Noble House (Noble House,* 1988) und *Around the World in 80 Days (In 80 Tagen um die Welt,* 1989) mit. Sie ist auch heute noch aktiv.

Kommentar

Religion war ein Thema, das JMS im Verlauf der Serie immer wieder aufgreifen wollte. Hier zeigt er Rituale von Minbari und Centauri – bei letzterem hat Peter Jurasik improvisiert, was es innerhalb der Serie ausgesprochen selten gab. Interessanter als diese Rituale ist aber, wie JMS die Religion der Menschen zeigt. Es gäbe nicht nur ein Ritual, das alle Strömungen abdecken könnte. Die Idee, darum Dutzende Vertreter verschiedener Religionen an Bord zu begrüßen, ist so simpel wie genial, weil es nur diesen einen Moment braucht, um zu zeigen, wie groß die Unterschiede auf der Erde anmuten – und wie gering sie doch eigentlich sind.

Diese Geschichte bietet den Hintergrund. Sie ist vor allem da, um auch die Geschäftigkeit an Bord der Station zu zeigen. Die eigentlichen Geschichten sind aber die von G'kar sowie Sinclair und Catherine. Die G'Kar-Handlung mag nicht besonders originell sein, aber sie ist amüsant. Herrlich, wie er beim Verlassen seines Quartiers zuerst schnell nach rechts und links schaut, ob alles sauber ist, und dann losläuft. Die Auflösung der Geschichte ist zudem ein Fall poetischer Gerechtigkeit.

In *The Parliament of Dreams* wird nicht nur Na'Toth eingeführt; auch Lennier ist erstmals dabei. Das war ursprünglich schon für *Soul Hunter* geplant, ließ sich dort aber nicht umsetzen. Einige der für die erste Version von *Soul Hunter* geschriebenen Lennier-Szenen finden sich nun hier.

Man erfährt in dieser Folge, dass Sinclair und Carolyn sich vor etwa einem Jahr getrennt haben – also nach dem Pilotfilm.

Mit Catherine Sakai bringt JMS aber nur einen Ersatz ein, eine Frau, die derselben Profession nachgeht und eine langwierige und langlaufende Beziehung zu Sinclair hat. Das ist sehr viel expositorischer Altlastenballast, der hier auf einmal abgeladen wird. Vielleicht wäre es sinnvoller gewesen, Catherine stärker von Carolyn abzuheben. So hat man den Eindruck, praktisch dieselbe Figur zu sehen, nur dass Julia Nickson jetzt übernommen hat. Sie ist in nur drei Folgen dabei, und die Beziehung zwischen Sinclair und ihr entwickelt sich dabei nicht allzu stark. Es blieb letzten Endes aber auch wegen des Austauschs des Commanders in der zweiten Staffel dabei, dass man hier nur einen Anfang hat.

Die gemeinsamen Szenen sind dennoch etwas ungelenk. Als Sakai nach dem Besuch in Sinclairs Quartier gehen will und er sie zurückhält, ist der Dialog ebenfalls nicht auf der Höhe dessen, was man von JMS gemeinhin erwartet.

Das Skript

The Parliament of Dreams ist eine jener Folgen, bei denen auf dem Weg vom Skript zur fertigen Episode nicht viel verloren ging. Die Szene, in der Garibaldi einen zeremoniellen Dolch von einem Drazi beschlagnahmt, ist im Skript länger. Bevor er Catherine Sakai sieht, denkt er kurz darüber nach, ob er das Ding zum Salamischneiden benutzen soll.

Eine Szene mit Na'Toth fehlt. Sie klingelt an G'Kars Tür. Nach einer kurzen Verzögerung öffnet sich die Tür. Na'Toth tritt ein und spürt sofort ein Messer an ihrer Kehle. Hinter ihr steht G'Kar, der herauszufinden versucht, ob sie die Attentäterin ist.

In einer etwas längeren Szene sucht Sinclair Botschafter Kosh auf. Dieser sieht sich auf einem Bildschirm gerade Bilder der Erde an – Seen, Berge, Landschaften, aber auch Menschen. Sinclair erklärt, was in dieser Woche auf Babylon 5 los ist, und lädt den Botschafter ein, einerseits die Rituale seiner Welt vorzustellen, aber auch jenen anderer zuzusehen. Doch Kosh hat kein Interesse. Die Vorlonen haben solche Rituale nicht und damit wohl auch keine Religion. Noch weniger sind sie an den religiösen Ritualen anderer interessiert.

Als Sinclair den Bildschirm erblickt, der weit moderner ist als alles, was die Menschen haben, fragt er, was das ist.

Kosh: Efficient.
Sinclair: Those images are from my world. If I may ask, what're you …
Kosh: I'm studying.
Sinclair: Studying what? Ambassador?

Daraufhin verschwindet der Bildschirm. Kosh sagt nichts mehr. Die Intention ist klar. Sinclair soll gehen, was er auch tut.

Etwas, das Sinclair hier bemerkt, spielt in eine der weiteren Szenen hinein, die letzte, die in der Folge nicht enthalten ist. Sie spielt im C&C. Ivanova grüßt Sinclair und fragt, ob er das Feuerwerk sehen möchte. Damit bezieht sie sich auf die religiöse Darbietung der Drazi. Sinclair weiß, wie despektierlich es ist, sie »Feuerwerk« zu nennen.

Sinclair: They're »life force energy pulses, uniting the galaxy and the individual in perfect peace, love and harmony.«
Ivanova: Like I said … fireworks.

Sinclair fragt sie dann, ob sie unterrichtet wurde, was auf der Station passiert ist, als Botschafter Kosh hier ankam. Sie weiß von dem Attentatsversuch. Sinclair erklärt, dass ihm etwas auffiel, als er vorhin mit Kosh gesprochen hat. Er trägt einen Umweltanzug, der ihn vor der menschlichen Atmosphäre schützt. Wie aber konnte man durch diesen Anzug das Gift mit einem Handschlag in Koshs Körper injizieren?

Ivanova: The Vorlons are very secretive. They don't want anyone to know what they look like, what they breathe, or how their biology works. Who knows how much of that suit is really necessary … and how much is just camouflage, to keep us from seeing what's inside?

Sinclairs Antwort ist dabei besonders interessant, weil sie auch darauf eingeht, dass weder Dr. Kyle noch Lyta Alexander weiterhin auf der Station sind.

Sinclair: Only person who does know is Dr. Ben Kyle, who saved

Kosh's life. Since he's bound by a doctor's oath of confidentiality, he never told me what he saw when he opened that encounter suit. Funny thing … right after that, he was transferred to Earth to work directly with the president. And our first telepath, Lyta Alexander, the only member of the Psi-Corps to scan a Vorlon was transferred back a week later.

Ivanova fragt ihn, ob er da eine Verbindung sieht. Sinclair weiß es nicht. Aber vielleicht ja doch. Das ist eine interessante Szene, die auch ohne die vorherige Kosh-Szene eine gewisse Bedeutsamkeit gehabt hätte – auch wenn der Zuschauer sich gefragt hätte, wann Sinclair Kosh gesehen hat, wenn man nur die vorherige entfernt hätte. Aber hier wird angedeutet, und das natürlich nicht zum ersten Mal, dass auf der Erde nicht mehr alles so ist, wie es sein sollte. Der Präsident und sein Stab sowie das Psi-Corps beorderten den Doktor und die Telepathin nur nach Hause zurück, um von ihnen mehr über die mysteriösen Vorlonen zu erfahren. Im Hinblick auf spätere Enthüllungen – die Zusammenarbeit der Menschen mit den Schatten – ist dies durchaus relevant.

Auch JMS sah das Material als gut und wichtig an – darum wurden diese Szenen mit einer leichten Modifizierung, wieso Sinclair Kosh aufsucht, in *The War Prayer* untergebracht.

Wertung von Kosh

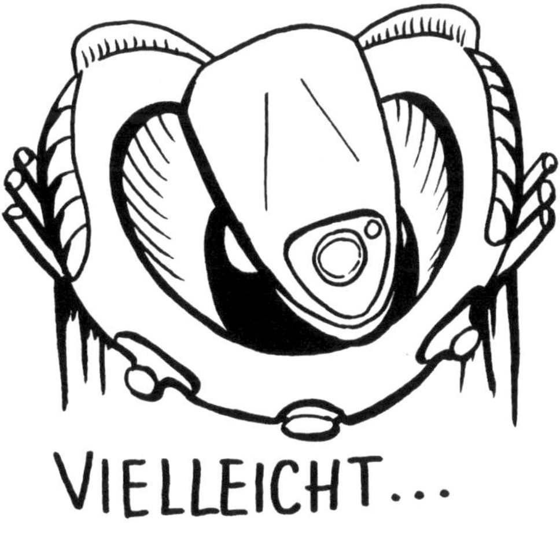

1.06
Mind War
(Die Macht des Geistes)

US-Erstausstrahlung: 2. März 1994
Deutsche Erstausstrahlung: 10. September 1995
Regie: Bruce Seth Green
Drehbuch: J. Michael Straczynski

Darsteller: William Allen Young (Jason Ironheart), Felicity Waterman (Miss Kelsey), Julia Nickson (Catherine Sakai), Walter Koenig (Alfred Bester), Michael McKenzie (Captain Sh'Drog)

Inhalt
Jason Ironheart kommt auf die Station, um Talia Winters zu sehen. Er ist auf der Flucht vor dem Psi-Corps. Die Psi-Cops Alfred Bester und Kelsey tauchen auch auf und unterziehen Talia einer Sondierung. Als Ironheart sie später trifft, erzählt er ihr von Experimenten des Psi-Corps, mit denen telepathische Kräfte noch gesteigert werden sollen. Und mehr: Telekinetische Kräfte sollen geweckt werden, alles mit dem Ziel, die Macht des Psi-Corps auszubauen. Talia arrangiert ein Treffen mit Sinclair, dem Ironheart erzählt, was passiert ist. Sinclair gewährt ihm freies Geleit von der Station weg, doch die Psi-Cops stellen sich ihnen in den Weg. Ironheart tötet Kelsey, und Bester versagt. Der flüchtige Telepath verlässt die Station und beginnt die nächste Stufe seiner Evolution – doch zuvor gibt er Talia ein Geschenk, das der Telekinese. Derweil ist Catherine Sakai zu einem Planeten aufgebrochen, vor dem G'Kar sie gewarnt hat. Sie begegnet einem fremdartigen Schiff und havariert. Nur G'Kars Hilfe ist es zu verdanken, dass sie überlebt.

Hintergründe
G'Klar erklärt Catherine Sakai, dass niemand auf Babylon 5 genau das ist, was er zu sein scheint. Damit signalisiert JMS dem Zuschauer auch, dass das für seine Wahrnehmung der Figuren gilt. Denn in *Mind War* erlebt man die weitere Transformation von G'Kar. Oder besser gesagt: Man nimmt ihn anders wahr, als ein Wesen, das viele charakterliche Züge in sich vereint, so wie

es bei jedem Menschen der Fall ist. Hier zeigt er sich von seiner großzügigen Seite, zeigt auch etwas Humor, und – das vielleicht vor allem – ein Staunen über die Wunder des Universums.

Einhergehend mit seiner Geschichte gibt es einen ersten Blick auf die Ersten, uralte Völker, die vor Jahrmilliarden existierten und sich nun von allem fernhalten. Sie werden zum Ende des Schattenkriegs wichtig, ebenso wie die Ereignisse rund um die Telepathen, die zu menschlichen Waffen wurden.

Den Psi-Cop Bester taufte JMS so, weil Alfred Bester (1913-1987) einen, wenn nicht gar den definitiven Science-Fiction-Roman zum Thema Telepathie geschrieben hat: *The Demolished Man (Demolition),* der 1953 erstmals veröffentlicht wurde. Ursprünglich hatte Bester keinen Vornamen. JMS fand, das ihn das noch mysteriöser machte, aber in einem der ersten Romane zur Serie ging es auch um das Psi-Corps – und hier erhielt Bester seinen Vornamen. Danach erschien es JMS nicht mehr sinnvoll, ihn in der Fernsehserie zu ignorieren.

Walter Koenig war nicht die erste Wahl, aber die beste. JMS wollte Koenig, den er seit Jahren kennt, eigentlich in der Rolle des Ritters in *And the Sky Full of Stars* besetzen, doch erlitt er kurz zuvor einen Herzinfarkt und konnte den Part nicht übernehmen.

Da JMS Koenig unbedingt bei der Serie haben wollte, bot er ihm dann die Rolle des Psi-Cops Bester an – und es war eine glückliche Fügung, da man sich niemanden vorstellen kann, der in dieser Rolle besser gewesen wäre.

Besters verkrüppelte linke Hand – er hält sie immer als Faust – war eine Idee, die Koenig einbrachte. Am Ende verabschiedet Bester sich von Sinclair mit den Worten »Be seeing you«. Das ist eine Abschiedsformel, die in der britischen Serie *The Prisoner (Nummer 6,* 1967-1968) etabliert wurde.

Die Anwesenheit eines Schauspielers, der beim originalen *Star Trek* dabei war, war auch so etwas wie eine Adelung von *Babylon 5*, wenn nicht gar eine Art Staffelübergabe. Denn wie das MIT Media Lab zur Zeit der letzten Staffel erklärte, gibt es in der Geschichte des amerikanischen Fernsehens nur drei wegweisende Science-Fiction-Serien: Das originale *Star Trek,* die originale *Twilight Zone* und *Babylon 5.*

Kommentar

JMS ist ein Comic-Fan – das ist kein Geheimnis. Bei der Konzeption von Jason Ironheart dachte er wohl an Dr. Manhattan aus Alan Moores *Watchmen.* Die Fähigkeiten, über die Ironheart verfügt, ähneln denen des Übermenschen gewaltig. In einer früheren Szene erklären die Psi-Cops gegenüber Sinclair und Ivanova, dass Ausbilder wie Ironheart P10 auf der Telepathieskala sind, sie als Psi-Cops aber P12. Ihr Job ist es, die anderen zu überwachen. Darauf fragt Ivanova: »Who watches the Watchmen?« Eine Frage, mit der Alan Moores Superhelden-Comic auch beworben wurde.

Mind War ist eine sehr wichtige Episode, in erster Linie deshalb, weil Walter Koenig als Alfred Bester sein Debüt gibt. Er hat in dieser Folge mehr zu tun als in 25 Jahren *Star Trek* und erweist sich als Schauspieler, der gekonnt die Nuancen dieser Figur herausarbeiten kann. Bester ist jemand, der Oberflächenscans von Menschen vornimmt – gegen jede Psi-Corps-Regel – und der damit sogar kokettiert. Er ist ein übertrieben freundlicher Mann, aber er ist brandgefährlich, ein wunderbarer Gegenspieler für die Kommando-Ebene von *Babylon 5.* Entsprechend ist er im Verlauf der Serie in zwölf Folgen dabei.

Die Szene, in der beide Psi-Cops einen Scan bei Talia durchführen, ist ausgesprochen brutal – praktisch das mentale Äquivalent einer Vergewaltigung.

Auf der anderen Seite faszinierend ist Talias Beschreibung gegenüber Sinclair, wie es für Telepathen ist, wenn sie einander körperlich lieben, weil alle Grenzen fallen und nichts unerkannt bleibt. Es klingt – für Nicht-Telepathen natürlich – in gewisser Weise beängstigend. Dies ist auf jeden Fall einer der schauspielerischen Höhepunkte von Andrea Thompson.

Hier wird sehr viel für die Zukunft vorbereitet. Die Machenschaften des Psi-Corps werden genauso angesprochen wie die damit einhergehende Gefahr, die die Telepathen für alle anderen darstellen können. Außerdem gibt es die Veränderung von Talias Kräften. Ein Geschenk, das sich als Fluch erweisen wird, denn das Psi-Corps wird auf diese Fähigkeiten aufmerksam werden.

Als Nebenplot erscheint die Handlung um Catherine Sakai. Sie wirkt zunächst recht losgelöst und vergleichsweise harmlos, entfaltet aber Wirkung. Denn erstmals sieht man hier ein Schiff der Ersten. Als Catherine später G'Kar darauf anspricht, vergleicht er sie alle mit Ameisen, die nicht verstehen können, was sie sehen, und die nun von Wesen gesehen werden, für die sie völlig bedeutungslos sind. Dieser erste Ausblick auf die Schatten verheißt nichts Gutes. Er kündet von den dunklen Zeiten, die vor Babylon 5 liegen.

Das Skript

Das Drehbuch wurde fast eins zu eins umgesetzt. Nur eine Sequenz wurde entfernt, weil sie der Geschichte nicht wirklich zuträglich war. Es handelt sich um die Szenen 54 bis 58, die damit zu tun haben, wie Sinclair auf Ironheart trifft. Talia bringt ihn zu der Energiebarriere; die Kamera schwenkt beim Passieren kurz auf Sinclairs Comlink. Dann wird klar, dass dieses offen ist und dass Ivanova und Garibaldi zuhören.

Sinclair trifft auf Ironheart, der zu ihm sagt: »We need … to speak … privately.«

Daraufhin trifft ein Energieblitz den Comlink auf Sinclairs Handrücken. Die Verbindung ist unterbrochen. Garibaldi flucht.

Diese Szene konnte man getrost entfernen. Sie unterstreicht zwar, dass Sinclair nicht so dumm ist, gänzlich ohne Back-up aufzutauchen, aber sie erfüllt dennoch keinen Zweck. Denn Sinclair traut Talia. Er hat keinen Grund zu der Annahme, dass sie ihn in eine Falle locken würde.

Wertung von Kosh

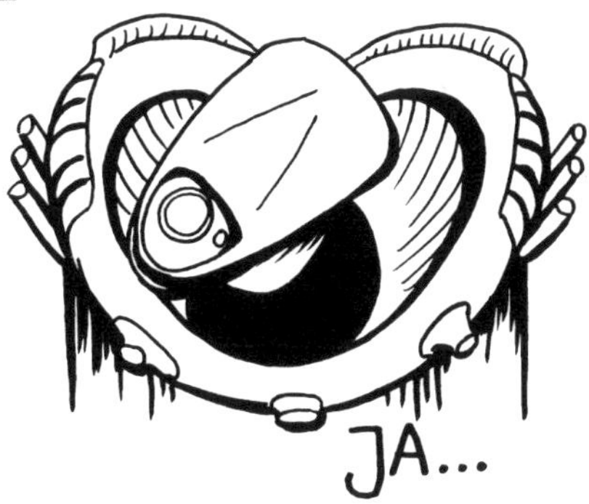

1.07
The War Prayer
(Angriff auf die Außerirdischen)

US-Erstausstrahlung: 9. März 1994
Deutsche Erstausstrahlung: 17. September 1995
Regie: Richard Compton
Drehbuch: D.C. Fontana

Darsteller: Tristan Rogers (Malcolm Briggs), Nancy Lee Grahn (Shaal Mayan), Michael Paul Chan (Roberts), Rodney Eastman (Kiron Maray), Danica McKellar (Aria Tensus), Diane Adair (Mila Shar), Richard Chaves (Alvares), Mark Hendrickson (Thegras)

Inhalt

Ein alter Freund von Ivanova kommt auf die Station: Malcolm Briggs. Früher waren sie ein Paar, und er würde das gerne wieder aufleben lassen. Zeitgleich werden immer öfter Außerirdische auf der Station angegriffen. Das jüngste Opfer ist die Minbari-Poetin Shaal Mayan, der man auch ein Brandzeichen auf die Stirn drückt. Garibaldi ermittelt und stößt dabei auf Briggs, der mit einem der Verdächtigen spricht. Er ist Mitglied der Homeguard, einer paramilitärischen, xenophoben Gruppierung auf der Erde, die auf der Station die vier großen Botschafter töten will. Sinclair tut so, als wollte er sich ihr anschließen; als man seine Loyalität testen will, indem er eine Außerirdische töten soll, erfolgt der Zugriff. Alle Homeguard-Mitglieder werden festgenommen. Derweil lernt Londo eine Lektion darüber, dass das Leben nicht ohne Liebe sein muss, und ermöglicht es jungen Liebenden, für sich selbst zu entscheiden, um nicht in eine glücklose Ehe gezwungen zu werden.

Hintergründe

In der ersten und auch der zweiten Staffel holte JMS noch einige Autoren zur Serie hinzu. Eine von ihnen war D.C. Fontana (1939-2019). Beide kannten sich bereits seit einigen Jahren – hauptsächlich über gemeinsame Freunde wie Harlan Ellison. D.C. Fontana ist in der Riege der Autoren, die für Science-Fiction-Serien geschrieben haben, aber auch eine Legende. Sie war am originalen *Star Trek* beteiligt und schrieb fast ein Dutzend Episoden. Außerdem war sie bei *Star Trek: The Animated Series (Star Trek: Die Abenteuer des Raumschiffs Enterprise,* 1973-1974) dabei – und bei *Star Trek: The Next Generation.* Ein Drehbuch schrieb sie zudem für *Star Trek: Deep Space Nine.* Für JMS war es nur folgerichtig, sie zu *Babylon 5* einzuladen.

Die Geschichten für diese Folgen entwickelte JMS selbst – teils kürzer, teils länger, aber immer sichergehend, dass die Autoren wussten, was er wollte. Zudem wurde den neuen Autoren der Pilotfilm gezeigt. Und man zeigte ihnen auch Dailies, also noch unfertiges Material, damit sie ein Gefühl für die neuen Figuren an Bord der Station bekommen konnten.

Außerdem wurden die neuen Autoren durch die Sets geführt, und man erklärte ihnen, wie man stehende Sets relativ schnell und einfach umgestalten konnte. Das verlieh auch D.C. Fontana ein besseres Gefühl dafür, wie sie die Geschichte innerhalb dieser Parameter erzählen konnte.

Fontana entwickelte selbst den Subplot um die Centauri-Liebenden, denen Londo schließlich mit Hilfe einer uralten Tradition hilft. JMS wollte diesen Plot eigentlich nicht, denn dieser erschien ihm zu sehr wie eine Romeo-und-Julia-Variation. Er ließ sich aber von Fontana überzeugen, dass diese Geschichte einen neuen Blickwinkel auf Londo Mollari erlaubte. Er war und ist ein Mann, der ohne Liebe lebt und stattdessen drei Frauen zuhause hat, die er Pestilenz, Hunger und Tod nennt – nach dreien der vier apokalyptischen Reiter. Sie sind es auch, weshalb er am liebsten auf Babylon 5 ist, 75 Lichtjahre von seinen Angetrauten entfernt!

D.C. Fontana schrieb noch zwei weitere Drehbücher für *Babylon 5.*

The War Prayer

Dies ist auch der Titel einer Kurzgeschichte bzw. eines Gedichts, das Mark Twain 1904 oder 1905 geschrieben hatte. Veröffentlicht wurde es erst nach seinem Tod im Jahr 1910.

Es war eine Reaktion Twains auf den fortschreitenden amerikanischen Imperialismus. Er stellt einen Hassprediger in den Fokus, einen Mann, der Gott und die Religion anruft, um den Krieg zu rechtfertigen, der damit die Leute in den Bann ziehen und für den Weg der Gewalt begeistern will.

Das Gebet endet mit diesen Worten:

»O Lord our Father, our young patriots, idols of our hearts, go forth to battle — be Thou near them! With them — in spirit — we also go forth from the sweet peace of our beloved firesides to smite the foe. O Lord our God, help us to tear their soldiers to bloody shreds with our shells; help us to cover their smiling fields with the pale forms of their patriot dead; help us to drown the thunder of the guns with the shrieks of their wounded, writhing in pain; help us to lay waste their humble homes with a hurricane of fire; help us to wring the hearts of their unoffending widows with unavailing grief; help us to turn them out roofless with little children to wander unfriended the wastes of their desolated land in rags and hunger and thirst, sports of the sun flames of summer and the icy winds of winter, broken in spirit, worn with travail, imploring Thee for the refuge of the grave and denied it — for our sakes who adore Thee, Lord, blast their hopes, blight their lives, protract their bitter pilgrimage, make heavy their steps, water their way with their tears, stain the white snow with the blood of their wounded feet! We ask it, in the spirit of love, of Him Who is the Source of Love, and Who is the ever-faithful refuge and friend of all that are sore beset and seek His aid with humble and contrite hearts. Amen.«

Dann macht der Redner eine Pause und schließt hiermit: »Ye have prayed it; if ye still desire it, speak! The messenger of the Most High waits!«

Twain übernimmt darauf wieder und erklärt, danach glaubte jeder, der Mann sei ein Wahnsinniger, weil das, was er sagte, keinen Sinn ergab. Ein frommer Wunsch von Mark Twain, der auch mehr als ein Jahrhundert danach noch nach Gültigkeit sucht, denn Verführer wie den Mann dieses Kriegsgebets gibt es immer noch. Manchmal hat man das Gefühl, dass derlei Reden wieder auf fruchtbaren Boden fallen.

Kommentar

The War Prayer treibt die große Geschichte voran. Mit der Earth-First-Ideologie der Homeguard und ihrer Angst vor allem

Fremden erscheint die Geschichte aktueller denn je, weil derartige Gefühle niemals wirklich ganz verschwinden. Diejenigen, die daran glauben, mögen weiter in die Schatten zurückweichen, aber gänzlich weg sind sie nie. Sie warten nur auf ihre Chance, so wie es die Homeguard auf der Erde getan hat. Die Stimmung hat sich geändert; die billige Rhetorik von den Außerirdischen, die zuviel Einfluss auf die Erdpolitik nehmen, findet nur ein Jahrzehnt nach dem Krieg mit den Minbari viele Befürworter.

Hier tritt ins Licht, was bisher nur im Hintergrund lauerte. Schon mehrmals deutete die Serie an, dass auf der Erde längst nicht mehr alles so ist, wie es sein sollte. Diese Folge unterstreicht das, weil die Mitglieder der Homeguard an Bord von Babylon 5 unter anderem über State-of-the-Art-Ausrüstung der Earthforce verfügen, wodurch deutlich wird: Die Homeguard hat ihre Fühler in alle Richtungen ausgestreckt. Sinclair wäre nicht der erste hochrangige Militär gewesen, der rekrutiert worden wäre. Das wiederum zeigt aber auch, dass die faschistische Bewegung auf der Erde immer größer, aktiver und letzten Endes von breiteren Kreisen akzeptiert wird.

Schon hier wird ersichtlich, dass *Babylon 5* nicht nur eine große Serie über einen epischen Krieg mit einer außerirdischen Macht werden wird, sondern gleichberechtigt erzählt und zeigt, wie totalitäre Systeme errichtet werden – langsam, unscheinbar, sodass kaum jemand wirklich Anstoß nimmt, bis es zu spät ist.

Das Skript

Auf dem Weg von D.C. Fontanas Skript zum Shooting Script gab es einige Veränderungen. Eine erste Szene ist im Skript länger. Delenn bringt gegenüber Mayan zum Ausdruck, dass die Menschen ihr Werk schätzen werden. Wenn nicht, so Mayan, wird sie sich zurückziehen und ihr Leben ganz den Liedern der Heefa widmen.

Der Angriff auf die Poetin ist im Skript anders, hier fehlen das Brandzeichen und die Warnung, der Erde fernzubleiben. Geändert wurde auch der Dialog zwischen Delenn, Sinclair und Garibaldi, in dem der Sicherheitschef erklärt, wieso Mayan keine Eskorte hatte. Delenn will von Garibaldi wissen, ob er sich vor Mayan fürchtet, aber er erklärt, dass er nichts außer dem höchsten Respekt hat.

Als Sinclair und Garibaldi danach miteinander reden, wird im Shooting Script klarer, wie sehr der Commander diese faschistoiden Gruppen verachtet. Im Skript fehlen alle Szenen mit G'Kar. Diese wurden später von JMS selbst eingefügt.

Was im Skript fehlt: Mayan lehnt nicht ab, sich das Brandmal auf der Stirn von Franklin entfernen zu lassen. Direkt im Anschluss folgt ein Dialog, in dem es darum geht, wieso die Angegriffenen ihre Angreifer alle nicht identifizieren können und immer nur sagen, dass alles so dunkel war. Danach sieht man in der Folge, wie ein Schiff der Centauri nach Babylon 5 kommt – im Skript ist es noch ein Schiff der Minbari.

Es fehlt im Skript die Szene, in der Garibaldi und Ivanova darüber sprechen, wer die Verantwortung für die zwei jungen Centauri trägt. Verändert wurde auch, dass Ivanova im Zollbereich einen Minbari-Offizier begrüßt. In der Episode selbst hat sie einen kurzen Dialog mit Malcolm Biggs.

Danach gibt es im Skript eine Szene, in der Vir das Casino betritt und Londo aufsucht. In der Folge läuft es anders ab: Hier glauben die beiden jungen Centauri Aria und Kiron, Vir wäre der Botschafter der Centauri auf Babylon 5. Die beiden bitten Sinclair um Asyl; Londo will sie zurück nach Hause bringen lassen.

Als Ivanova das C&C verlässt, wartet Biggs auf sie. Er will ihr erklären, was früher passiert ist. Denn D.C. Fontana wollte nicht, dass Ivanova Biggs verließ, weil sie sich für eine Karriere in der Earthforce entschieden hatte. In ihrer Version sollte Biggs sie verlassen haben, weil er als Geschäftsmann im All erfolgreich werden wollte.

In der fertigen Folge hat Garibaldi Roberts verhaftet und verhört ihn wegen des mutmaßlichen Angriffs auf Mayan. Im Skript sieht man, wie Roberts einen Narn-Händler bestiehlt, zur Rede gestellt wird und den Narn mit einem Messer angreift. Erst dann wird er verhaftet.

Eine entfernte Szene des Skripts zeigt, wie Garibaldi Sinclair erklärt, dass Roberts ein felsenfestes Alibi für die Zeit hat, in der Mayan angegriffen wurde. Darum wurde er wieder auf freien Fuß gesetzt. Eine weitere Szene, die nur im Skript ist, zeigt Londo, der Aria auf Befehl aus der Heimatwelt nach Hause schicken soll.

Während Londo in der fertigen Episode über die Notwendigkeit arrangierter Ehen redet, spricht er im Skript davon, dass er seinen Befehlen Folge leisten muss.

Zwei Szenen, die nur im Skript vorhanden sind, zeigen Ivanova, die im C&C ein Schiff bevorzugt und ein anderes ignoriert. Außerdem erzählt Garibaldi Sinclair davon, dass Ivanova Zeit mit Biggs verbringt. Beide sehen das Paar auch beim Essen. Ebenfalls nur im Skript findet sich die Szene, als Ivanova die Rose vor ihrer Quartierstür findet.

Londos Vortrag über seine drei Frauen ist nicht im Skript enthalten, und der Angriff auf Aria und Kiron wird darin anders dargestellt. Während die Angreifer in der fertigen Folge von dem ankommenden Vir vertrieben werden, hält im Skript Biggs Alvarez davon ab, auch auf Aria zu schießen. Er befürchtet, sie wären gesehen worden.

Es fehlt die Szene, als Sinclair und Garibaldi mit Aria sprechen und diese erklärt, einer der Angreifer hätte ein Tattoo auf dem Handgelenk. Garibaldi ist überzeugt, dass es sich um Biggs handelt.

Nur in der Episode vorhanden sind die Szene mit Biggs, der Ivanova in ihr Quartier bringt, der Angriff der Drazi auf Roberts sowie der Moment, als Garibaldi Sinclair von dem Angriff auf Roberts unterrichtet.

Die Szene im Medlab läuft im Skript ein klein wenig anders ab. Mayan spricht mit Londo; es geht aber weniger um die Liebe, die Aria für Kiron empfindet, als darum, dass sie den Verlust leichter wird schultern können, wenn sie bei ihm ist, sollte er nun sterben.

In Sinclairs Büro diskutieren der Commander und Garibaldi darüber, dass jemand mit Ivanova reden muss. Garibaldi möchte das Sinclair überlassen, da er glaubt, Ivanova möge ihn nicht besonders. Die Szene aus der Episode, in der Garibaldi Sinclair die Aufnahme des Gesprächs von Biggs mit Roberts zeigt, ist im Skript nicht enthalten.

Im Skript findet Vir Londo im Garten – so ist es auch in der Episode. Aber nur im Skript spricht er über die Befehle der Eltern von Kiron und Aria, die sie bekommen haben. In der Folge selbst geht es um die Liebe – und Londo erinnert sich an etwas, das sein Vater einst sagte und das er erst jetzt versteht.

Im Skript gibt es eine Szene mit Biggs und Ivanova im Bett. Er will wissen, was Sinclair von all den Außerirdischen hält. Sie erklärt ihm, dass ihn als Veteran der Battle of the Line der Umgang stört, aber die Diplomatie ihre Anwesenheit eben verlangt. Biggs möchte Sinclair treffen. In einer weiteren Szene erklärt Biggs, dass er das Treffen zwischen seinen Leuten und Sinclair arrangiert hat.

Nur im Skript ist die Szene, nach der Sinclair die Untersuchung vor dem Rat für beendet erklärt. Delenn will von ihm wissen, was das soll, und er bittet sie, ihm zu vertrauen. Entfernt wurde auch eine Szene, in der Vir Londo davon erzählt, dass Handelsbeauftragte angekommen sind, die man den Botschaftern, vor allem aber G'Kar, vorstellen soll. Londo überträgt diese Aufgabe Vir.

Danach werden Sinclair und Garibaldi von Außerirdischen mit Unrat beworfen, als sie das Büro verlassen. Nur im Drehbuch erwacht Kiron aus dem Koma und identifiziert Biggs als seinen Angreifer. In der fertigen Episode sagt Franklin den beiden Centauri, dass Londo mit ihnen reden will.

Verändert wurde die Szene, in der Garibaldi und Sinclair Ivanova in ihrem Quartier treffen. Sie erklärt beiden, dass Biggs den Ort des Treffens geheim hält. In der Folge erklärt Ivanova ihnen, dass Biggs Sinclair und sie in einer halben Stunde zum Treffen bringen wird. Darauf folgt eine entfernte Szene, in der Biggs Sinclair und Ivanova führt und damit angibt, dass seine Freunde die exakten Pläne für Babylon 5 haben.

Im Skript sieht Londos Plan so aus, dass Kiron und Aria die Pflegekinder seiner eigenen Mutter werden. In der fertigen Folge werden sie die einer anderen angesehenen Familie, was ihnen erlaubt, später für sich selbst entscheiden zu können, da ihre eigenen Eltern nun nur noch wenig Handlungsspielraum haben.

Das Treffen mit Biggs ist umfangreicher. Sinclair erklärt nicht nur, dass er die Attentäter von der Station bringen kann, sondern auch, dass Garibaldi Außerirdische ebenfalls nicht mag. Im Skript ist der Außerirdische, den Sinclair töten soll, ein Narn-Händler, kein Mitglied der Delegation der Abbai. In der Folge und im Skript hält Ivanova Biggs davon ab, Sinclair zu erschießen. Nur im Skript erinnert sie ihn aber daran, dass sie eine exzellente Schützin ist. Er weiß, dass er nicht überleben wird, wenn er abdrückt.

Die letzte entfernte Szene ist Londo und Vir vorbehalten. Vir will wissen, wieso Londo den beiden jungen Centauri geholfen hat. Er erklärt ihm, dass sie eine Wahl verdienen würden, die er selbst nie hatte, er nun aber zu alt sei, um sich noch zu verändern. Das Gespräch zwischen Delenn, Mayan und G'Kar über die Menschen ist nicht im Skript.

Man sieht sehr gut, wie involviert JMS auch bei den Drehbüchern war, die er nicht selbst geschrieben hat. Sie machten von der ersten Version hin zu der, die schließlich gedreht wurde, große Veränderungen durch, die sich unter anderem daraus ergaben, dass JMS ein viel größeres Gespür für die Figuren hatte. In seiner Version kommt z.B. Ivanova als weitaus stärkere Person zur Geltung, da sie es war, die Biggs damals verlassen hat. Außerdem zweifelt sie nicht an Biggs' Schuld – im Gegenteil, das Ende ist reichlich bitter, als sie erklärt, dass sie ihn nie gekannt hat.

Wertung von Kosh

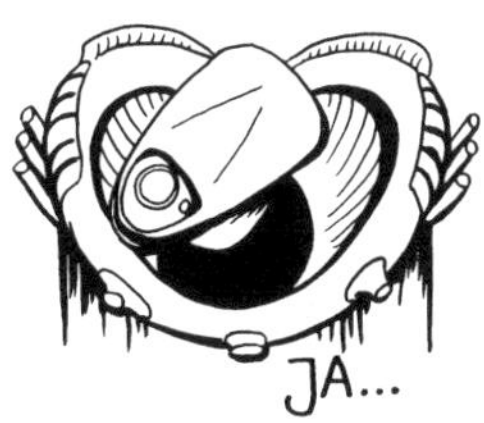

1.08
And the Sky Full of Stars
(Gefangen im Cybernetz)

US-Erstausstrahlung: 16. März 1994
Deutsche Erstausstrahlung: 24. September 1995
Regie: Janet Greek
Drehbuch: J. Michael Straczynski

Darsteller: Christopher Neame (Knight Two), Judson Scott (Knight One), Jim Youngs (Frank Benson), Justin Williams (Bill Mitchell)

Inhalt

Zwei Männer kommen auf die Station, die sich als Ritter in einer Art heiligem Krieg sehen. Sie wollen herausfinden, was mit Jeffrey Sinclair in den 24 Stunden passiert ist, in denen er bei der Battle of the Line verschwunden war. Sinclair wird entführt und einer Mischung aus Drogen und virtueller Realität ausgesetzt. Einer der Männer drängt ihn immer wieder, sich zu erinnern. Das gelingt ihm dann auch. Er sieht, wie er das Minbari-Schiff rammen wollte, wie er aufgehalten und an Bord gebracht wurde. Dort stellte man mit ihm Untersuchungen an. Der Graue Rat war auch zugegen, und Sinclair erkannte Delenn als ein Mitglied des Rats. Er kann fliehen, ist aber noch völlig neben sich und greift darum auch Garibaldi und dessen Sicherheitsleute an. Delenn beruhigt ihn jedoch. Danach kümmert sich Dr. Franklin um Sinclair. Dieser kann sich immer noch an Delenn bei der Battle of the Line erinnern, gesteht ihr das aber nicht. Ein Mitglied des Grauen Rats warnt Delenn, dass Sinclair sich nie erinnern dürfe.

Hintergründe

JMS wusste, dass *And the Sky Full of Stars* die Folge sein würde, mit der der große Handlungsbogen erstmals wirklich in den Vordergrund rückte. Zudem wollte er mit dieser Folge auch die Andeutung des Minbari am Ende des Pilotfilms aufgreifen, der zu Sinclair sagte, dass in seinem Verstand ein Loch sei – gemeint waren die 24 Stunden vor Ende des Krieges, an die sich Sinclair nicht mehr erinnern kann.

Was JMS von vornherein vorschwebte, war eine Episode, die stark auf die Schauspieler zugeschnitten war – hier vor allem auf Michael O'Hare und den Gaststar, der mit ihm spielen würde. Angedacht war damals noch, die Rolle dieses Ritters an Walter Koenig zu vergeben, der sie jedoch wegen eines Herzinfarkts nicht übernehmen konnte. Dies wirkte sich allerdings durchaus zu seinem Vorteil aus, da er aus diesem Grund die Rolle des Psi-Cops Bester bekam. Koenig hätte die Rolle gerne gespielt, in *Mind War* war er aber noch besser. Obwohl *And the Sky Full of Stars* als sechste Episode gedreht wurde, wurde sie erst als zehnte ausgestrahlt. *Mind War* wurde als zehnte Folge gedreht. Der Austausch der

Reihenfolge kam auf Bestreben von Warner Bros. zustande, da man gerade Koenig als Bester so großartig fand und wollte, dass die Figur früher in die Serie eingeführt wird. Hätte Koenig die Rolle gespielt, wäre sie ein wiederkehrender Antagonist für Sinclair geworden – anders als in der jetzigen Version der Episode.

An die Stelle von Walter Koenig trat Christopher Neame, ein fähiger Charakterdarsteller. In Betracht gezogen wurde ebenso Patrick McGoohan, dem ein Angebot gemacht wurde. Er war auch interessiert, konnte das Angebot aber aus terminlichen Gründen nicht wahrnehmen. JMS wollte eine Stimmung wie bei *The Prisoner (Nummer 6,* 1967-1968) – da hätte dessen Hauptdarsteller gut gepasst. Sein Begleiter wurde von Judson Scott gespielt, am ehesten bekannt als Joaquin, die rechte Hand von Khan, in *Star Trek II: The Wrath of Khan (Star Trek II: Der Zorn des Khan,* 1982).

Das Verhör Sinclairs durch den Ritter ist theatralisch. Das soll es auch sein. JMS hat seine Karriere damit begonnen, Theaterstücke zu schreiben. Die Konstruktion von Szenen, die Konzentration auf Dialoge lernte er dort, und nicht nur in dieser Folge setzte er diese Fähigkeit um.

Diese Szenen könnten genauso gut auf einer Bühne stattfinden – gäbe es die Effekte der Battle-of-the-Line-Rückblicke nicht, könnte diese Folge auch ein Theaterstück sein.

Für die Szenen mit Sinclairs Halluzinationen, die auch visuell unterschiedlich sein sollten, hatte man von Panavision eine besondere Linse namens Mesmerizer für die Kamera gemietet, aber an dem Tag, da man diese Szene drehen wollte, gab es ein Problem. Die Linse war schon anderweitig vergeben worden. Chefkameramann John Flinn löste das Ganze auf kostengünstige Art und Weise. Er nahm eine durchsichtige, rund geformte Plastikschüssel, hielt sie vor die Kamera und drehte sie nach rechts oder links, je nachdem, was für einen Effekt er haben wollte.

Was haben Sie im Krieg getan?

Eine gängige Frage, die sich Menschen stellen, die etwas Traumatisches wie einen Krieg gemeinsam erlebt haben. Es ist eine Frage, die das Eis brechen kann, die aber auch sehr viel aussagt. Hier bekommt man einen Eindruck davon, wie ernst Dr. Franklin seinen Eid nimmt. Earthforce wollte alle seine Unterlagen über Außerirdische beschlagnahmen, da man hoffte, einen biologischen Kampfstoff gegen die Minbari entwickeln zu können. Aber obwohl das Ende der Menschheit zum Schluss des Krieges bevorstand, weigerte sich Franklin und vernichtete seine Unterlagen.

Er fragt Delenn, was sie im Krieg getan hat. Aber sie erklärt ihm nur, dass das ein Thema ist, über das man ein anderes Mal reden sollte.

Universe Today

In der Welt von Babylon 5, im Jahr 2258, ist Print noch lange nicht tot. Garibaldi liest jeden Tag die Zeitung *Universe Today,* wohl ein Nachfolger von *USA Today.*

Stoppt man das Bild, kann man die Schlagzeilen lesen. Manche davon befassen sich mit Themen vergangener Folgen, andere sind Hinweise auf die Zukunft.

- Psi-Corps und der Wahlskandal: Hat das Psi-Corps seine Charta verletzt, indem es den Vizepräsidenten unterstützte?
- Narn finden Einigung in Ragesh-3-Kontroverse.
- Homeguard-Anführer verurteilt: Jacob Lester wurde des Angriffs auf die Minbari-Botschaft für schuldig befunden.
- Spezial: Die Vor- und Nachteile von Inter-Spezies-Sex.
- San Diego gilt noch immer als zu radioaktiv, als dass eine Besiedlung möglich wäre.
- Urheberrechtsstreit geht weiter: Bücher, die direkt ins Gehirn geladen werden – wem gehören sie?
- EA-Präsident verspricht ausgeglichenes Budget bis 2260.
- Lebt da etwas im Hyperraum?
- Neuer Zwillingsstern entdeckt.

Kommentar

And the Sky Full of Stars ist die erste Folge der Staffel, die sich einzig und allein um den großen Storybogen von *Babylon 5* dreht. Man muss sich vor Augen halten, dass die Serie als eine Show angekündigt war, die über fünf Jahre hinweg eine große Geschichte erzählen wollte. Nach dem ersten Drittel der Folgen stellte sich bei vielen Zuschauern aber die Meinung ein, dass das vollkommen übertriebener Hype sei, weil die vielen Elemente, die in scheinbar unzusammenhängenden Episoden zusammenspielen oder auf künftige Ereignisse verweisen, erst bei retrospektivem Ansehen der Serie augenfällig wurden.

Mehr über die Vergangenheit wird enthüllt, und auf die Zukunft wird verwiesen. Details, die man aus vorherigen Episoden kannte, werden nun ausgebaut, so Sinclairs letzte Momente in der Battle of the Line. Als er an Bord des Minbari-Schiffs Delenn sieht, wird dem Zuschauer auch klar, wieso die Minbari von Anfang an so ein Interesse für ihn gezeigt hat: weil sie mehr als Sinclair – und der Zuschauer – weiß.

Die beiden Ritter sind Teil einer Gruppe, die beweisen will, dass es zum Ende des Erd-Minbari-Kriegs Kollaboration der Menschen mit den Minbari gab und die Angreifer darum im Augenblick des Siegs kapitulierten. Es ist unklar, welche Gruppe das sein soll, aber die Argumentation des Ritters, dass die Außerirdischen nun kaufen, was sie nicht erobern konnten, legt eine Verbindung zur Homeguard nahe. Oder aber auch zu Regierungskreisen selbst – jenen, die eine Umwälzung in Hinblick auf die Diplomatie mit Außerirdischen wollen, aber auch auf der Erde eigene Pläne verfolgen.

Der Kern einer jeden Verschwörungstheorie ist im Grunde, dass man jene Teile schlucken muss, die nicht zusammenpassen wollen. Für den Ritter ist dies der Umstand, dass die Minbari kapitulierten. Er glaubt, sie taten es, weil sie große Verluste befürchteten und die Erde mit einer Art Fünften Kolonne unterwandern wollten. Aber nicht nur Sinclair weiß: Die Minbari waren siegesgewiss, hatten kaum Verluste, und das Ende der menschlichen Spezies stand unmittelbar bevor.

Die Szenen, in denen Sinclair von dem Ritter verhört wird, haben etwas wunderbar Theatralisches. Die Beleuchtung ist deaktiviert, sie stehen im Dunkel, es ist einzig und allein das Spiel von Michael O'Hare und Christopher Neame, das hier im Fokus steht – und es ist elektrisierend gut.

Das Skript

Bei *Babylon 5* war es häufig so, dass JMS bereits die erste Drehbuchversion für die Umsetzung der Folge nutzte. Bisweilen gab es einen zweiten Draft, mehrheitlich hatte er jedoch, was er wollte, schon in der ersten Version eingefangen. Darum gibt es im Skript nur zwei Szenen, die in der Folge nicht dabei sind.

Die erste ist unspektakulär. Sinclair betritt sein Quartier und prüft, ob Nachrichten für ihn hinterlassen wurden. Dann stellt er den Wecker und legt sich hin. Die zweite ist ebenfalls klein. Bei den Bemühungen, Sinclair mit seiner Vergangenheit zu konfrontieren, sieht er sich der Nelson-Maschine aus *Infection* gegenüber.

Von *And the Sky Full of Stars* gibt es zwei verschiedene Drehbuchversionen. Die verfilmte ist vom 11. Juli 1993, die erste wurde knapp ein Jahr zuvor geschrieben. Warner Bros. wollte damals ein Beispiel für eine Babylon-5-Episode sehen. Die Gründe waren budgetär. Man wollte wissen, wie Episoden aussehen würden – in Hinblick auf die Sets, aber auch die Menge an Gaststars. Diese Folge erschien JMS gut geeignet, da sich die Story zum einen mit dem großen Handlungsbogen befasste, zum anderen aber sehr intim war.

Da dieses Skript praktisch im Anschluss an den Pilotfilm geschrieben wurde, sind hier auch noch Dr. Kyle und Lyta Alexander dabei.

Der Teaser beginnt mit der Ankunft des ersten Ritters. Ein weiterer Mann betritt die Station: Rolf Chambers. Garibaldi kennt ihn und begrüßt ihn. Er lässt alles filzen, was dieser bei sich hat, und warnt ihn, besser keinen Ärger zu machen. Denn dann würde Chambers ihm gehören.

Chambers: You'd like that, wouldn't you? But you never did know when to back off, did you, Garibaldi?

Der erste Akt zeigt Sinclair und Laurel im C&C. Es geht um eine Gruppe von Centauri-Geschäftsleuten, die nach Babylon 5 kommen. Earth Central hofft, dass einige Außerirdische in die Station investieren, sodass die Kosten für die Erde geringer werden. Danach folgt die Szene mit Dr. Franklin und Delenn, nur dass es hier eben noch Dr. Kyle ist.

In diesem frühen Drehbuch sucht Chambers die Bar auf und unterhält sich mit einem Außerirdischen über Frauen. Garibaldi kommt hinzu, um ihm auf den Zahn zu fühlen. Es kommt zum

Kampf zwischen beiden. Garibaldi schlägt Chambers hier bewusstlos. Sinclair spricht Garibaldi dann darauf an. Er erfährt von diesem, dass Chambers einst auf Io unter Garibaldi gedient hatte, aber Dust schmuggelte. Als er ihn dingfest machen wollte, legte Chambers ihn herein und hängte ihm etwas an. Daraus resultiert auch der schlechte Ruf, den Garibaldi hat. Aber nach derzeitigem Stand hat sich Chambers nichts zuschulden kommen lassen. Darum erklärt Sinclair, dass er nichts gehört hat, das ihn davon abhalten würde, disziplinäre Maßnahmen gegen Garibaldi zu erwägen.

Garibaldi: Write it up as part of my investigation.
Sinclair: Michael, there is no investigation.
Garibaldi: Did he file charges?
Sinclair: No.
Garibaldi: Then there's an investigation.

Der erste Akt endet wie in der fertigen Episode: Sinclair ist allein auf Babylon 5. Der zweite Akt beginnt mit dem ersten Ritter, der Sinclair zu überzeugen versucht, dass dies eine Simulation sei, die ihn auf seinen neuen Posten auf Babylon 5 vorbereiten solle. Sinclair glaubt nichts von dem, was Chambers ihm mitteilt. Der Ritter versucht weiter, ihn zu überzeugen. Er schmeichelt Sinclair auch, dass ein Posten wie dieser an einen Admiral oder General gehen würde, aber an einen Commander? Das ist schon beeindruckend. Der Ritter fragt, wie er das bewerkstelligt hat. Er streut ein, dass die Gerüchte besagen, die Minbari hätten speziell um seine Einsetzung gebeten, aber Sinclair weiß nichts davon.

Und er weiß, dass all das nicht real ist, weil er eine Narbe am Unterarm hat, die er sich erst nach seiner Ankunft auf Babylon 5 zugezogen hat. Danach findet sich Sinclair erneut allein auf Babylon 5 wieder und fragt sich, wie das möglich ist.

Laurel und Garibaldi haben derweil bemerkt, dass der Commander weg ist, und eine Suche initiiert. Der zweite Akt endet mit Sinclair, der inmitten eines Korridors vor einer Tür steht, die in der Luft schwebt.

Der dritte Akt beginnt mit den Halluzinationen seinen Freund Mitchell betreffend, der bei der Verteidigung der Erde gefallen ist.

Später sieht er sich dem Grauen Rat inmitten des C&C gegenüber. Derweil hat Laurel eine Abriegelung der Station veranlasst. Jedes ankommende oder ablegende Schiff wird überprüft und nach Sinclair durchsucht. Darum kann Rolf Chambers auch nicht die Station verlassen, so wie es geplant war. Er klopft beim zweiten Ritter an die Tür und klagt sein Leid – dem ist es allerdings egal. Dabei sieht er Sinclair und wird vom zweiten Ritter erschossen. Der dritte Akt endet damit, dass man die Leistung der Maschine erhöhen will, um Sinclairs gedankliche Barrieren zu durchbrechen.

Sinclair fürchtet sich vor der Tür – und das auf eine sehr instinktive Art und Weise. Wieder begegnet er dem Ritter, der ihn mit seinen toten Freunden der Battle of the Line konfrontiert, sowie damit, dass er glaubt, Sinclair hätte sie alle an die Minbari verraten. Aber warum?

Er erinnert sich dann daran, wie der den Minbari-Kreuzer rammen wollte und man ihn auf das Schiff brachte. Damit endet der vierte Akt. Der fünfte beginnt damit, dass jemand in Grün 3 erschossen wurde, weswegen ein Sicherheitsteam hingeschickt wird. Sinclair kann entkommen, halluziniert jedoch. Kyle findet den Ort, an dem er gefangen gehalten wurde. Delenn kann zu Sinclair vordringen. Später kümmert sich Kyle um ihn.

Sinclair erfährt von Garibaldi, dass der Ritter auf Geheiß von Earth Central zur Erde zurückgebracht wird. Aber der Commander will noch einmal mit ihm sprechen. Anders als in der fertigen Folge hat weiterhin er seine umfänglichen Erinnerungen. Der Ritter erklärt, dass Chambers nur ein Mittel zum Zweck war und dass es andere geben werde, die sich um ihn, Sinclair, den Verräter, kümmern würden.

Sinclair: You're insane.
Knight One: Perhaps. And maybe you're a puppet who doesn't know who's pulling his strings.
Sinclair: Not you. Not anymore.
Kngiht One: Are you sure, commander? How do you know any of this is real? How do you know you're not still inside?

Auch die Schlussszene mit Delenn ist in diesem Skript vorhanden. Ein Mitglied des Grauen Rats sagt ihr, dass er nie herausfinden dürfe, was passiert sei, weil er ansonsten getötet werden müsse. Aber es gibt noch zwei Sätze mehr.

Grey Council #1: And the war … the war will begin again. That is clear, Delenn?

Wertung von Kosh

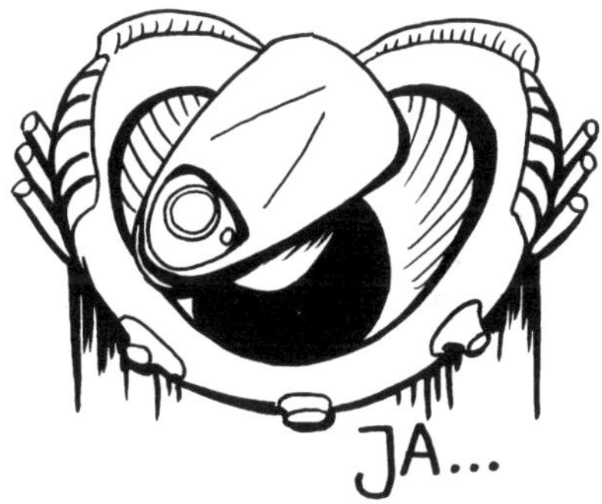

1.09
Deathwalker
(Die Todesbringerin)

US-Erstausstrahlung: 20. April 1994
Deutsche Erstausstrahlung: 1. Oktober 1995
Regie: Bruce Seth Green
Drehbuch: Larry DiTillio

Darsteller: Sarah Douglas (Deathwalker / Jha'Dur), Robin Curtis (Ambassador Kalika), Cosie Costa (Abbut), Aki Aleong (Senator Hidoshi)

Inhalt

Jha'Dur kommt auf die Station und wird von Na'Toth als die Todesbringerin erkannt, eine Kriegsverbrecherin der untergegangenen Dilgar, die für den Tod ganzer Spezies verantwortlich ist und unvorstellbar grausame Experimente an lebenden Wesen durchführte. Sinclair lässt Jha'Dur verhaften, als ihre Identität klar wird. Aber: Die Narn wollen sie, die Erde will sie, die Liga der blockfreien Planeten will sie auch – letztere, um sie vor Gericht zu stellen. Die anderen haben weitreichendere Pläne. Denn Jha'Dur hat ein Serum entwickelt, das Unsterblichkeit verspricht. Sie soll schließlich zur Erde gebracht werden, doch zuvor erklärt Jha'Dur Sinclair gegenüber, dass für dieses Serum etwas nötig ist, das nicht synthetisiert werden kann und wofür andere sterben müssen. Die Gräueltaten der Dilgar werden angesichts der kommenden Kriege verblassen. Als sie zur Erde transportiert werden soll, taucht ein Vorlonenschiff auf und vernichtet das Schiff, auf dem sich die Todesbringerin befindet.

Hintergründe

Deathwalker wurde das zweite Skript von Larry DiTillio. Auch dieses basiert auf einer Idee von JMS. Er hatte mehrere vorbereitet, und DiTillio konnte sich eines aussuchen. Er wählte dieses, weil er eine Faszination für blutrünstige Tyrannen hat. Und er schlug vor, aus der Hauptfigur eine Frau zu machen. Denn das gab es in der Science-Fiction noch nie, während Geschichten um Tyrannen und Massenmörder zum Standard-Repertoire einer jeden Genre-Show gehören.

Da sich die Folge auch stark um die verschiedenen Spezies der Liga der blockfreien Planeten drehte, fiel es DiTillio zu, den meisten einen Namen zu geben. Bis dato waren nur wenige Spezies wirklich mit einem Namen versehen worden; die meisten hatten in den Episoden auch nicht viel zu tun. DiTillio stürzte sich jedoch in diese Aufgabe und schuf einen über 13.000 Worte starken Führer durch die Galaxis von Babylon 5 – mit Namen sowie historischen Begebenheiten, Traditionen und dergleichen mehr all dieser verschiedenen Spezies.

Die B-Story um Kosh und Talia Winters sollte für etwas Leichtigkeit sorgen, aber JMS wollte, dass hier auch die Saat für eine spätere Episode gelegt wird. Als es um die Figur Abbut ging, mit der Kosh spricht, erklärte JMS seinem Freund, dass man versucht habe, den Komiker Gilbert Gottfried für die Rolle zu bekommen. Das wäre durchaus möglich gewesen, da Gottfried auch ein großer Science-Fiction-Fan war. Der Name der Figur kam von Bud Abbott, einem Teil des in den 1940er und 1950er berühmten und beliebten Komiker-Duos Abbott und Costello – passend für ein Gespräch zwischen Abbut und Kosh.

Gottfried war durchaus bereit, die Rolle zu spielen, im letzten Moment musste er terminbedingt jedoch absagen. An seine Stelle trat Cosie Costa, ein eher unbekannter Komiker.

Für die Rolle der Todesbringerin heuerte man Sarah Douglas an, die mit *Superman II (Superman II: Allein gegen alle,* 1980) eine Genre-Größe wurde und seitdem in vielen SF- und Horror-Formaten dabei war. Sie ist als Jha'Dur herausragend, die großen Kontaktlinsen waren jedoch schmerzhaft und machten die Erfahrung dieses Drehs nicht unbedingt angenehm.

DiTillio ist ein detailversessener Autor. Darum sprach er mit einem befreundeten Arzt darüber, wie ein Anti-Alterungsserum aussehen könnte. Dieser benutzte das Wort »Anti-Agapic« – ein Wort, das es so nicht gibt. Die Idee eines »Anti-Agapikums« faszinierte DiTillio jedoch, und so baute er es in die Folge ein.

Die letzte Rede der Todesbringerin ist nicht von DiTillio. Er glaubte, sie würde die Karten nicht auf den Tisch legen und Sinclair nicht überzeugen, dass seine Leute sich auf etwas wie dieses Serum einlassen würden, das Milliarden den Tod gebracht hätte. Aber JMS sah das anders, und vermutlich auch zu Recht. Für die Verheißung der Unsterblichkeit würden viele Menschen andere über die Klinge springen lassen.

Als Gaststar ist Robin Curtis dabei, als Botschafterin der Abbai ist sie jedoch nicht zu erkennen. Sie ist ein bekanntes Gesicht aus *Star Trek* und spielte *in Star Trek III: The Search for Spock (Star Trek III: Auf der Suche nach Mr. Spock,* 1984) und *Star Trek IV: The Voyage Home (Star Trek IV: Zurück in die Gegenwart,* 1986) die Vulkanierin Saavik.

Die Liga der blockfreien Welten

Larry DiTillio war es, der den meisten dieser Spezies ihre Namen gab, aber auch ihre Herkunft herausarbeitete. Folgende Spezies sind Teil der Liga der blockfreien Welten.

- Die Abbai vom Planeten Abba Vier.
- Die Brakiri vom Planeten Brakos.

- Die Drazi vom Planeten Zhabar.
- Die Grome vom Planeten Gromahk.
- Die Hurr vom Planeten Androma.
- Die Hyach vom Planeten Hylak Sieben.
- Die Llort vom Planeten Vartas.
- Die Markab vom Planeten Septis.
- Die Pak'ma'ra vom Planeten Melat.
- Die Yolu vom Planeten Pa'ri.

Andere Spezies, die er für die Liga auch in Betracht gezogen hat, sind die folgenden. Sie tauchen nicht als Teil der Liga auf, sondern in anderen Episoden.

- Die Iksha vom Planeten Ikos.
- Die Balosianer vom Planeten Balos.
- Die Vreee vom Planeten Wyt.
- Die Cascor vom Planeten Ji'v.
- Die Golianer vom Planten Golus 3; Centauri-Protektorat.
- Die Riar vom Planeten Riga Zwei.
- Die Onteen vom Planeten Aicha.

Kommentar

Dies ist eine eindrucksvolle Geschichte, die die Frage behandelt, wie man mit einem intergalaktischen Mengele verfahren soll – umso mehr, wenn dieser die Verheißung der Unsterblichkeit wie eine Karotte vor den Nasen der verschiedenen Spezies wedelt. Das macht *Die Todesbringerin* zu einer Geschichte, in der es vor allem um Moral geht. Und sie zeigt: Die Gerechtigkeit wird nur allzu oft auf dem Altar scheinbar hehrer Ziele geopfert. Garibaldis Einstellung, keinerlei Kompromisse einzugehen, ist die einzig richtige, aber auch die schwierigste.

Am beeindruckendsten ist natürlich das Ende. Die Dilgar sind wegen ihrer blutrünstigen Taten verfemt, aber Jha'Dur hat recht. Angesichts der Kriege um die Unsterblichkeit werden deren Taten kaum noch ins Gewicht fallen. Die Menschen und die anderen sind nicht wie die Dilgar, sie werden sie sogar noch übertreffen, weil jeder Mensch zu den unglaublichsten Gräueltaten bereit ist – es bedarf nur der richtigen Umstände. Eine Lektion, die die

Menschheit in jedem Krieg von Neuem lernen muss und doch nie klüger wird.

Die Haupthandlung der Geschichte ist intensiv. Dem gegenüber stehen Verhandlungen von Kosh mit einem Außerirdischen, bei denen Talia Winters behilflich sein soll. Aber beide reden nur in Rätseln. Das sorgt für eine gewisse Leichtigkeit, die dann jedoch auch in ihr Gegenteil umschlägt. Nicht nur, weil Talia Winters wieder das Gefühl hat, in den Geist eines Serienkillers zu blicken, wie sie es schon einmal tat, sondern vor allem, weil Kosh die Telepathin sondiert hat. Das alles war ein elaborierter Plan, um herauszufinden, was Talia Winters' größte Angst ist, ein Schritt des Vorlonen, um sich einen Vorteil gegenüber der Telepathin zu verschaffen. Kosh weiß bereits, dass die Telepathen im kommenden Schattenkrieg eine Rolle spielen werden. Diese an und für sich völlig losgelöste Handlung ist so Teil des größeren Ganzen.

Auf die Dilgar-Geschichte trifft das weniger zu. Für sich stehend ist sie jedoch großes Drama – übrigens mit einer herausragend guten Sarah Douglas in der Rolle der Todesbringerin. Sie spielt sie mit Arroganz, ausgesprochen clever und mit einer Bösartigkeit, die erst in der letzten Szene ganz und gar offenbar wird.

Das Skript

Nicht im Skript enthalten ist die Szene, in der Dr. Franklin mit einem Kollegen über Jha'Dur spricht und empfiehlt, die xenobiologischen Dateien zu überprüfen. Im Skript ist Senator Hidoshi eine Frau, und zwar eine sehr elegante. In der fertigen Folge wurde aus dem Senator ein Mann.

In dem Gedankenrückblick von Talia Winters wird im Skript noch beschrieben, dass sie Stimmen hört, die nach ihr rufen, gefolgt von einem Lachen. Verlängert ist im Skript die Szene, als Abbut Talia anbietet, noch etwas gemeinsam zu essen. Als sie geht, erklärt er – zum Publikum, aber auch sich selbst –, dass sie ihn an seine Tante Ralf erinnert.

In der Folge fehlt eine kurze Szene, in der vom Computer erklärt wird, dass Jha'Durs Raumschiff voll aufgeladen und bereit zum Starten ist. Nach einer weiteren Abbut-Kosh-Sitzung erklärt Abbut, was er an Kosh so mag.

Abbut: You know what I like about you, Kosh? You always make a fashion statement.

Aus dem Skript entfernt wurde eine kurze Szene, in der Ivanova den Code Red erklärt und über ihr Comlink Sinclair ruft.

Verändert wurde ein weiterer Gedankenrückblick von Talia. Im Skript fragt Kosh sie, ob sie versteht. Wieder gibt es einen Blick in ihre Erinnerungen. Ihr geistiger Zustand wird hier so beschrieben, dass sie sich in einer dunklen Gemütslage befindet. Sie hört einen Schrei und versucht zu entkommen, läuft aber gegen eine Wand. In der fertigen Folge steht sie ganz still da.

Im Skript gibt es noch einen kurzen Moment im C&C, in dem Ivanova erklärt, dass der Weltraum offen ist, damit Jha'durs Schiff ungehindert starten kann.

Wertung von Kosh

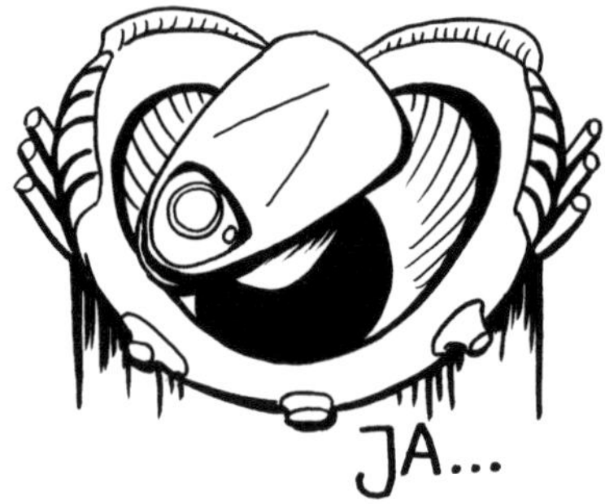

1.10
Believers
(Die Gläubigen)

US-Erstausstrahlung: 27. April 1994
Deutsche Erstausstrahlung: 8. Oktober 1995
Regie: Richard Compton
Drehbuch: David Gerrold

Darsteller: Tricia O'Neill (M'Ola), Stephen Lee (Tharg), Jonathan C. Kaplan (Shon), Silvana Gallardo (Maya Hernandez)

Inhalt

M'Ola und Tharg kommen mit ihrem Sohn Shon auf die Station. Sie suchen bei Dr. Franklin um Hilfe an, da der Junge schwerkrank ist. Das Problem erscheint Franklin nicht so groß. Er erklärt den Eltern, dass ein einfacher Eingriff Shons Leben retten wird. Aber M'Ola und Tharg gehören einer Spezies an, die Operationen ablehnt. Ihrem Glauben nach verliert man die Seele, wenn der Leib geöffnet wird. Franklin will von Sinclair die Erlaubnis, die Operation durchführen zu können; die Eltern wenden sich an die verschiedenen Botschafter. Letztlich entscheidet der Commander, dass dem Wunsch der Eltern nachgekommen werden muss. Franklin operiert ohne Erlaubnis. Er kann Shons Leben retten, doch seine Eltern sehen ihn nicht mehr als ihren Sohn an. Später holen sie ihn dennoch ab, doch nur, um Shon zu töten. Eine bittere Erfahrung für Dr. Franklin.

Hintergründe

Believers war auch eine der Geschichten, die JMS für die Serie entwickelte, aber nicht selbst umsetzte. Für diese Episode wollte er den Autor David Gerrold. Der 1944 geborene Gerrold verkaufte sein erstes Skript an *Star Trek* – die klassische Episode *The Trouble with Tribbles (Kennen Sie Tribbles?)*. Später schrieb er auch für die Zeichentrickvariante der Serie und für *Land of the Lost (Im Land der Saurier,* 1974). Als Drehbuchautor war er jedoch weniger aktiv denn als Schriftsteller.

Als man ihm das Schreiben von *Believers* antrug, war er alles andere als begeistert und meinte: »Das ist die Geschichte mit den christlichen Wissenschaftlern, mit den Zeugen Jehovas. Jeder von *Perry Mason* bis zu *Star Trek* hat diese Geschichte schon gemacht, da habe ich wenig Lust drauf.«

Aber JMS wollte ein Nein nicht akzeptieren. Er war der Meinung, dass Gerrold der perfekte Autor für diese Folge war. Und er sollte recht behalten, zumal die Geschichte etwas anders abläuft, als das bei dieser Art von Story in der Regel der Fall ist. Was noch weit wichtiger war: Gerrold konnte hier menschliches Drama bieten, etwas, das für ihn die Kernessenz von Science-Fiction ist, in der es immer auch um reale Ängste gehen muss.

Gerrold machte sich an die Arbeit. Besonders emotional wurde für ihn die Szene, in der die Eltern erkennen, dass ihr Sohn sterben muss und sie ihm sagen, wie stolz sie auf ihn sind und wie sehr sie ihn lieben. Es war spät, gegen drei Uhr morgens, als Gerrold mittendrin mit dem Tippen aufhörte, zum Zimmer seines Sohnes ging, der etwa dasselbe Alter wie Shon hatte, und ihn beim Schlafen beobachtete. Er sah ihn eine Weile an und erkannte, wieso JMS dachte, dass er der richtige Mann für dieses Skript war. Gerrold rief JMS mitten in der Nacht an und meinte zu ihm: »Du Mistkerl, jetzt weiß ich, wieso du wolltest, dass ich das Skript schreibe.«

Dann legte er auf, schrieb die Szene fertig und schloss am nächsten Tag das Drehbuch ab.

Kommentar

In der frühen Phase von *Babylon 5* gibt es keine Folge, die so gut wie *Believers* zeigt, dass dies eben nicht *Star Trek* ist. Eine derartige Geschichte, bei der sich der Doktor über den Wunsch der Eltern und den Befehl seines Commanders hinwegsetzt, hätte es auch dort geben können. Doch das Ende wäre anders gewesen. Die Eltern hätten ihren Fehler eingesehen oder wären zumindest froh gewesen, ihren Sohn zurückzuhaben. Aber *Babylon 5* geht nicht den einfachen Weg. Es ist unbequem, und es ist herausfordernd.

Das Ende ist nur konsequent, denn natürlich würden die Eltern nicht einfach ihrem Glauben abschwören. Sie handeln so, wie sie müssen, ebenso wie Franklin. Es ist eine große Szene, als die Mutter Franklin erklärt, dass ihr Mann weiß, dass er aus Mitgefühl gehandelt hat und dass er ihm vergeben würde, wenn er könnte. Die Figuren werden vielschichtig gezeigt. Natürlich ist es aus unserer Warte heraus dumm, sich einer lebensrettenden Operation zu verweigern, aber diese Weltraumversion der Zeugen Jehovas hat innerhalb ihres eigenen Glaubenssystems jedes Recht dazu.

Sinclair muss eine unangenehme Entscheidung treffen, aber er trifft die einzig Richtige, weil Babylon 5 ein Ort ist, an dem die unterschiedlichsten Glaubensansätze aufeinanderstoßen. Wenn er beginnen würde, jene der Menschen durchzusetzen, wäre das Projekt, diese Station zu einem universellen Ort für alle zu machen, gescheitert.

Believers ist aber auch die Folge, die mehr als alle anderen zeigt, was für ein Mensch Dr. Stephen Franklin ist: jemand mit großem Mitgefühl, mit dem unbedingten Wunsch, zu helfen und Leben zu retten, selbst wenn es für ihn persönliche Konsequenzen hat. Er ist das Herz dieser Station, so wie Richard Biggs das Herz dieser Serie ist.

Das Ende ist darum umso niederschmetternder, denn Franklin muss erkennen, dass er am Schicksal des Jungen nichts ändern konnte. Hätte er nichts getan, wäre er gestorben, und nun, da er etwas getan hat, ist der Junge dennoch tot. Manchmal kann man nicht gewinnen.

Das Skript

Nicht im Skript enthalten ist die Szene, in der Ivanova im C&C von einem Notruf aus dem Raider-Territorium berichtet. Sinclair erlaubt ihr, mit einer Starfury-Eskorte das Schiff zu Babylon 5 zu bringen.

Erweitert ist im Skript die Szene, in der die Eltern die Operation ablehnen. M'Ola erklärt, dass Shons Seele entschwindet, wenn die innerste Hautschicht durchtrennt wird. Als die Eltern schließlich gehen, entschuldigt sich Franklin für Dr. Hernandez, die die beiden angegriffen hat, weil sie ihren Sohn lieber sterben lassen, als an ihrem Glauben zu rütteln. Auch die direkt nachfolgende Szene, nach der die Eltern der nichtinvasiven Behandlung zugestimmt haben, gibt es in der Folge nicht mehr zu sehen – nämlich, als Tharg davon spricht, dass die Ärzte intelligenter sind, als man angesichts der Evolution meinen sollte.

Gänzlich neu eingefügt in die Folge wurde die Szene, in der Susan Ivanova mit den anderen Piloten losfliegt, um dem in Not geratenem Schiff zu helfen. Überhaupt sind alle Szenen, die diesen Subplot betreffen, in David Gerrolds Originaldrehbuch gar nicht dabei. Sie wurden erst bei der Überarbeitung von JMS selbst oder aber vom Story Editor Larry DiTillio eingefügt. Das erzählerische Format der Serie sieht nun einmal meist Geschichten mit A- und B-Plot vor. Die Starfury-Geschichte bringt auch etwas Action in den Mix, während jene um die Gläubigen eher ruhig erzählt ist.

Weitere Szenen wurden im Verlauf der Geschichte ebenfalls erweitert, z.B. als Tharg von seiner liebsten Parabel erzählt und als Franklin Shon das Ei gibt, auf das er aufpassen soll.

Die Szene mit Sinclair und Garibaldi, als letzterer erklärt, dass der Commander mit Koshs Rettung nach dessen Vergiftung einen Präzedenzfall erschaffen hat, fehlt im Skript. Erweitert ist eine Szene, in der Franklin mit Shon spricht. Hier erklärt er, dass er ihn operieren wird, wenn er das will – und dass sich Franklin damit auch gegen Shons Eltern stellen wird.

Später ist eine Szene im Skript länger, bei der Franklin gegenüber den Eltern von Märchen spricht und M'Ola ihrem Mann erklärt, was der Doktor damit meint. Franklin murmelt, dass er Jura hätte studieren sollen, dann müsste er sich jetzt nicht sorgen. Tharg droht, Franklin zu töten, wenn er seinen Sohn verletzt. Diese Morddrohung taucht in der Folge später auf, als Tharg mit Sinclair spricht.

Erweitert ist in der Folge die Szene mit Delenn, deren Dialog in Bezug auf außerirdische Glaubenssysteme etwas länger ist. Danach folgt eine Szene, die es in der Folge nicht gibt, deren Inhalt aber praktisch auf die Sinclair-Garibaldi-Szene übertragen wurde. Hier sieht man Sinclair und Catherine im Bett. Er massiert ihr den Rücken, und sie sprechen über sein Problem. Catherine gesteht Sinclair, dass sie einst ein Kind verloren hatte, was mit immenser Trauer und einem Gefühl der Leere einherging. Diese Szene musste natürlich verändert werden, weil Catherine nach dem Pilotfilm nicht mehr in der Serie auftaucht.

Im Skript gibt es eine Szene, in der im Medlab ein Alarm ertönt und Franklin und Hernandez Shon an ein Sauerstoffgerät anschließen. Bei der Operation gibt es eine Beschreibung, deren Umsetzung sicher sehr effektiv gewesen wäre. Sobald Franklin den ersten Schnitt ausführte, sollte der Kamerablickwinkel immer größer werden und schließlich außerhalb der Station ankommen, geradeso, als würde man dabei zusehen, wie die Seele den Körper verlässt.

Nach der Operation sprechen Franklin und Hernandez darüber, was die Eltern wohl tun werden, wenn sie hiervon erfahren. Franklin glaubt, dass die Eltern einfach froh sein werden, ihren Sohn wiederzuhaben. Er ist davon absolut überzeugt.

Franklin: Do you really want to know what's going to happen? I'll tell you. Tomorrow morning, I'm going to be able to look at myself in the mirror.

Wertung von Kosh

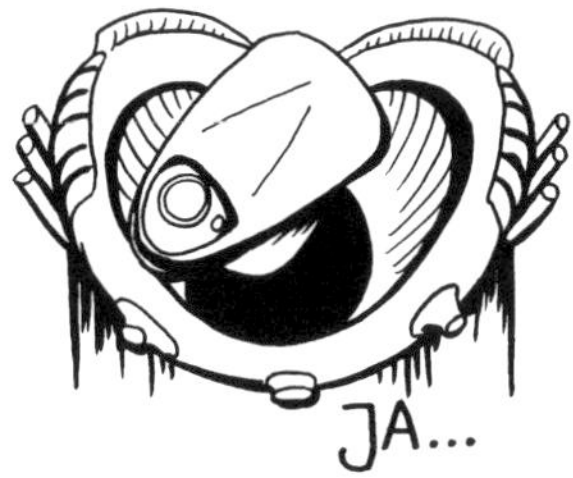

1.11
Survivors
(Ein Wiedersehen mit Folgen)

US-Erstausstrahlung: 4. Mai 1994
Deutsche Erstausstrahlung: 15. Oktober 1995
Regie: Jim Johnston
Drehbuch: Marc Scott Zicree

Darsteller: Elaine Thomas (Major Lianna Kemmer), Tom Donaldson (Cutter), David L. Crowley (Lou Welch), Maggie Egan (Jane / ISN Anchor), José Ramón Rosario (Nolan), Robin Wake (junge Lianna), Rod Perry (General Netter)

Inhalt

Auf Babylon 5 wird alles für den Besuch von Präsident Luis Santiago vorbereitet, als eine Explosion stattfindet. Garibaldi ermittelt, der bei der Explosion verletzte Nolan kann jedoch noch nicht aussagen. Lianna Kemmer, die für den Schutz des Präsidenten verantwortlich ist, kommt an Bord. Sie reißt die Ermittlungen an sich und bringt Nolan zum Reden – der belastet Garibaldi. Ein gefundenes Fressen für Lianna, die Garibaldi die Schuld am Tod ihres Vaters gibt. Es werden weitere Beweise gegen Garibaldi gefunden, sodass dieser flieht und nun versucht, seine Unschuld zu beweisen. Doch es ist Sinclair, der damit Erfolg hat, da er nachweisen kann, dass Nolan selbst die Bombe gelegt hat. Garibaldi wiederum macht Lianna klar, dass ihr eigener Vertrauter Cutter in die Sache involviert ist.

Hintergründe

Das Skript von *Survivors* wurde von Marc Scott Zicree geschrieben. Zicree, Jahrgang 1955, ist der Autor des Buchs *The Twilight Zone Companion* und hat im Verlauf seiner Karriere Drehbücher für die unterschiedlichsten Serien geschrieben, darunter auch eine der besten von *Star Trek: Deep Space Nine*: *Far Beyond the Stars (Jenseits der Sterne).* JMS und er kannten sich schon lange, bevor *Babylon 5* Gestalt annahm.

Sie lernten sich auf einer Party kennen, als Zicree bereits für das Animationsstudio Filmation verschiedene Drehbücher schrieb und JMS noch den Weg ins Fernsehgeschäft suchte. Nach einem auf Verdacht geschriebenem Drehbuch wurde auch JMS bei Filmation angeheuert. Zicree und er wurden bessere Freunde. Nachdem Zicree *Captain Power and the Soldiers of the Future* entwickelt hatte, empfahl er JMS als Story Editor.

JMS gab Zicree später als einem der ersten das Drehbuch zum Pilotfilm zu lesen. Als die Serie schließlich angegangen wurde, meinte Zicree, er würde auch gerne eine Folge schreiben. JMS gab ihm eine sehr kurze Vorgabe: Etwas sollte auf der Station passieren, das Garibaldi an den Abgrund und darüber hinaus bringt.

Zicree entwickelte die Geschichte, schrieb eine Outline und erhielt von JMS grünes Licht. Der Autor begann mit der Arbeit am Skript, noch bevor er etwas von der wöchentlichen Serie sehen konnte. Die Sets wurden gerade noch errichtet, und er sah sie sich an, um sicherzustellen, dass die Action, die er im Sinn hatte, innerhalb dieser Umgebung funktionieren konnte.

Der Nachname der weiblichen Hauptfigur ist eine Hommage an eine andere Science-Fiction-Serie. Ed Kemmer war der Star der in den 1950er Jahren produzierten Serie *Space Patrol.* Den Nachnamen benutzte Zicree später auch bei seinem Kickstarter-Projekt *Space Command* (2020), einer Kurzserie, in der auch Mira Furlan und Bill Mumy dabei sind.

Kommentar

Survivors ist für *Babylon 5*-Verhältnisse eine eher durchschnittliche, im Grunde aber durchaus solide Episode. Die Idee, dass eine Hauptfigur eines Verbrechens beschuldigt wird und ihre Unschuld beweisen muss, ist ein echter Serien-Standard – und das nicht nur in der Science-Fiction. Interessant wird es hier hauptsächlich, weil man mehr über das Vorleben von Garibaldi erfährt, aber auch, weil man sieht, wie Garibaldi unter Druck agiert. Er kriecht, wie er selbst so schön sagt, auf den Grund einer Flasche. Auch hier betrinkt er sich, während er eigentlich weiter ermitteln müsste, wer ihn hereingelegt hat. Er wird jedoch ein Opfer seiner charakterlichen Schwächen. Dass seine Unschuld bewiesen wird, liegt dann nicht mehr wirklich an ihm.

Die Folge steht mehrheitlich ganz für sich, aber die Homeguard als Drahtzieher der Explosion kommt wieder ins Spiel. Ebenso erwähnt man Präsident Santiagos Politik, die nicht auf der Ausgrenzung Außerirdischer basiert, womit er sich in der Heimat Feinde gemacht hat.

Was die Folge allerdings sehr gut kann, ist zu zeigen, wie das Leben eines Alkoholikers ist. Selbst nach Jahren trockener Phase kann Garibaldi nicht einfach nur einen Drink zu sich nehmen. Er muss die ganze Flasche leeren. Der Sicherheitschef kämpft mit einer Sucht, die nie verschwindet – und die im Verlauf der Serie auch wieder an die Oberfläche kommen wird. Das ist eine sehr menschliche, sehr akkurate Darstellung von Alkoholismus, der für Garibaldi immer so etwas wie eine letzte Zuflucht ist. Wenn er das Gefühl hat, das Ende seines Wegs erreicht zu haben, wartet immer irgendwo eine neue Flasche auf ihn.

Das Skript

Auf dem Weg von Marc Scott Zicrees Skript zur fertigen Episode gab es einige Änderungen. Schon beim ersten Bild des Teasers sieht man nun nicht mehr die Station, sondern Earthforce One, das Schiff des Präsidenten.

Nicht im Skript enthalten sind zwei Szenen des Teasers. Im Skript sprechen Garibaldi und Ivanova darüber, wie der Empfangsbereich für den Präsidenten vorbereitet wird. Daraus wurde ein Gespräch über eine Neugestaltung der Cobra Bays für die neuen Starfurys. Nur in der Episode ist auch der ISN-Bericht, der die Gründe für die Reise des Präsidenten spezifiziert. Im Skript wird der Bereich, in dem die Explosion stattfindet, mit Arbeitern genauer gezeigt; in der Folge selbst nähern sich Ivanova und Garibaldi dem Bereich, als die Explosion stattfindet.

Im Skript hat Garibaldi mit einer Tür zu kämpfen, die er öffnen muss, um Arbeiter zu befreien, während in der Episode Sinclair im C&C zu sehen ist und Notfallbefehle erteilt. Im Skript wird beschrieben, wie eine Arbeiterin aus dem durch die Explosion gesprengten Loch ins All hinausgeblasen wird. In der Folge sieht Sinclair einen Leichnam am C&C vorbeischweben.

Im Skript stellt Franklin die Frage, ob Garibaldi einen Fehler gemacht haben könnte, nachdem dieser die Sicherheitsprotokolle beschrieben hat. Garibaldi ist von der Unterstellung beleidigt.

Die Ankunft von Lianna Kemmer ist im Skript zu sehen – und zwar nicht im C&C, sondern an den Docks. Kemmer erkennt in Sinclair einen der Helden der Battle of the Line. Verändert wurde das darauffolgende Gespräch. Im Skript kommentiert Sinclair Kemmers erstaunlich schnellen Aufstieg, und sie erklärt, sie wolle jemand anderen als Garibaldi, der ihr den Ort der Explosion zeigt. In der Folge besteht Sinclair darauf, aber Garibaldi gibt nach. Kemmer erklärt Sinclair im Skript, dass Garibaldi ihren Vater umgebracht hat.

Nur im Skript ist eine Szene mit Londo Mollari, der mit einem anderen Centauri darüber spricht, wie das Mollari-Familien-Vermögen schmilzt und wie sich das ändern lässt. Im Skript bestellen Sinclair und Garibaldi an der Bar Orangensaft, in der Folge bestellt Garibaldi Wasser. Sinclair muss ihn drängen, ihm etwas über seine Vorgeschichte zu erzählen, während Garibaldi in der Folge sehr viel auskunftsfreudiger ist.

Im Skript will Sinclair, dass Franklin den bewusstlosen Nolan durch Verabreichung eines Medikaments aufweckt. In der Folge tut Kemmer dies selbst. Im Skript heißt der Verletzte noch Weidman, wurde aber zu Nolan. Ebenfalls im Skript wird ein Unfall als Ursache für die Explosion genannt, bevor Weidman aufgeweckt wird und Garibaldi beschuldigt – etwas, das Kemmer mitanhört.

Nur in der Folge gibt es die Szene, in der Kemmer gegenüber Sinclair ihre präsidiale Befugnis zitiert.

Nur im ersten Skript ist folgende Szene mit Sinclair und Garibaldi. Letzterer regt sich auf, weil er findet, dass Sinclair unnötigerweise Kemmers Forderungen nachgegeben hat. Erweitert ist die Szene, in der Cutter das belastende Material in Garibaldis Quartier findet. Nur in der Folge ist die Szene im C&C, als Sinclair den Haftbefehl gegen Garibaldi aufheben will, aber Kemmer interveniert. Ivanova startet eine Diagnose des Kommunikationssystems, sodass Kemmer nicht mit der Erde in Verbindung treten kann.

Garibaldis Treffen mit Londo sollte in dessen Quartier stattfinden. Das geht natürlich nicht, da Garibaldi ohne Sicherheitsfreigabe nicht mehr in den Botschafter-Bereich käme. Darum wurde die Szene ins Casino verlegt. Sinclair versucht, Garibaldi zu kontaktieren.

Einige Szenen des Skripts wurden nun entfernt. Sinclair wird von Kemmer in Garibaldis Quartier gerufen. Dort zeigt sie ihm einen versteckten Safe und Juwelen darin. Garibaldi will den Tatort untersuchen, wird aber von einer Wache gesehen und schlägt diese nieder. Im C&C überwacht Kemmer die Suche nach Garibaldi. Außerhalb ihrer Hörweite trägt Sinclair Ivanova auf, Kemmer zu beschäftigen.

Nicht im Skript enthalten ist Kemmers Forderung zur Öffnung eines Kommunikationskanals zur Erde. Garibaldis Gespräch mit Londo darüber, dass G'Kar ihm das vielleicht in die Schuhe geschoben hat, fehlt im Skript. Nur im Skript ist eine Szene, in der G'Kar Dagool trifft, den Dieb, den Garibaldi zu Beginn der Episode erwischt hat. Nur in der Episode ist die Szene, in der Ivanova die ankommenden Zeta-Starfurys begrüßt.

Im Skript trifft Sinclair auf Garibaldi und konfrontiert ihn mit den in seinem Quartier gefundenen Juwelen. Danach spricht Sinclair mit Ivanova und trägt ihr auf, Kemmer im Auge zu behalten. Im Skript denkt Garibaldi darüber nach, einen Drink zu sich zu nehmen, widersteht jedoch der Versuchung. Er wird von Dagool angegriffen.

Sinclair trifft Kemmer im Zen-Garten. Dort trifft er auch Londo, der ihm ein Stück Papier mit einer Kontonummer gibt. Nur in der Folge ist zu sehen, wie Earthforce One sich dem Jumpgate nähert.

Im Drehbuch kauft Garibaldi eine Flasche Alkohol und trinkt sie, während er flieht. In der Folge selbst versumpft er in einer Bar. Kemmer verfolgt ihn, schießt auf eine Tür und wird von einem Querschläger verwundet. Garibaldi zieht sie in eine Luftschleuse, verschließt diese und versucht, durch ihren Hass auf ihn zu ihr durchzudringen.

Dementsprechend fehlen im Skript die Szenen mit dem Außerirdischen, der Garibaldi verrät, und mit dem Sicherheitschef, der betrunken aus der Bar stolpert. Im Skript läuft der betrunkene Garibaldi zu Sinclair, der herausgefunden hat, dass die Kontonummer, die Londo ihm gab, zu einem Centauri-Konsortium gehört, das die Explosion zu seinem Vorteil ausnutzte und Garibaldi in die Schuhe schieben wollte – in der Hoffnung, mit einem neuen Sicherheitschef würde auf der Station mehr möglich sein. Garibaldi ist wieder halbwegs nüchtern und will mit einer Starfury nach dem Weltraumschrott suchen, darauf hoffend, dass es in dem Material Datenbanken gibt, die zeigen, was passierte. Ivanova versucht Kemmer mit verschiedenen Meldungen, wo Garibaldi gesehen worden ist, abzulenken, sie schnappt sich aber auch eine Starfury und verfolgt Garibaldi. Sie schießt schließlich auf ihn. Sie macht sein Schiff kampfunfähig und verhaftet ihn. Wieder auf Babylon 5 will Kemmers Untergebener Cutter die Fighter Bays noch einmal prüfen. In der Folge sieht man nun die Ankunft von Earthforce One. Garibaldis Verhör durch Kemmer und ihrer beider Begegnung mit Cutter ist nur in der Folge vorhanden. Im Skript gibt es eine Szene im Medlab, in der Kemmer erklärt, der Weltraumschrott zeige, dass eine andere Autorisierungskarte als die von Garibaldi für den Zugang vor der Explosion genutzt wurde – die von Nolan/Weidman. Dass Cutter der Täter ist, wird im Skript nicht klar. Das belastende Material in Garibaldis Quartier wurde von einem Beauftragten des Centauri-Konsortiums dort versteckt, aber wer genau dafür verantwortlich ist, bleibt unklar. Die Homeguard-Verbindung fehlt natürlich, weil Zicree davon gar nichts wissen konnte.

Die letzte Szene mit Garibaldi und Kemmer ist anders – im Skript kommt für ihre Leistung eine Versetzung auf sie zu, die sie als Degradierung wahrnimmt. Garibaldi möchte noch einmal fünf Minuten lang mit ihr reden. Aber Kemmer geht.

Nur im Skript ist Garibaldis und Sinclairs Unterhaltung darüber, dass Cutter für die Homeguard tätig war. Auch Garibaldis Abschied von Kemmer ist so nur in der Folge zu sehen.

Im Skript endet die Geschichte mit einer Rede des Präsidenten.

Santiago: … and as Babylon 5 so amply illustrates, it is the human race, above all others, that shows the greatest capacity for cooperation … resiliency of spirit … and hope … and beyond the meager …

Garibaldi hört das in der Bar sitzend und spricht mehr zu sich selbst als zum Barkeeper.

Garibaldi: Everything falls to pieces … Most of it.
Barkeeper: There something you want?
Garibaldi: Yeah … yeah, there's something I want …

Das Skript lässt es aber offen, ob Garibaldi sich nun einen alkoholischen Drink bestellt oder doch nur ein Wasser oder einen Orangensaft.

Wertung von Kosh

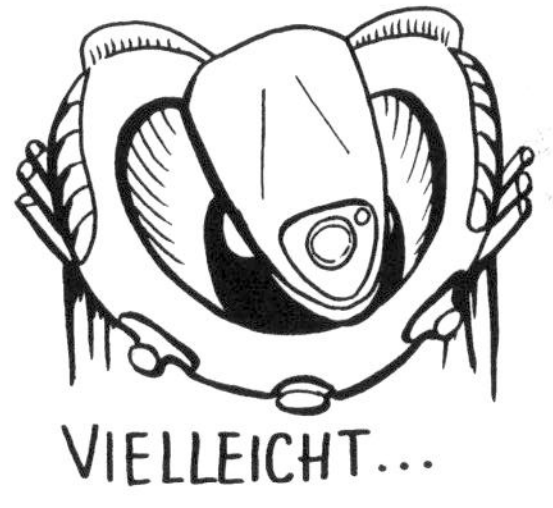

1.12
By Any Means Necessary
(Mit allen Mitteln)

US-Erstausstrahlung: 11. Mai 1994
Deutsche Erstausstrahlung: 22. Oktober 1995
Regie: Jim Johnston
Drehbuch: Kathryn M. Drennan

Darsteller: Katy Boyer (Neeoma Connally), John Snyder (Orin Zento), Aki Aleong (Senator Hidoshi), Patricia Healy (Mary Ann Cramer), Michael McKenzie (Narn Captain), José Rey (Eduardo Delvientos)

Inhalt

Bei den Dock-Arbeitern kommt es zu einem Unfall, bei dem ein Mann stirbt. Neeoma Connally von der Gewerkschaft fordert bessere Arbeitsbedingungen, mehr Gehalt und mehr Leute, aber Sinclair hat kein Budget dafür übrig. Von der Erde wird der Unterhändler Orin Zento geschickt, der aber nicht gewillt ist, auf die Forderungen der Arbeiter einzugehen. Stattdessen ruft er mit Billigung des Senats den Rush-Act aus, der es erlaubt, mit Gewalt gegen die Streikenden vorzugehen und diese zu inhaftieren. Aber er hat die Rechnung ohne Sinclair gemacht. Der Rush-Act erlaubt es dem Commander, die Situation mit allen Mitteln aufzulösen – und er wählt als Mittel eine Budgetkürzung beim Militär und damit die Finanzierung von besseren Arbeitsbedingungen. Derweil hat Londo eine seltene Pflanze vom Planeten der Narn, die G'Kar für eine religiöse Zeremonie benötigt – aber er will sie nicht herausrücken.

Hintergründe

Die Idee für einen Streik auf Babylon 5 kam nicht von JMS, sondern von seiner damaligen Frau Kathryn M. Drennan. Sie stellte ihrem Mann die Idee vor, und diese gefiel ihm, sodass sie begann, eine Outline zu entwickeln. Zu dem Zeitpunkt sollte die Folge noch *Strike* heißen, was aber von vornherein nur als Platzhalter gedacht war. Ihren eigentlichen Titel erhielt sie erst, als JMS empfahl, eine Textzeile zu ändern. Aus »to immediately end the strike by any necessary means« wurde »any means necessary«. Diese Art des Begriffs wird vor allem mit Malcolm X und der Bürgerrechtsbewegung in den USA in Verbindung gebracht, wurde aber auch zu einer Art geflügeltem Wort. Und Kathryn Drennan fand es faszinierend, dass der Senat die Worte eines Bürgerrechtlers nehmen und ihren Hintergrund verdrehen würde, um Gewalt zu rechtfertigen. So kam der Titel zustande.

Inspiriert wurde Drennan vom PATCO-Streik Anfang der 80er. Dabei ging es darum, dass die Professional Air Traffic Controllers Organization bessere Bedingungen für die Arbeit ihrer Mitglieder durchsetzen wollte, der damalige Präsident Ronald Reagan den Streik aber brach, indem er ihn für illegal erklärte und mehr als 11.000 Angestellte nicht nur entlassen wurden, sondern auch auf der schwarzen Liste landeten und niemals wieder staatliche Jobs erhalten würden.

Nachdem Drennan ihrem Mann die Idee präsentiert hatte, schrieb sie eine kurze Outline. Die Vorgabe lautete, zusätzlich etwas Humor einzubringen, aber es zeigte sich bald, dass in der Streik-Handlung kein Platz dafür war. Dieser fand sich im B-Plot, der auch deswegen interessant ist, weil Sinclair hier eine elementare Rolle innehat. Zudem war es Drennan, die das Buch von G'Quan ins Spiel brachte und die Chance nutzte, die Religion der Narn zu zeigen. Ihr Ziel war dabei unter anderem, zu zeigen, dass es mehr als eine religiöse Strömung auf dem Planeten gab. Der Handlungsteil um Londo und G'Kar blieb praktisch im kompletten Entstehungsprozess – vom ersten Skript im Oktober 1993 bis zur fertigen Folge im Mai 1994 – intakt. Die Haupthandlung machte jedoch einige Änderungen durch.

Mehrmals musste Drennan das Skript umschreiben, Figuren verdichten, Handlungsteile ergänzen oder verwerfen, während es weitere Anmerkungen vom Story Editor Larry DiTillio, dem Regisseur und von Warner Bros. gab. JMS hielt sich diesmal genauer daran, weil er befürchtete, zu direkt in den Entstehungsprozess involviert zu sein, da das Skript schließlich von seiner Frau gestaltet worden war.

Während der religiöse Aspekt der Narn von Drennan kam, schrieb JMS selbst die Worte für das Gebet, das G'Kar spricht. Die Art, wie es dargeboten wurde – als eine Art Sprechgesang – war wiederum die Idee von Andreas Katsulas.

Kommentar

Ein Streik an Bord von Babylon 5 hat mit der großen Geschichte nicht viel zu tun. Die Episode hilft aber, die Welt der Serie zu bereichern, weil man nun ein Bild der Dockarbeiter vor Augen hat, ohne die die Station gar nicht funktionieren würde. Die Geschichte ist eher klassisch, ein typischer Arbeitskampf, der hier jedoch aufgeladen wird, weil Babylon 5 eine militärische Einrichtung ist und Streiks per Kontrakt verboten sind – darum kann auch der Rush-Act ausgerufen werden. Benannt wurde er übrigens nach dem erzkonservativen Politiker Rush Limbaugh, der wohl von seinen Ansichten her nicht auf einer Linie mit JMS bzw. seiner damaligen Frau Kathryn Drennan lag.

Der Arbeitskampf wird dramatisch gestaltet. Die Position der Erdallianz durch Orin Zento wirkt jedoch etwas überzogen, denn hier findet eine starke Schwarz-Weiß-Zeichnung statt. Diese ist allerdings notwendig, um Sinclair die Möglichkeit zu geben, die Situation auf seine Art aufzulösen. Seine Lösung ist dabei durchaus kreativ. Er macht sich damit aber, wie er am Ende von Senator Hidoshi gewarnt wird, auch neue Feinde.

Interessant ist der B-Plot um Londo und G'Kar. Auf den ersten Blick ist er witzig, weil es amüsant ist, zuzusehen, wie der Centauri dem Narn auf die Nerven geht. Aber diese Geschichte ist nur oberflächlich als komisches Gegengewicht zur Haupthandlung gestaltet worden, denn darunter brodelt es. Londo nutzt die Pflanze in seinem Besitz, die G'Kar unbedingt benötigt, um sich zu rächen – für das, was auf Ragesh 3 passiert ist. Damit zeigt sich aber auch die Boshaftigkeit, zu der Londo fähig ist, und es wird klar, dass zwischen Centauri und Narn jede Aktion auch immer eine Gegenaktion mit sich bringt. Das Leben ist voller Konsequenzen, und keiner wird das im Verlauf der Serie stärker zu spüren bekommen als Londo Mollari.

Hier wird erstmals das Buch von G'Quan erwähnt und gezeigt. Damit geht eine weitere charakterliche Vertiefung von G'Kar einher, der nicht nur ein hoher Beamter im Narn-Regime ist, sondern auch zu so etwas wie einer religiösen Führerfigur wird. Zugleich wird er, ebenso wie sein Volk, als recht spirituell gezeigt, was eine weitere Facette des Botschafters ist, der sich längst weit von dem Schurken entfernt hat, als der er im Pilotfilm etabliert worden ist.

Das Skript

Vom ersten Skript bis zur fertigen Folge gab es einige Änderungen, die Kathryn M. Drennan auch umsetzte, wobei sich zeigt, dass das erste Gefühl manchmal das Beste ist. Im Verlauf von sechs verschiedenen Versionen des Skripts verschwand die Rolle des antagonistischen Senators, während Hidoshi immer mehr auf Seiten von Sinclair steht. Zudem verschaffte man Orin Zento noch ein weiteres Motiv für sein Handeln. Er hat Aktien der Firma, die die minderwertigen Microchips in Babylon 5 verbaut hat. Das fiel dann später wieder heraus, und Zento wurde so, wie er schon in der ersten Version war. Aber sehen wir uns diese erste Version und die entsprechende Episode etwas genauer an.

Im Skript kommt ein Schiff mit wichtiger militärischer Ladung an, und Dockarbeiter Powell (in der Folge Delvientos) fragt sich, wieso man ihnen nie mehr Vorlauf gibt. Ebenfalls im Teaser gibt es eine Szene mit Sinclair und Delenn. Es geht um den Beschluss des kommenden Budgets für Babylon 5. Delenn ist in diesem Skript durchaus von Bedeutung, in der fertigen Episode ist sie gar nicht vorhanden. Der Grund war einfach: Nicht alle Hauptdarsteller waren für alle Folgen engagiert. Auch Mira Furlan hatte nur einen Kontrakt über eine bestimmte Menge von Folgen, und da sie für die letzten Folgen der Staffel benötigt wurde, konnte Delenn in *By Any Means Necessary* nicht auftauchen.

In der Folge gibt es im Teaser dann noch eine Szene, in der Delvientos erklärt, dass zwei seiner Arbeiter an der Unfallstelle eingesperrt sind. Im Skript beginnt der erste Akt damit, dass Garibaldi G'Kar aufsucht, der gerade betet. In der Folge ist es Na'toth, die ihm erklärt, dass die G'Quan Eth verloren ist. Nicht im Skript ist die Szene, als die beiden Männer befreit werden – aber einer ist tot, nämlich Delvientos' Bruder.

Zwei Szenen des Skripts wurden entfernt. In der ersten sitzt Sinclair im Zen-Garten. Delenn sucht ihn auf, und er erklärt ihr, dass der Mann starb, weil der Unfall durch minderwertige Bauteile ausgelöst wurde. Danach beginnt der zweite Akt mit einer Szene, in der Sinclair Delenn, Londo und Kosh erklärt, dass die Station weiter in Betrieb ist, es aber Verzögerungen geben wird. Londo schlägt vor, die Streikführer zusammenzutreiben und zu erschießen. Sinclair lehnt ab. Ivanova zeigt mehr Verständnis.

Ivanova: We will consider your advice, however.

Interessant ist aber auch der kurze Dialog zwischen Sinclair und Kosh, der wieder einmal mysteriös ist.

Kosh: Force will win you favor. With some. Your decision will be watched.
Sinclair: Are you advising me to use force in this situation, Ambassador?
Kosh: No.
Garibaldi: So you're against the use of force?
Kosh: No.

Im weiteren Verlauf des Gesprächs wird klar, dass Ivanova hier die Position der Erdregierung einnimmt. Sie findet, ein illegaler Streik müsse mit jedem erdenklichen Mittel aufgelöst werden.

In der Episode folgt die Szene mit den Dockarbeitern, die den Streik ausrufen wollen, aber Neeoma Connally beschwichtigt sie noch. Im Skript gibt es nun eine weitere Szene mit Sinclair und Delenn, in der es um den Streik, aber auch den Unterschied der Kulturen der Menschen und der Minbari geht. Der Anruf des Senators wird durchgestellt. Delenn möchte dabeibleiben, um das alles besser verstehen zu können.

In der Folge bittet Sinclair Connally, die Arbeiter wieder an die Arbeit zu schicken – im zweiten Akt. Im Skript geschieht das erst im dritten Akt. Nur in der Folge erzählt Connally von ihrem Vater, der als Gewerkschaftsführer ermordet worden ist.

Im Skript will Sinclair mit dem Senator darüber reden, wie das Budget neu aufgeteilt werden könnte. Der Politiker will davon nichts wissen. Sinclair weigert sich, den Rush-Act auszurufen. Das wird er nur tun, wenn man es ihm offiziell befiehlt. In der Folge sagt der Senator, dass der Unterhändler Orin Zento zur Station geschickt wird.

Nur in der Folge gibt es dann Sinclairs Treffen mit Zento, der auch mit Garibaldi reden will. Im Skript ist es bei der Szene mit G'Kar und Na'toth so, dass sie erklärt, sie hätte das Sonnenritual noch nie verpasst. In der Folge geht es um ihren Glauben, der sich von G'Kars unterscheidet.

Die Szene mit Orin Zento, der den Arbeitern droht, den Rush-Act auszurufen, gibt es nur in der Folge. Im Skript gibt es eine Szene mit Ivanova im C&C und ihren Problemen mit den Verzögerungen beim Entladen der ankommenden Schiffe. Garibaldi berichtet, dass seine Leute bereitstehen. Sinclair erklärt, dass es noch Stunden dauern wird, bis er einen Befehl vom Senat bekommen wird. Er will noch einmal mit Connally reden. In der Folge gibt es stattdessen die Szene mit Zento, der Sinclair erklärt, dass der Senat den Rush-Act ermächtigt hat.

Im Skript folgt eine Szene, in der Connally den Arbeitern sagt, dass sie glaubt, der Senat bluffe nur. Sie rät aber dennoch von jeder Gewalt von Seiten der Arbeiter ab. Delvientos erklärt einem anderen Arbeiter, dass er darauf vorbereitet ist, sich zu verteidigen, und zeigt ihm die Waffe, die er bei sich trägt. Im Skript kommt G'Kar zum C&C und erklärt Sinclair sein Problem, in der Folge geschieht dies in Sinclairs Quartier. Danach folgt eine Szene mit Delenn, die Sinclair erklärt, dass sie von dem Senatsbefehl gehört hat. G'Kar wendet sich an ihn.

Sinclair lässt Ivanova den Alarmzustand auf der Station ausrufen. Londo kommt zu ihm und beschuldigt G'Kar des Diebstahls einer religiösen Centauri-Statue. Sinclair lässt sie beide abführen – sehr ähnlich ist es in der Folge, nur dass das auch noch eine Reporterin von ISN anwesend ist. Das ist eine Szene im vierten Akt. Im Skript ist Delenn dabei und erklärt ihm, wie traurig es ihn machen muss, militärische Gewalt gegen die Dockarbeiter anwenden zu müssen.

In der Folge gibt es im dritten Akt die Szene, in der die Gespräche zwischen Zento und Connally beendet werden und er den Rush-Act ausruft, sowie die Bestätigung des Senats dafür innerhalb einer Stunde erklärt. Im vierten Akt ruft der Senator erneut Sinclair an und bestätigt die Ausrufung des Rush Acts. Im Skript gibt es ein etwas anderes Gespräch. Hier versichert sich Sinclair beim Senator, dass er den Streik mit allen Mitteln beenden darf. Garibaldi, Ivanova und Connally hören dem Gespräch als Zeugen zu. Nachdem das Gespräch zu Ende ist, warnt Sinclair Delenn, dass es nun gefährlich werden könnte.

In der Folge kommt die Szene, in der Garibaldis Leute die Rädelsführer verhaften sollen und ein Kampf ausbricht. Im Skript erklärt Sinclair den Arbeitern, dass er den Streik beendet, indem er Teile des militärischen Budgets für die Arbeiter nutzen wird.

Anders als in der Folge wird Connally sich aber auf der Erde verantworten müssen, wozu sie sich bereit erklärt hat. Delvientos zieht seine Waffe, wird aber von den anderen Arbeitern gestoppt.

Danach erhält Sinclair Nachricht, dass G'Kar und Londo einander bald umbringen werden. Im Skript erklärt Ivanova, dass sie die beiden davon abgehalten hat, Nachrichten an ihre jeweiligen Heimatwelten zu schicken. Sinclair findet eine Lösung. Die Szene, in der er G'Kar die Pflanze verspricht, ist im Skript etwas länger. Sinclair fragt, ob eine Pflanze genug ist, und G'Kar erklärt, dass es auf Narn viele Religionen gibt und dass diese eine Pflanze reichen sollte.

In der Folge wird Sinclair vom Senator für seine Lösung gelobt. Im Skript ist er wütend und informiert den Commander, die Regierung der Minbari habe erklärt, sie würde ihren Anteil an der Finanzierung der Station erhöhen, wenn man Sinclair für seine Taten nicht belange.

Im Skript gibt es dann noch eine Szene, in der Sinclair mit Delenn spricht und sie fragt, wieso die Minbari nicht gleich mehr Geld angeboten haben – bevor es zum Streik kam. Delenns Antwort könnte auch von Kosh stammen.

Delenn: There were many factors involved, Commander. We do not interefere lightly in the affairs of others. Certain conditions, demonstrations of intent had to be met before some in my government would act.

Kathryn M. Drennan wusste, worauf JMS mit seiner Serie hinauswollte. Er hatte den weiteren Verlauf mit ihr besprochen, weswegen sie auch gerne diese Delenn-Szenen haben wollte, die ein klein wenig mehr Licht darauf geworfen hätten, welch immenses Interesse die Minbari an Jeff Sinclair haben.

Die letzte Szene der Geschichte ist in der Folge länger. Im Skript betet G'Kar schweigend; in der Folge hört man sein Gebet.

Wertung von Kosh

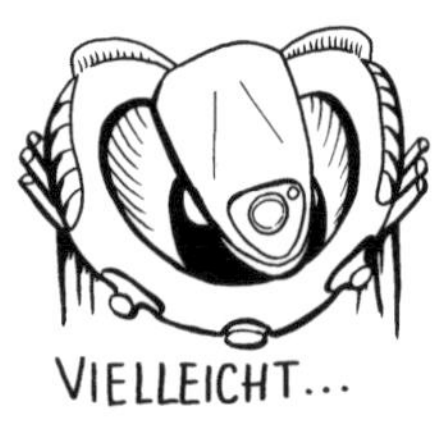

1.13
Signs and Portents
(Visionen des Schreckens)

US-Erstausstrahlung: 18. Mai 1994
Deutsche Erstausstrahlung: 29. Oktober 1995
Regie: Janet Greek
Drehbuch: J. Michael Straczynski

Darsteller: Gerrit Graham (Lord Kiro), Fredi Olster (Lady Ladira), Whip Hubley (Raider #1), Josh Coxx (David Corwin), Robert Silver (Reno), Ed Wasser (Morden)

Inhalt

Londo erhält das Auge, ein seit mehr als einem Jahrhundert verschollenes Signum der Macht der Centauri, das er an Lord Kiro übergeben soll, der wiederum überlegt, die Macht an sich zu reißen. Dessen Seherin Lady Ladira hat bei der Ankunft auf der Station eine Vision ihrer Vernichtung. Auf die Station kommt auch Mr. Morden, der zuerst G'Kar, dann Delenn und schließlich Londo aufsucht. Jedem stellt er eine Frage: »Was wollen Sie?« Aber nur Londo antwortet zufriedenstellend. Er will, dass die Centauri-Republik wieder zu dem wird, was sie einst war. Er will alles zurück!

Londo: I want my people to reclaim their rightful place in the galaxy. I want to see the Centauri stretch forth their hand again, and command the stars. I want a rebirth of glory, a renaissance of power! I want to stop running through my life like a man late for an appointment: afraid to look back or to look forward. I want us to be what we used to be! I want it all back the way it was! Does that answer your question?

Morden trifft auch auf Kosh, der ihn anweist zu gehen, da er hier nichts zu suchen habe. Die Raiders stehlen das Auge und nehmen Lord Kiro als Geisel. Rund um die Station bricht ein Kampf zwischen Erdallianz-Fightern und Raiders aus, der zugunsten von Babylon 5 ausgeht. Aber das Hauptschiff kann verschwinden – mit Lord Kiro, der mit den Raiders gemeinsame Sache machte, nun aber von ihnen hintergangen wird. Ein Schiff der Schatten taucht auf und vernichtet das Raider-Schiff. Wenig später überreicht Morden Londo das Auge – als Geschenk von Freunden, von denen er gar nicht wusste, dass er sie hat. Sinclair hat Garibaldi über seine Erinnerung an Delenn bei der Battle of the Line ins Vertrauen gezogen. Der Sicherheitschef findet heraus, dass Sinclair nur Commander von Babylon 5 wurde, weil die Minbari ein Veto-Recht hatten und jeden außer ihm ablehnten.

Hintergründe

Die Dreharbeiten zu dieser Folge sollten am Montag, den 17. Januar 1994, starten, aber am Morgen jenes Tages wurde Los Angeles von einem Erdbeben der Stärke 6,7 heimgesucht. Die Sets wurden dabei allerdings nur minimal beschädigt, die Dreharbeiten gingen aber dennoch erst am nächsten Tag los. Sie wurden immer wieder durch Nachbeben unterbrochen, sodass Cast und Crew darüber abstimmen sollten, ob man diese Woche eine Pause einlegen und in der nächsten weitermachen sollte. Man beschloss weiterzumachen.

Der Titel dieser Folge ist auch der Titel der Staffel. JMS sah jedes Jahr wie ein Buch einer großen, aus mehreren Büchern bestehenden Erzählung an. Aber den passenden Titel hatte er nicht immer gleich parat, und er wollte ihn nicht vorab nennen, sondern eine essenzielle Episode damit ausstatten. Diese Folge ist *Signs and Portents,* weil es darum geht, aber auch, weil die ganze Staffel aus Zeichen besteht, die auf die Zukunft deuten.

Die erste Drehbuchversion datiert auf den 3. Dezember 1993, das finale Skript auf den 11. Januar 1994. JMS nutzte dieses Skript auch, um tiefer in die Welt der Centauri einzudringen – mit einem Imperator und einem Senat wurden sie klar nach römischem Vorbild gestaltet. Bemerkenswert an Lord Kiro ist das immens lange Haar. Es ist länger als das von Londo, weil JMS sich dachte, dass die Länge des Haars vielleicht ein Zeichen des Status war. Je länger, desto höher im Rang, aber das war natürlich problematisch, da Londos Haar schon sehr, sehr lang war. Ursprünglich sollte es übrigens kürzer sein, aber beim Drehen des Pilotfilms wurde die jetzige Länge als eine Art Witz von Peter Jurasik und den Make-up-Leuten so gestaltet, woraufhin der Schauspieler JMS sagte, dass er es toll fand. Also blieb es so. Dabei wäre kürzeres Haar für alle Beteiligten leichter zu bändigen gewesen.

JMS baute in diese Folge unglaublich viel ein, so auch die Maschine, an der Delenn arbeitet. Das geschieht im Verlauf der Staffel immer häufiger, bis in *Chrysalis* klar wird, wozu sie da ist. Sie dient damit auch als eine Art Metapher für die Serie selbst, weil sich hier so viel abspielt, das man erst gar nicht als wichtig oder relevant erkennt, bis später eine Erkenntnis eintritt.

Die Folge enthält die bis dahin längste CGI-Actionsequenz der Serie, einen Kampf zwischen Starfurys und Raiders. Die Sequenz wurde von JMS so gestaltet, dass sie aus taktischer Sicht Sinn ergibt. Der Gedanke war, einen Weltraumkampf zu zeigen, der nicht einfach daraus besteht, dass zwei Schiffe wie wild aufeinander feuern. Hier ist es Taktik, die ins Spiel kommt, denn Sinclair erschafft eine Killing Box – Starfurys von zwei Seiten, die Stationsverteidigung von der dritten Seite –, aus der es die Raider-Schiffe nicht herausschaffen.

Der letzte große Moment der Folge ist natürlich das Auftauchen des Schattenschiffs. Ein solches hat man in der Science-Fiction noch nie gesehen. Organisch wie die Schiffe der Vorlonen, aber wie Spinnen aussehend. Die Effektcrew arbeitete lange daran, den richtigen Look hinzubekommen, vor allem auch die schwarze, glänzende Textur. Dabei zeigte man sich erfinderisch. Man scannte die Textur einer Hundenase ein, die von feinen Linien gezeichnet und etwas feucht ist.

JMS dachte nicht sofort an Ed Wasser für die Rolle des Mr. Morden. Wasser war als Reader für die Serie tätig. Das heißt, er las die Textpassagen anderer Figuren, wenn jemand vorsprach. Mit dieser Form der Interaktion lässt sich besser herausfinden, ob jemand für eine Rolle geeignet ist. Wasser las auch mit verschiedenen Anwärtern für Mr. Morden, aber sie spielten diesen alle eindimensional schurkisch, weswegen JMS sich entschied, es Wasser selbst versuchen zu lassen.

Kommentar

Signs and Portents ist das Highlight der ersten Staffel, eine Folge, die immens viel vorbereitet. Sieht man sie zum ersten Mal, ist sie vor allem mysteriös. Man fragt sich, wer Mr. Morden ist, was die Frage soll, was das für ein Schiff ist, das das Raider-Schiff vernichtet, und nicht zuletzt, wieso Koshs Anzug beschädigt wurde. JMS betreibt hier das Prinzip des Foreshadowing auf ganz hohem Niveau, weil er auch die Zerstörung von Babylon 5 zeigt, aber nur als eine mögliche, vielleicht noch abwendbare Zukunft. Es ist eine Vision, die im Verlauf der Serie noch mehrmals zum Tragen kommen wird.

Zugleich erfahren fast alle Figuren hier etwas Elementares: Sinclair über die Minbari, Delenn über Mr. Morden und seine Partner, der Zuschauer sehr viel über Londo. Der Monolog, was Mollari will, ist grandios geschrieben. JMS hat ein echtes Gespür dafür, große Reden zu verfassen. In dieser hier schwingt alles mit: die Resignation und die Wut darüber, dass die Centauri nur noch ein Schatten ihrer selbst sind, aber auch der Wunsch, wie es sein könnte, wie es sein sollte. Es ist dieser Moment, da Ereignisse in Gang gesetzt werden, von denen weder der Zuschauer noch Londo Mollari an diesem Punkt weiß. Aber im Rückblick ist er umso tragischer, weil man erkennt, dass dies auch der Moment ist, in dem Londos Sturz in die Dunkelheit beginnt.

Ed Wasser, der im Pilotfilm noch eine kleine, andere, unbedeutende Rolle gespielt hat, ist als Mr. Morden perfekt besetzt. Er ist immer extrem höflich, er lächelt, seine Frisur sitzt – nichts an ihm schreit »Bösewicht«. Und doch geht von ihm eine immense Bedrohung aus. Man spürt sie als Zuschauer richtiggehend. JMS hat die Figur sehr clever so angelegt, dass alles an ihr sympathisch erscheint, aber es ist Wassers Spiel, das darüber hinausgeht. Exzellent ist die Szene, als Morden auf Kosh trifft. Kosh ist die Antithese zu Morden: Mysteriös, unnahbar, bisweilen feindselig, in seiner Rätselhaftigkeit arrogant. Aber man hat bei dieser Begegnung nicht eine Sekunde einen Zweifel darüber, wer hier der Gute und wer der Böse ist.

Faszinierend ist auch, dass es einen Kampf gibt, man ihn aber nicht sieht. Nur die Information über Koshs beschädigten Anzug gibt darüber Aufschluss.

In einem kurzen Moment sieht man erstmals ein Schiff der Schatten und seine Kampfkraft: Es schneidet das Schiff der Raiders mit einem Laserstrahl praktisch in Stücke. Morden ist ihr Emissär. Als er Delenn trifft und diese erkennt, was er ist, fällt ein Schatten über ihn. Schatten sind auch das bestimmende Thema dieser Episode. Lady Ladira hatte eine Vision, dass Lord Kiro von den Schatten geholt wird. Kiro hält sie deswegen für verrückt, erleidet jedoch genau das Schicksal, das sie ihm vorherbestimmt hat.

Das Skript

Im Drehbuch nennt JMS die Schatten noch Shadowmen. Er hatte sich zu dem Zeitpunkt noch nicht entschieden, wie sie wirklich heißen sollten. Später verlegte er sich auf Schatten, weil Shadowmen in gewisser Weise zu albern geklungen hätte. Im Skript ist auch noch der erste Titel vermerkt: *Raiding Party.* Den verwarf JMS aber schnell zu Gunsten des deutlich aussagekräftigeren *Signs and Portents.*

Auf dem Weg vom Skript zur Folge gab es kaum Veränderungen. Tatsächlich ist im Skript nur eine Szene anders – die mit dem Gespräch zwischen dem Raider und Lord Kiro. Hier ist noch unklar, ob die Centauri überhaupt Lösegeld für Kiro bezahlen werden.

Kiro: But what about me?
Raider #1: You're just extra baggage. If you're lucky, maybe they'll agree to pay some loose change for you, too. If not … that's life.

Das für Kiro dann sehr kurz werden würde. Aber nicht so kurz, wie es dank der Ankunft des Schattenschiffs wird.
Der Raider hat jedoch noch andere Pläne. Er hält die Zeit für reif, Babylon 5 zu erledigen.

Raider #1: Move him out. I'm going up to the command deck. As long as we're here, with half their fighters off on a wild goose chase, we might be able to take out Babylon 5's defense system and walk away with more than we planned. It's time we cracked that particular nut …

Diese Szene ist im Skript etwas früher angesiedelt. In der fertigen Folge kommt sie später und ohne den Angriff auf Babylon 5, weil das Raider-Hauptschiff sowieso schon ohne all seine Fighter fliehen musste. Dann erfolgt der Angriff durch die Schatten. Im Skript werden dabei zwei Schattenschiffe genannt.

Wertung von Kosh

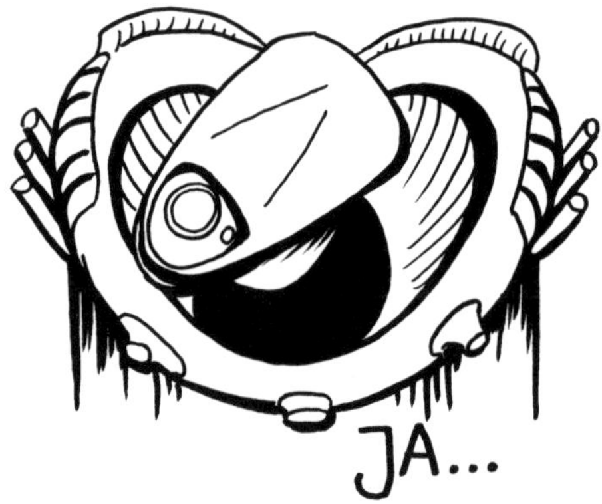

1.14
TKO
(Im Ring des Blutes)

US-Erstausstrahlung: 25. Mai 1994
Deutsche Erstausstrahlung: 5. November 1995
Regie: John C. Flinn III
Drehbuch: Larry DiTillio

Darsteller: Gregory McKinney (Walker Smith), Soon-Tek Oh (The Muta-Do), Don Stroud (Caliban), Theodore Bikel (Rabbi Koslov), James Jude Courtney (Gyor), Robert Phalen (Andrei Ivanov), Lenore Kasdorf (ISN Reporter), Michael McKenzie (Migo)

Inhalt

Rabbi Koslov kommt auf die Station. Er ist ein alter Freund von Ivanovas Familie und möchte mit ihr die Totenwache durchführen, auch wenn ihr Vater schon vor Monaten gestorben ist. Ivanova verweigert sich dem, selbst als Sinclair ihr frei gibt. Aber dann entscheidet sie sich doch anders, da sie auch gute Erinnerungen an ihren Vater hat. Walker Smith ist ein Kämpfer und Freund von Garibaldi, der auf die Station kommt, weil er seine sportliche Karriere durch die Teilnahme am Mutai wiederbeleben will, einem harten Wettkampf, an dem normalerweise nur Außerirdische teilnehmen. Er erhält seine Chance und kann sich als würdiger Kämpfer erweisen, dem der Muta-Do, der Ausrichter des Turniers, seinen Respekt zollt.

Hintergründe

Die Schuld an der Existenz dieser Folge ruht auf zwei Schultern, denen von Autor Larry DiTillio und denen von Regisseur Jim Johnston. Als DiTillio seine Geschichte vorschlug, blitzte er damit ab, weil die Umsetzung mit einem Ring und einem großen Kampf zu teuer erschienen wäre. Aber Johnston, der sich mit DiTillio gut verstand, sah eine Möglichkeit, wie sich das durchführen ließe, sogar kostengünstig. Gemeinsam stellten sie die Idee also erneut JMS vor, der wohl in völliger geistiger Umnachtung zustimmte – und das zu einer Folge, die sich anfühlt, als hätte der Autor keinerlei Gefühl für die Hauptfiguren gehabt.

Ursprünglich hatte DiTillio die Idee, einen älteren Kämpfer zu zeigen. Walker Smith sollte in seinen 40ern sein, ein Ehemaliger, der mit einem großen Kampf noch einmal an alten Ruhm anknüpfen wollte. Man machte die Figur dann jedoch jünger, weil man dann einen Schauspieler anheuern konnte, der auch die Kampfszenen problemlos meistern konnte.

Was die Figur Caliban betrifft – der Außerirdische, der Walker Smith hilft, in das Turnier aufgenommen zu werden –, so sollte es ursprünglich noch eine dunklere Agenda für ihn geben. Eine Szene mit dem insektenhaften N'Grath war angedacht, wurde aber gestrichen. JMS fand, dass die Figur nicht überzeugend war, und beschloss, sie nicht mehr einzusetzen.

Einen B-Plot brauchte das Ganze aber auch. DiTillio dachte daran, den Tod von Ivanovas Vater nochmals aufzugreifen, da er bei *Born to the Purple* zwar ihn, aber nicht sie reden ließ. Das wollte er nun korrigieren. Da unklar war, welchem Glauben sie angehörte, fragte er JMS, der sofort erklärte, dass sie Jüdin sei.

Für die Gastrolle des Rabbis holte man Theodore Bikel (1924-2015), ein Charakterdarsteller mit mehr als 150 Film- und Fernsehrollen. Der Boxer Smith wurde vom 1998 an einem Gehirnaneurysma verstorbenen Greg McKinney gespielt, während der Part des Muta-Do an den versierten Soon-Tek Oh (1932-2018) ging, der häufig Schurken spielen musste, hier aber einen ehrenwerten Part abbekommen hat. Walkers Gegner Gyor wurde von James Jude Courtney gespielt, der in David Gordon Greens Halloween-Trilogie der Jahre 2018 bis 2022 den Killer Michael Myers spielte.

Der interessanteste Aspekt der Folge ist wohl, Ivanova in ihrer Freizeit zu sehen. DiTillio sprach mit Claudia Christian darüber, was sie selbst gerne tut, um zu relaxen. Sie antwortete, dass sie Jazz hört und ein Buch liest. Genau das macht Ivanova am Anfang der Folge. Das Buch, das sie liest, ist von Harlan Ellison, seines Zeichens damals kreativer Berater der Show und großer Schriftsteller. Das Buch gibt es in Wirklichkeit jedoch nicht. DiTillio wollte es »Yesterday's Bastards Are Crooning« nennen, aber das missfiel Ellison, der »Working Without a Net« vorschlug.

Wie sich kurz vor Drehbeginn zeigte, konnte Jim Johnston die Folge doch nicht inszenieren, da er eine andere noch nicht fertiggestellt hatte. Darum kam John C. Flinn III, der Chefkameramann der Serie, zum Zug.

Kommentar

TKO ist zweifelsohne eine der schlechtesten Folgen der Serie und für die Haupthandlung auch vollkommen ohne jeden Belang. Im Grunde könnte man sie auch auslassen. Die Handlung um Ivanovas Trauerbewältigung ist noch der bessere Aspekt der Geschichte, aber im Grunde auch reichlich überflüssig. Sicher, man kann argumentieren, dass Ivanova damit einen Abschluss in Hinblick auf den Tod ihres Vaters erhält, den man als Zuschauer einige Folgen zuvor miterlebt hat, aber auch für ihre Charakterbildung ist das reichlich irrelevant.

Fast schon ärgerlich ist eher, dass jeder – der Rabbi, aber auch Sinclair – besser wissen will, was Ivanova guttun würde. Im Grunde wird sie solange bearbeitet, bis sie das selbst glaubt.

Der zweite Handlungsstrang könnte als *Bloodsport* im Weltall bezeichnet werden, nur dass der Kampf alles andere als aufregend aussieht. Es ist im Großen und Ganzen nur ein Boxkampf, und das so, wie er bei einer Fernsehserie der 1990er Jahre gestaltet wurde. Als Zuschauer ist uns aber vollkommen egal, ob Walker Smith nun gewinnt oder nicht. Der Kampf endet auch so, als wäre es jedem egal, denn am Ende liegen beide am Boden, und der Muta-Do entscheidet, woraufhin der Champion großmütig dem Herausforderer den Sieg überlässt.

Das Skript

Larry DiTillio schrieb mehrere Fassungen von *TKO*. In der ersten wurde der Ring noch »the Cone« genannt. Die Idee war, dass der Ring von einem Kraftfeld umgeben ist, das den Kämpfern einen Schlag versetzt, wenn sie es berühren. Aber das wäre in der Umsetzung zu teuer gewesen.

Im Skript kommt Rabbi Koslov nicht auf einem Schiff namens White Star an, sondern auf der Matheson, die nach Autor Richard Matheson benannt worden ist. Der Name White Star sollte später in der Serie noch eine andere Bedeutung erlangen – als Kampfschiff unter dem Kommando von Sheridan. Koslov erkundigt sich bei einem Terminal danach, wo er Susan Ivanova finden kann. Geändert wurde auch der Titel des Buchs, das Ivanova liest.

Die Szene, in der Koslov mit Sinclair spricht, ist im Skript länger. Sie beginnt damit, dass Sinclair die Nachrichten ansieht, in denen es um Santiagos Bemühungen in Hinblick auf den Handel mit Außerirdischen und die Immigration selbiger auf der Erde geht.

Nachdem Smith vom Muta-Do abgelehnt wurde, gibt es Streit zwischen Garibaldi und Smith. In der Folge ist es nur ein verbaler Schlagabtausch, im Skript selbst schlägt Smith Garibaldi ins Gesicht. Darauf aufbauend gibt es später eine Szene mit Garibaldi und Sinclair. Der Commander will wissen, wie er sich die Verletzung zugezogen hat und ob er helfen kann, aber Garibaldi winkt ab.

Nachdem Smith seine Herausforderung ausgesprochen hat, gibt es nur in der Folge die Szene, in der der Außerirdische über die Menschen ablästert.

Nach der Szene, in der Rabbi Koslov Ivanova gesagt hat, dass sie ihrem Vater vergeben muss, gibt es im Skript noch einen weiteren Moment. Sinclair ruft sie via Comlink, um sie daran zu erinnern, dass sie für ihre Schicht spät dran ist.

Am Ende des dritten Akts gibt es eine Szene mit Caliban und N'Grath. Hier wird klar, dass N'Grath auf den Ausgang des Kampfs wetten will und Caliban sicherstellen soll, dass er nach einer bestimmten Menge von Runden auch wirklich endet. Beim Kampf ist es dann Caliban, der die Waffe mit der Nadel hebt, während in der Folge ein anderer Außerirdischer dies tut. Aber Caliban feuert nicht auf Walker, sondern auf jemanden, mit dem Garibaldi gerade Ärger hatte. Im Skript gibt es auch eine Szene mit einem ISN-Reporter, der Smith ein paar Fragen stellen will, nachdem klar ist, dass jener am Mutai teilnimmt. Im Shooting Script ist diese Szene aber bereits händisch durchgestrichen worden.

Die letzte Szene, die im Skript anders ist, ist eine, nachdem Caliban Smith zum Training mitnimmt. Garibaldi führt danach eine Überprüfung von Caliban durch.

Wertung von Kosh

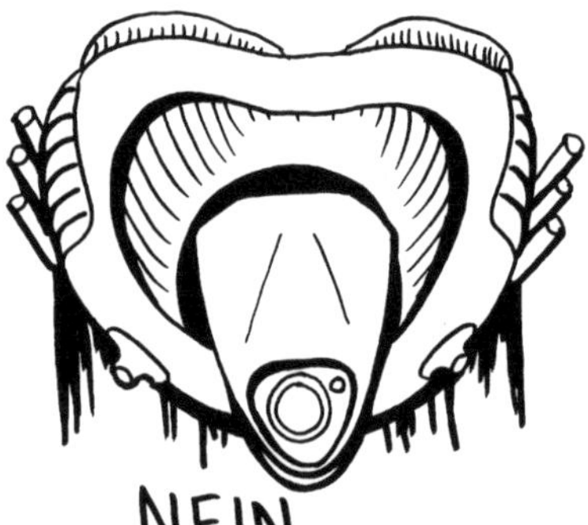

1.15
Grail
(Der Gral)

US-Erstausstrahlung: 6. Juli 1994
Deutsche Erstausstrahlung: 12. November 1995
Regie: Richard Compton
Drehbuch: Christy Marx

Darsteller: David Warner (Aldous Gajic), William Sanderson (Deuce), Tom Booker (Jinxo), Jim Norton (Ombudsmann Wellington), Linda Lodge (Mirriam Runningdear), John C. Flinn III (Mr. Flinn)

Inhalt

Aldous Gajic kommt auf die Station. Delenn und Lennier begrüßen ihn mit allen Ehren, ebenso wie Sinclair und Garibaldi, die die beiden Minbari mit der Ankunft des Mannes überrascht haben. Dem Glauben der Minbari nach ist Aldous ein heiliger Mann, ein Suchender. Sinclair sieht das etwas anders, denn Aldous sucht im All nach dem Heiligen Gral, nachdem er auf der Erde nicht gefunden werden konnte. Nun will er mit allen Botschaftern sprechen. Wenig später lernt er Thomas kennen, den alle nur Jinxo nennen, denn er war beim Bau aller fünf Babylon-Stationen dabei, und jedes Mal, wenn er sie verließ, wurde sie zerstört oder verschwand. Darum will er nun auf keinen Fall Babylon 5 verlassen und schlägt sich mit Kleingaunereien durch. Doch er schuldet dem Gauner Deuce Geld, der eine Kreatur aus dem Centauri-Raum auf die Station gebracht hat. Sie löscht das Gedächtnis ihrer Opfer – und sie haust in einem Anzug der Vorlonen. Aldous hilft Thomas, die Sicherheitsleute kommen dazu, Deuce wird verhaftet, aber der Gralssucher tödlich verwundet. Thomas erklärt, dass er dessen Suche fortsetzen wird.

Hintergründe

JMS hatte eine Idee für diese Folge. Sie bestand nur aus einem Satz: Ein Mann kommt auf der Suche nach dem Heiligen Gral auf die Station. Weitere Vorgabe: Der Ombudsmann sollte eingebaut werden. Die Wahl für das Schreiben des Skripts fiel auf Christy

Marx, mit der JMS schon häufig zusammengearbeitet hatte. Sie hatte für *Captain Power and the Soldiers of the Future* mehrere Drehbücher geschrieben und war mit JMS befreundet.

Zudem hatte sie sehr früh die Entwicklung der Serie begleitet, denn ihr verstorbener Ehemann Peter Ledger war von JMS angeheuert worden, um Konzeptzeichnungen anzufertigen, die auch benutzt wurden, um das Projekt verschiedenen Sendern vorzustellen. Christy Marx las das Drehbuch des Pilotfilms als eine der ersten und auch die Writer's Bible. Außerdem gestaltete sie schon im Vorfeld des Seriendebüts einen Newsletter, mit dem das Fan-Interesse gesteigert werden sollte. Für JMS war es also nur eine natürliche Entwicklung, ihr das Schreiben einer Folge anzubieten.

Der Name für Aldous Gajic basiert auf zwei Vorbildern – dem Schriftsteller Aldous Huxley und Mira Furlans Mann Goran Gajic. Marx hatte sich im Vorfeld dieser Folge mit Furlan und ihrem Mann angefreundet und fand es darum richtig, dem Gralssucher diesen Namen zu geben. Für die Rolle konnte man ein echtes Schwergewicht verpflichten: David Warner (1941-2022). Der Brite mit der weichen Stimme hat in mehr als 200 Filmen und Serien mitgespielt, darunter gleich mehrmals *Star Trek,* wo er im sechsten Film den klingonischen Kanzler spielt. Aldous Gajic wird unter seinem Spiel zu einer vielschichtigen Figur.

Für den Schurkenpart Deuce holte man William Sanderson, dessen *claim to fame* wohl der Part des Sebastian in *Blade Runner (Blade Runner,* 1982) ist. Tom Booker als Thomas alias Jinxo ist hier in seiner ersten Rolle zu sehen und schlägt sich gut, aber karrieristisch war dies zugleich auch sein Höhepunkt. Kameramann John C. Flinn III kann man hier auch vor der Kamera sehen. Er ist der Mann, der vor dem Ombudsmann um Gerechtigkeit bittet, weil ein Vorfahre des grauen Außerirdischen seinen Vorfahren einfach entführt hat. Eine amüsante Szene, die sehr schön aufgreift, dass die Erde früher schon von Außerirdischen besucht wurde.

Die Folge wurde von Richard Compton inszeniert. Aber das erwies sich als problematisch. Die Produktion hatte entschieden, sich von Compton zu trennen, aber vertraglich musste er noch eine Episode machen. Allerdings hatte er nicht vor, sich dabei anzustrengen. Er gab praktisch keinerlei inszenatorische Anweisungen und überließ die Schauspieler sich selbst. Kameramann John C. Flinn III sprang immer wieder ein, konnte aber natürlich nicht vollumfänglich für Compton übernehmen.

Mit dem Na'ka'leen-Feeder, der Kreatur, vor der Londo sich so fürchtete, konnten Ron Thornton und seine Firma Foundation Imaging etwas tun, das sie sich von Anfang an erträumt hatten: eine außerirdische Kreatur komplett als CGI zu gestalten. Dieses Geschöpf konnte man später übrigens in abgewandelter Form wiedersehen. Thornton hatte ABC die Idee einer halbstündigen SF-Show für Jugendliche verkauft: *Hypernauts (Hypernauts,* 1996). Christy Marx hatte die Show entwickelt, und viele *Babylon 5*-Leute waren daran beteiligt. Für die Schurken, die außerirdische Rasse der Triad, benutzte man den Feeder, schnitt ihn aber praktisch in zwei Hälften und setzte ihn ein wenig anders wieder zusammen.

Kommentar

Gastautoren neigen häufig dazu, ein stärkeres Gewicht auf die Gastfiguren zu legen, weil diese samt und sonders von ihnen sind. Damit werden die regulären Hauptfiguren aber zu Nebenfiguren. Das kann funktionieren, doch meistens tut es das nicht. Dass es bei *Grail* gelingt, liegt auch nur daran, dass David Warner als Gralssucher so wundervoll ist und der Fluch, der auf Jinxo liegt, zumindest eine interessante Randnotiz zu den bisherigen Babylon-Stationen ist.

Bei beiden Figuren geht es um Glauben. Der eine glaubt an einen Fluch und fühlt sich verantwortlich, weshalb er die Station nicht mehr verlassen will; der andere hat sein Leben einer Suche gewidmet, von der er weiß, dass sie wahrscheinlich nie abgeschlossen sein wird. Ob der Gral nun existiert oder nicht, ist, wie Delenn sagt, eigentlich nicht wichtig. Der Akt der Hingabe an diese Suche ist respektabel genug.

Die Idee, dass ein Gauner einen Anzug der Vorlonen nutzt, um mehr Eindruck zu schinden, mag in der Konzeption fragwürdig sein. Hier soll damit nur ein Mindestmaß an Spannung erzeugt werden, weil Kosh so mysteriös ist, dass er praktisch alles sein könnte – und damit eben auch jemand, der das Gehirn völlig leert.

Es gibt in *Grail* aber auch ein paar sehr amüsante Szenen. Sie sind Londo und Vir vorbehalten. Londos unfreundliche Art, als er von Aldous aufgesucht wird, ist erfrischend undiplomatisch für einen Diplomaten. Auch amüsant ist, wie Londo sich wegen der Kreatur, die frei auf der Station herumläuft, in seinem Quartier einsperrt.

Das Skript

Die Szene am Anfang, als Sinclair und Garibaldi gemeinsam essen, ist im Skript etwas anders. Garibaldi rät Sinclair, schnell zu essen, bevor Ivanova sie wieder braucht. Danach tauchen Delenn und Lennier auf, so wie auch in der Folge. Sinclair spricht ihr ein Kompliment zu ihrer Kleidung aus. Nachdem sie weg ist, versucht er im C&C zu erfragen, welchen VIP Delenn gemeint haben könnte. Aber auch Ivanova weiß von keiner Ankunft eines Würdenträgers.

Nur in der Folge enthalten ist die Szene, in der sich ein Mann vor dem Ombudsmann beschwert, dass sein Großvater von grauen Außerirdischen entführt worden ist. Im Skript ist die Szene im Gerichtssaal länger. Garibaldi sagt zu Aldous, dass er hofft, der Mann wisse, was er tue.

Aldous: When I was very young, I thought I knew everything. The older I grew, the less sure I became about what I knew. Now I'm so old, I may very well know nothing at all.

In der Folge erweitert ist die Szene, als Aldous und Thomas mit Delenn und Lennier sprechen. Die Minbari erklären, dass man ihn verständigen wird, wenn etwas über den Gral bekannt wird. Delenns Erklärung über die zwei Kasten der Minbari – die religiöse und die Kriegerkaste – ist im Skript nicht enthalten. An diesem frühen Zeitpunkt der Serie war JMS wohl noch nicht klar, wie das Regierungssystem der Minbari letztlich aufgebaut ist, denn es werden später drei Kasten – die der Arbeiter steht neben der der Religion und der Krieger. Der Graue Rat mit seinen neun Mitgliedern besteht zu je einem Drittel aus Vertretern einer Kaste.

Im Skript gibt es nach dem Besuch bei Delenn und Lennier eine kurze Szene, in der Thomas Aldous fragt, was es mit dem Gral auf sich hat. Er beginnt eine Erzählung wie aus einem Märchen, man hört jedoch nur den ersten Satz, bevor zur nächsten Szene übergegangen wird.

Im Skript gibt es auch eine kurze Szene im C&C. Hier sieht sich Ivanova ein Bild des Feeders an. Der Zuschauer bekommt es nicht zu sehen, ihre Reaktion und ihre Beschreibung – klein und hässlich – sollen aber auch dem Publikum klar machen, womit man es hier zu tun hat.

Die Szene mit Aldous‘ Besuch bei Londo ist im Skript etwas länger. Vir erweist sich wie in der Folge als effizient, lässt damit aber auch die Chance auf Profit verstreichen. Londo nimmt im Skript eine Medaille von seinem Mantel und bietet sie Aldous an, zusammen mit dem Angebot, eines der Adelshäuser von Centauri Prime zu erwerben.

Nur in der Episode ist Aldous Gajics Erklärung, wieso er überhaupt mit der Gralssuche begonnen hat. Er erzählt die Geschichte des Verlusts seiner Familie. Das war ein Motivationsstandard, den Christy Marx vermeiden wollte. Sie hatte aber keinen adäquaten Ersatz, sodass JMS selbst diese Szene einfügte.

Nachdem Aldous und Thomas den Centauri-Botschafter verlassen haben, gibt es eine Szene, die nur im Skript ist – und das ist schade. Thomas spricht über Londo, wie schäbig dieser Aldous behandelt hat und dass der Botschafter sowieso nur den ganzen Tag im Casino verbringt.

Aldous: On the surface, he may be that. You must learn to see below the surface. And what I saw was an extremely dangerous man.

Das ist die Art von Foreshadowing, die JMS gerne benutzt. Im Grunde ist es erstaunlich, dass dieser kurze Moment nicht in den Weg in die Folge fand.

Nur im Skript gibt es eine Szene, in der Garibaldi Londo in seinem Quartier aufsuchen will, aber von Wachen weggeschickt wird.

Erweitert ist in der Folge die Szene, in der Thomas Aldous fragt, wie der Gral aussieht. Die Antwort ist hier weitaus schöner.

Aldous: That’s something you have to find for yourself. Close your eyes. Go ahead. Now look with your soul, look for everything that is good in humankind, that is good in you. Look deeply, Thomas, and you'll see the Grail.

Danach folgt eine Szene, die nur im Skript ist. G'Kar trifft auf Garibaldi. Er sucht nach Aldous, da er sicherstellen will, dass die Narn von der Suche nach dem Gral profitieren können. Garibaldi lässt G'Kar glauben, dass Aldous mit Londo gemeinsame Sache macht, sodass der Narn losprescht, um das zu verhindern. In der Folge taucht G'Kar gar nicht mehr auf. So, wie er hier dargestellt ist, handelt es sich um den G'Kar des Pilotfilms, weil Christy Marx nicht wissen konnte, welche Entwicklung die Figur in den bisherigen Folgen durchmachen würde.

Im Skript ist die Begegnung von Aldous mit Kosh anders. Thomas glaubt, Kosh sei das Monster, das die Gehirne der Leute leersaugt. Koshs Augenstück öffnet sich etwas, und ein Lichtstrahl fällt auf Thomas, der nun wegläuft. In der Folge entschuldigt sich Aldous und läuft Thomas hinterher. Im Skript fragt er Kosh nach dem Gral und ob der Vorlone ihm helfen kann. Die einfache Antwort: »Nein.«

Erweitert ist die Szene, in der Aldous nach Thomas sucht. Als er ihn findet, erklärt dieser, dass es keinen Thomas gibt, nur Jinxo. Auch die Szene, als Sinclair das C&C verlässt, wurde erweitert. Ivanova reicht ihm eine PPG.

Im Skript gibt es nun eine Szene, in der Deuce Aldous gegen den Stuhl schubst, an den der Ombudsmann gefesselt ist. Er erklärt ihm, dass sein Vertrauen in Jinxo nicht gerechtfertigt ist, aber Aldous ist überzeugt, dass Thomas Hilfe holen wird. Nur im Skript ist eine Szene, in der Garibaldi und seine Sicherheitsleute Sinclair mit einem Tracking-Signal verfolgen.

Im Skript ist es dann anders als in der fertigen Folge. Dort verlässt der Feeder freiwillig den Vorlonen-Anzug; hier geschieht es, als ein Schuss den Anzug trifft. Aldous wehrt mehrere Tentakel des Feeders ab, und einige von Deuces Leuten werden von Pfeilen getroffen, die der Feeder abgefeuert hat. Als er einen weiteren Pfeil auf Aldous schießen will, schlägt Jinxo mit Aldous' Stab auf den Feeder ein – aber zu spät, Aldous wird getroffen.

Deuce kann entkommen und tötet eine Wache, wird aber von Garibaldi erschossen. Als nächstes wird Sinclair im Skript von dem Feeder an eine Wand gedrückt und schreit. Doch dann trifft ein Lichtstrahl den Feeder, der vaporisiert wird. Es ist Kosh.

Kosh: Certain things we do not allow.

Die Szene wurde geändert, weil sie zu sehr an das Ende von *Deathwalker* erinnerte. Darum ist Kosh im Finale der Folge nicht dabei. Die Szenen mit den Sicherheitsleuten, die auf den Feeder schießen, aber auch, wie Aldous Thomas rettet und selbst tödlich verwundet wird, sind nur in der Folge. Im Skript stirbt Aldous am Gift des Feeders. Er sieht den Heiligen Gral vor sich, als er stirbt. Thomas erkennt in dem Moment, dass er für Aldous die Suche fortsetzen muss.

Die Szene mit Sinclair und Kosh, als der Commander darüber spricht, dass es die Leute nervös macht, nicht zu wissen, wie Vorlonen aussehen, ist nur in der Folge. Als Thomas mit Aldous' Sarg aufbricht, ist das im Skript anders. Delenn ist hier nicht anwesend, dafür der Ombudsmann. Sinclair erwähnt, dass er es genossen hat, mit jemandem zu reden, der beim Bau aller Babylon-Stationen dabei war. G'Kar beschwert sich über Garibaldi, weil der ihn in die Irre geführt hat, was den Gral betrifft.

Danach folgt eine Szene im C&C. Sinclair und Garibaldi sprechen über die Quarantäne des Planeten, auf dem die Feeder leben, aber auch über Schmuggler, die diese brechen könnten. Dann sehen sie zu, wie die Mary Celeste durch das Jumpgate verschwindet – und mit ihr Thomas. In der fertigen Folge ist Ivanova in dieser Szene dabei und erklärt, dass es immer noch »Boom« machen kann – nur eben später – weil es irgendwann immer »Boom« macht.

Nur im Skript gibt es die Szene mit Garibaldi, der Londo und Vir mit seinem Gerede über den Feeder Angst einjagt. In einer frühen Version des Skripts sollte dies eine Szene mit G'Kar sein, weil Christy Marx auf Basis des Pilotfilms noch dachte, der Narn wäre der eigentliche Antagonist.

Wertung von Kosh

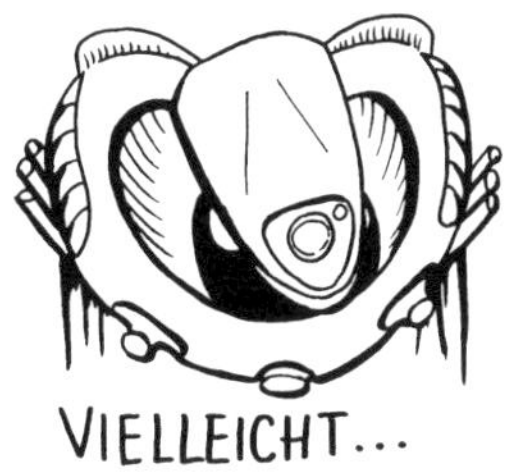

1.16
Eyes
(Die Untersuchung)

US-Erstausstrahlung: 13. Juli 1994
Deutsche Erstausstrahlung: 19. November 1995
Regie: Jim Johnston
Drehbuch: Larry DiTillio

Darsteller: Gregory Paul Martin (Colonel Ari Ben Zayn), Jeffrey Combs (Harriman Gray), Macaulay Bruton (Tragedy), Marie Chambers (Sofie Ivanova), David L. Crowley (Lou Welch), Frank Farmer (General Miller), Drew Letchworth (Comedy)

Inhalt

Colonel Ari Ben Zayn und Harriman Gray, ein Mitglied des Psi-Corps, kommen nach Babylon 5. Der Colonel ermittelt gegen Sinclair und stellt in Aussicht, dass sich jeder einem Scan durch Gray aussetzen muss. Ivanova weigert sich, und Sinclair findet einen Weg, das zu umgehen. Scans sind nur erlaubt, wenn es um konkrete Vorwürfe geht, nicht um die Loyalität von Earthforce-Mitgliedern zu bestimmen. Der Colonel enthebt Sinclair seines Kommandos und wirft ihm vor, Earthforce geschadet zu haben. Derweil findet Garibaldi heraus, dass der Colonel auf der Shortlist stand, um Commander von Babylon 5 zu werden, aber von Sinclair ausgestochen wurde. Bei der Befragung wird klar, dass er aus persönlicher Ambition gegen Sinclair vorgeht – etwas, das auch Gray erkennt, wonach er mithilft, den Spieß umzudrehen. Die Untersuchung wird gestoppt, und nun steht der Colonel selbst im Fokus einer Ermittlung.

Hintergründe

Eine Kawasaki ZX-11 in einer Science-Fiction-Serie wie *Babylon 5* zu sehen, ist alles andere als gewöhnlich. Ihre Anwesenheit könnte wie ein Fremdkörper wirken und tut es irgendwie auch. Aber die Idee, Garibaldi an einer Antiquität herumschrauben zu lassen, hat zumindest etwas. Eingebaut werden musste der Plot, weil der Sender PTEN damals mit sehr viel Werbung durch

Kawasaki bedacht wurde und man im Austausch die Maschine in verschiedenen Shows unterbringen wollte. Es floss jedoch kein Geld an die Produktion von *Babylon 5.*

Die Folge wurde von Larry DiTillio geschrieben. Eigentlich wollte JMS das selbst übernehmen. Er war zu der Zeit jedoch so krank, dass er keinen klaren Gedanken fassen konnte. Darum musste DiTillio schnell ein Skript zusammenstellen. Dabei ergaben sich einige Schwierigkeiten. Aufgrund der besonderen Situation mit den Hauptdarstellern war es so, dass nicht alle in jeder Folge dabei sein konnten. Die meisten waren nur für eine bestimmte Menge Auftritte pro Jahr gebucht. Für diese Folge blieben DiTillio also nur Sinclair, Ivanova, Garibaldi und Lennier. Außerdem stand nicht viel Budget zur Verfügung, sodass es nur zwei Gaststars sein durften.

DiTillio wollte eigentlich eine Clip-Show machen und die Beispiele für Sinclairs »kreative« Lösungen, die den hohen Tieren in der Heimat nicht gefallen, mit Ausschnitten alter Folgen illustrieren. Dazu kam es erfreulicherweise nicht, hauptsächlich wohl, weil einige der Clips aus Episoden gewesen wären, die von Gastautoren geschrieben worden waren. Sie wiederzuverwenden, hätte eine Zahlung an diese Autoren bedeutet und das Budget strapaziert. Eine Kostenersparnismaßnahme, die Clip-Shows immer sind, wäre auf diese Weise übermäßig teuer geworden, sodass es besser war, auf Dialoge zu setzen.

Für die Rolle des Colonels holte man Gregory Paul Martin, den Sohn des Beatles-Produzenten George Martin, der eine eindrucksvolle Stimme hat, in Film und Fernsehen aber nur selten Kapital daraus schlagen konnte. Er war nicht wirklich die erste Wahl. Die erste Wahl war ein sehr kleiner, aber exzellenter Schauspieler, der nur deswegen die Rolle nicht bekam, weil es lächerlich ausgesehen hätte, wenn Sinclair am Ende den kleinen Mann niederschlägt.

Genre-Fans ist sein Kollege allerdings bekannt. Harriman Gray wird von Jeffrey Combs dargestellt, der mit *Re-Animator (Re-Animator,* 1985) bekannt wurde, dann in fast jedem anderen Film von Stuart Gordon dabei war und später eine große wiederkehrende Rolle als Weyoun in *Star Trek: Deep Space Nine* innehatte.

Eine Schwierigkeit für die Produktion war die Schlussszene mit Garibaldi und Lennier auf der Kawasaki, denn Jerry Doyle weigerte sich standhaft, ein Motorrad zu fahren. So lautet zumindest eine Version der Geschichte. Eine andere ist, dass JMS verbot, das Bike auf dem Set zu fahren, da die Gefahr eines Unfalls viel zu groß war. Man sollte auf einen Effekt zurückgreifen, aber Jim Johnston drehte die Szene dennoch so, wie DiTillio und er es ursprünglich geplant hatten.

Kommentar

Eyes ist eine spannende Geschichte, vor allem, weil noch einmal hervorgehoben wird, dass Sinclair sich zuhause viele Feinde gemacht hat und die Lage auf der Erde sich völlig verändert. Garibaldi beschreibt sehr gut, wie zerrissen die Gesellschaft ist und dass Männer wie Colonel Ari Ben Zayn in solcher Umgebung gedeihen. Gregory Paul Martin ist eigentlich gut. Er hat eine imposante Stimme. Aber er spielt für die letzte Reihe – sein Spiel ist einfach überbordend, und das bis an die Grenze der Peinlichkeit, hin und wieder auch darüber hinaus.

Doch es ist auch die extrem auffällige Narbe im Gesicht, die dazu beiträgt, ihn zu einem Reißbrettbösewicht zu machen. Zugegeben, auch sein Spiel ist eindimensional, aber die Narbe ist das Tüpfelchen auf dem I. Hätte er einen Schnurrbart, er würde ihn bei Sinclairs Vernehmung schurkisch zwirbeln.

Dem gegenüber steht mit Harriman Gray eine Figur, die sehr differenziert dargestellt ist, insbesondere auch in Hinblick auf das Psi-Corps, deren Mitglieder immer mit einer gewissen Arroganz agieren. Jeffrey Combs, der zumeist in schurkischen oder zumindest sinistren Rollen besetzt wird, nutzt dieses Image, das er hat, und stellt es auf den Kopf. Es ist schade, dass die Figur im Verlauf der Serie niemals wieder aufgetaucht ist. Ein Wiedersehen gibt es nur in literarischer Form. In John Vornholts Roman *Tödliche Gedanken* ist Harriman Gray dabei.

Die Haupthandlung ist eine intensive Angelegenheit, und das nicht nur in Hinblick auf die Hexenjagd auf Sinclair, sondern auch Ivanovas Entschluss, notfalls den Dienst zu quittieren, bevor sie sich scannen lässt. Um das aufzulockern, gibt es einen B-Plot um Garibaldi, der in seinem Quartier an einer 1992er-Kawasaki herumschraubt und damit Lennier fasziniert, der das gute Stück dann zusammenbaut. Die letzte Szene mit den beiden auf dem Bike, wie sie durch die Gänge von Babylon 5 heizen, ist herrlich.

Das Skript

Das finale Skript machte kaum noch Veränderungen in Hinblick auf die fertige Episode durch; ein paar gibt es aber doch. In der Folge länger ist die Szene, in der Sinclair Ivanova verspricht, dass sie sich keinem Scan unterziehen muss. Nur in der Episode sieht man dann, wie er sich die Earthforce-Regularien ansieht.

Im Skript ist die Szene länger, in der Ben Zayn Garibaldi aufträgt, ihm alle Akten der Sicherheit zu bringen, die mit dem Kommandostab zu tun haben. Garibaldi geht, und der Colonel ruft ihm noch etwas hinterher.

Ben Zayn: And remember, I know all about you, Garibaldi. Try to keep anything from me and I'll hang you out to dry, just like they did on Orion 4.

Nur in der Episode ist der kurze Moment mit Ivanova, die einen Null-G-Ladungstransfer autorisiert. Länger ist im Skript die Szene, in der Harriman Gray Ivanova erzählt, welche Träume er hatte und wie er sie aufgeben musste. Im Skript unterbricht sie seine Erzählung immer wieder, weil sie sich um die Einweisung von Frachtschiffen kümmert. Zuletzt wird Sinclair im Skript als schlafend beschrieben, als Ivanova zu ihm kommt. In der Folge lässt er sich vom Computer Artikel 35 des Earthforce-Gesetzes vorlesen.

Wertung von Kosh

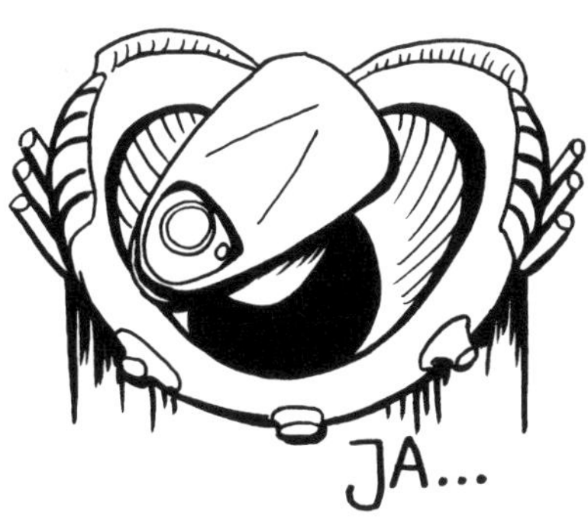

1.17
Legacies
(Krieger wider Willen)

US-Erstausstrahlung: 20. Juli 1994
Deutsche Erstausstrahlung: 26. November 1995
Regie: Bruce Seth Green
Drehbuch: D.C. Fontana

Darsteller: John Vicery (Neroon), Grace Una (Alisa Beldon), Josh Coxx (Tech David Corwin)

Inhalt

Die Kriegerkaste der Minbari reist mit dem Leichnam ihres großen Führers Branmer durchs All, um jedem Minbari die Gelegenheit zu geben, ihn zu ehren. Unter dem Kommando von Neroon kommt der Leichnam auch auf die Station, doch dort wird er gestohlen. Garibaldi leitet die Untersuchung, findet jedoch keine belastbaren Spuren. Neroon droht mit einem neuen Krieg. Auf der Station wurde eine neue Telepathin entdeckt – die junge Alisa Beldon. Talia will sie zum Psi-Corps bringen lassen; Ivanova will der jungen Frau ihre Optionen aufzeigen. Eine davon ist, bei den Minbari zu leben. Als Alisa Delenn trifft, sieht sie in deren Geist, dass sie es war, die Branmers Leichnam stehlen ließ. Er wurde kremiert, da er eine kleine Bestattung und kein großes Zeremoniell wünschte. Sie erklärt sich Neroon und hält ihn dazu an, mit den Wünschen Branmers und der offiziellen Version, dass sein Körper sich transformiert hat, konform zu gehen. Alisa hat sich entschieden, bei den Minbari zu leben.

Hintergründe

Nach *The War Prayer* lud JMS die Autorin D.C. Fontana ein, erneut eine Episode von *Babylon 5* zu schreiben. Eigentlich wollte er ihr eine Story geben, die sie zu einem Skript ausarbeiten sollte, aber Fontana überraschte ihn mit einer eigenen Idee – und die von JMS angedachte Geschichte wurde nie umgesetzt.

Fontana hatte zu der Zeit ein Buch über Abraham Lincoln gelesen, dessen Leichnam quer durch die USA gebracht wurde, damit eine große Mehrheit von Menschen an den Trauerfeierlichkeiten teilnehmen konnte. Er wurde dann in Springfield, Illinois, beerdigt, aber Jahre später versuchten Grabräuber, den Leichnam zu stehlen. Fontana fand dies höchst faszinierend und pitchte darum eine Geschichte, in der ein großer Kriegsheld der Minbari ebenso geehrt wird, nur dass der Diebstahl des Leichnams auf der Station tatsächlich gelingt.

Die zweite Geschichte der Folge sollte nicht nur ebenso stark sein, sondern durch den Plot um eine gerade erwachte Telepathin mit dem A-Plot verschmelzen. Beide Handlungsfäden waren darum von gleicher Bedeutsamkeit.

Ursprünglich hatte Fontana vor, G'Kar zu benutzen, aber vertraglich war das nicht möglich, weswegen seine Szenen an Na'Toth gingen. Mit Neroon erschuf sie eine Figur, die noch mehrmals auftauchen sollte – insgesamt in fünf Episoden. Darsteller John Vickery war jedoch in sechs Folgen dabei. In *The Fall of Night* spielt er Mr. Welles. Bei Babylon 5 wurden mehrfach Schauspieler, die außerirdische Rollen innehatten, auch für Rollen als Menschen eingesetzt.

Kommentar

Legacies ist eine in vielerlei Hinsicht wichtige Episode. Sie illustriert, dass es zwischen der religiösen und der Kriegerkaste der Minbari zu einem Bruch kam, als letztere im Krieg gegen die Menschen zur Kapitulation gezwungen wurde. Aber das war nur der Anfang. Dass ein Clan der Kriegerkaste die Todesbringerin aus *Deathwalker* versteckt hielt, ist ein weiteres Indiz. Ebenso bezeichnend ist der Umstand, dass Neroon zu der uralten Tradition greift, den Leichnam des großen Kriegers aufzubewahren, wodurch er letztlich den Boden für einen neuen Krieg bereiten würde. So uneins wie hier waren die Minbari – so scheint es zumindest – nie zuvor.

Die Schlüsselszene der Folge ist aber eine andere, als Neroon sich bei Sinclair entschuldigen muss und er ihm mitteilt, dass er eine Botschaft für sein Volk aufnehmen wird, da es für einen militärischen Führer keine größere Ehre geben könne, als von seinem einstigen Feind für seine Leistungen gelobt zu werden.

»You talk like a Minbari, Commander«, sagt Neroon zu Sinclair und hat keine Ahnung, wie sehr er damit eigentlich recht hat. Im Kontext dieser Folge sagt dieser Satz nicht viel aus, im Rückblick ist er von immenser Bedeutung – darüber, wieso der Krieg beendet wurde, aber auch darüber, wohin Jeffrey Sinclairs Weg führt, nämlich weg von seiner Rolle als Commander von Babylon 5 und hin zum Entil'Zha – ein Titel der Minbari, mit dem Kosh Sinclair schon im Pilotfilm begrüßte.

Es gibt aber auch wieder das JMS-typische Foreshadowing, als Sinclair von Alisa ein Wort hört, das sie in Delenns Geist wahrgenommen hat: Chrysalis. Das ist der Titel der letzten Folge dieser Staffel, aber auch ein Begriff aus der Zoologie, der eine Verpuppung und damit eine Stufe der Metamorphose bei Insekten meint.

Ein Logikproblem hat diese Episode jedoch. Neroon gibt Sinclair und den Menschen die Schuld am Verschwinden von Branmers Leiche. Aber es waren Minbari, die den Leichnam bewacht haben. Der Schuldige ist also zuerst unter den Minbari zu suchen.

Das Skript

Der Second Draft des Skripts weist einige Unterschiede zur fertigen Episode auf. Nur in der Folge gibt es einen Rückblick auf Sinclair bei der Battle of the Line. Eine kleinere Veränderung ist, dass die Ivanova-Szene beim ersten Auftritt von Alisa so beschrieben wird, dass sie über den Zocalo schlendert. In der Episode selbst sitzt sie in einer Bar. Im Skript hat der Ladenbesitzer, den Alisa bestiehlt, auch echten Text. In der Folge selbst ist es nur Hintergrundgeschnatter.

Im Skript ist der Szenenablauf im Zocalo deutlich umfangreicher. Es tauchen noch ein paar Schlägertypen auf, als Talia Alisa erstmals bemerkt. Talia versteift sich, als sie Alisas erste Manifestation als Telepathin bemerkt. Ihr Blick schweift in die Ferne. Dann schüttelt sie den Kopf und atmet tief ein.

Verändert ist die Szene, als Ivanova bei der bewusstlosen Alisa ist. Der Ladenbesitzer beschuldigt sie des Diebstahls. Talia erklärt im Skript, dass Alisa Probleme hat, nicht jedoch, dass sie eine Telepathin ist.

Als das Kriegsschiff der Minbari sich mit offenen Geschützpforten der Station nähert, lässt Sinclair die Verteidigungsanlagen aktivieren. In der Folge selbst wird er von einem Techniker auf die offenen Geschützpforten aufmerksam gemacht. Im Skript empfiehlt Neroon dem Commander, Delenn wegen dieser Vorgehensweise zu kontaktieren. In der Folge selbst verweigert er jede Erklärung. Im Skript erinnert Sinclair sich im Gespräch mit Garibaldi, dass Branmer den Battle of the Line-Kampf geführt hat; er erklärt, dass die Minbari sich um die Sicherheit des Leichnams kümmern werden.

Im Skript streiten Talia und Ivanova länger darüber, dass Alisa dem Psi-Corps übergeben werden soll. Der Ladenbesitzer hat Anzeige erstattet. Im Skript fragt Dr. Franklin Ivanova nicht, wieso sie sich so sehr für diesen Fall interessiert.

Nur im Skript ist eine Szene, in der Sinclair und Garibaldi auf dem Weg zu einer Bar im Zocalo sind, als sie merken, dass die Menge sich teilt, um jemanden durchzulassen. Dann folgt das Gespräch zwischen Neroon und Sinclair, bei dem Delenn erklärt, dass vergangene Schlachten doch eigentlich nur für Historiker interessant sind. Im Skript gibt es noch einen Dialog zwischen Delenn und Garibaldi.

Delenn: You wish to comment, Mr. Garibaldi?
Garibaldi: Very nicely done. I thought for a second there we might get into a tag team match.
Delenn. I am not sure of this »tag team« thing, but it is common among warriors when battles are long past – the merest suggestion of slight sets them circling each other like angry matagons.
Garibaldi: Gee, it's a shame we can't whip up a nice little war – just a small one – to keep them occupied. Or could we?

Nur in der Folge preist Neroon die Taten Branmers, bevor erkannt wird, dass der Leichnam nicht mehr im Sarg ist. In der Folge gibt es die Szene mit Ivanova und Sinclair in dessen Büro. In dem Gespräch geht es um ihre Mutter und darum, wieso Ivanova sich derart für Alisa einsetzt.

In einer Szene des Skripts sieht man Talia und Alisa beim Spaziergang. Talia erzählt Alisa, wie es für sie war, als sie das erste Mal jemandes Verstand scannte. Nur in der Folge gibt es Delenns

Erklärung, dass einer der Anführer der Kriegerkaste lieber Suizid beging, als den Befehl zur Kapitulation auszuführen.

Im Skript spricht Garibaldi mit G'Kar über eine mögliche Beteiligung der Narn am Diebstahl des Leichnams. In der Folge ist es Na'Toth. Nur im Skript gibt es eine kurze Szene mit Dr. Franklin und Alisa, die in einem Laden des Zocalo etwas essen. Ivanova kommt hinzu. Sie erzählt Alisa von ihrer Mutter. In der Folge geschieht das, als Talia Alisa neue Kleidung gibt und ihr vorschwärmt, was das Psi-Corps für sie tun kann.

Nur im Skript gibt es eine Szene im Sektor der Außerirdischen. Hier spricht Garibaldi mit einem Llort über den verschwundenen Leichnam. Der Llort empfiehlt, mit den Aasfressern zu sprechen. Auch nur im Skript ist eine Szene im C&C, in der Talia Sinclair davon in Kenntnis setzt, dass Ivanova dem Ladenbesitzer gedroht hat, damit dieser die Anzeige zurückzieht. In der darauffolgenden Szene konfrontiert Sinclair Ivanova hiermit, und sie gibt zu, eine Grenze überschritten zu haben; sie habe aber nur versucht, Alisa eine Wahlmöglichkeit zu geben. Sinclair erklärt, dass dieser Vorfall in ihrer Akte vermerkt wird, sie aber weitermachen kann, für Alisa eine andere Möglichkeit zu suchen, ihr Leben zu führen.

In der Folge ist es Na'Toth, die Alisa ein Angebot der Narn unterbreitet. Im Skript ist es G'Kar. Ivanovas Anmerkung, dass Na'Toth vielleicht auch noch Alisas Zähne checken will, ist nur in der Episode vorhanden.

Als Alisa mit Delenn spricht, bietet diese im Skript an, ihren Geist für sie zu öffnen und ihr einen Weg aufzuzeigen, wie sie sich fokussieren kann. In der Folge ist es ein zufälliger Blick in Delenns Verstand, der Alisa erkennen lässt, wer den Leichnam gestohlen hat.

Die Szene, als Sinclair und Garibaldi die Asche von Branmer in der Lieferung entdecken, die Delenn nach Hause schicken will, ist im Skript länger. Sie sehen sich hier noch verschiedene andere Dinge an, die in der Ladung enthalten sind. Sinclairs Rede darüber, dass Branmer ein Mann des Friedens war, ist nicht im Skript, ebensowenig Neroons Kommentar, dass Sinclair wie ein Minbari sprechen würde. Sein Angebot, Neroon zu ehren, ist aber da, und im Skript bekommt man seine Rede auch zu hören.

Sinclair: … at the line, all warriors were brave. The greatest of these was Shai Alit Branmer. But a battle lasts a only short time, and a life much longer. Branmer's life was more significant than his battles. Those who truly knew him knew he was a priest even while he was a warrior. Warriors will praise his courage. All races will praise him for what he truly was – a man of peace.

Wertung von Kosh

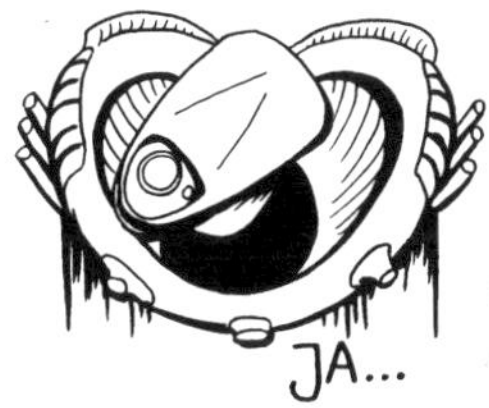

1.18
A Voice in the Wilderness, Part I
(Angriff der Aliens – Teil 1)

US-Erstausstrahlung: 27. Juli 1994
Deutsche Erstausstrahlung: 1. Dezember 1995
Regie: Janet Greek
Drehbuch: J. Michael Straczynski

Darsteller: Louis Turenne (Draal), Curt Lowens (Varn), Langdon Bensing (Derek Mobotabwe), Kat Cressida (Kat), Jim Ishida (Dr. Tasaki), Lenore Kasford (ISN Reporter), Josh Coxx (Tech David Corwin)

Inhalt

Delenns alter Freund und Mentor kommt auf die Station. Derweil untersucht ein Team von Wissenschaftlern unter Dr. Tasaki den der Station nahegelegenen Planeten Epsilon III, auf dem eigentlich nichts existieren dürfte. Aber ein Signal wird dort freigesetzt, und das Schiff wird angegriffen. Sinclair und Ivanova brechen mit einem eigenen Schiff zum Planeten auf, überwinden die Verteidigung und dringen tief unter die Oberfläche vor, wo eine gigantische Maschine zu sehen ist. In ihrem Zentrum befindet sich ein Wesen, das um ihre Hilfe bittet, da sonst alle Völker sterben werden. Garibaldi versucht derweil, Kontakt mit dem Mars zu bekommen, genauer: mit Lise Hampton, die er einst geliebt hat. Doch der Aufstand der Unabhängigkeitsbewegung auf dem Mars hat zu schweren Kämpfen geführt, sodass eine Kommunikationsblockade verhängt wurde. Sinclair und Ivanova bringen den Fremden zur Station. Da öffnet sich ein Jumpgate, und ein Schiff kommt hindurch.

Hintergründe

Nur in diesem Zweiteiler spielt Louis Turenne Draal, den Mentor von Delenn, der ob der negativen Veränderungen auf Minbar mit dem Leben hadert. In späteren Folgen wird es John Schuck sein, der ihn mit einem gewissen Humor ausstattet und lebendiger erscheinen lässt.

Als Sinclair und Ivanova den Pfad über den High-Tech-Abgrund auf dem Planeten betreten, erinnert das an eine ähnliche Szene mit der Krell-Maschine im Klassiker *Forbidden Planet (Alarm im Weltall,* 1956).

Garibaldi erzählt Talia, dass er von der Kommunikationsanlage des Psi-Corps bei Syria Planum weiß. Die Geschichte, wie er davon Kenntnis erlangte, wurde in den Ausgaben 5 bis 8 der von DC Comics veröffentlichten *Babylon 5*-Comic-Serie erzählt. Teile dieser Geschichte wiederholte Garibaldi in der Folge *Infection,* aber auch später nochmals in *Messages from Earth.*

Kommentar

Als erster Teil eines Zweiteilers muss diese Folge viel vorbereiten und aufbauen. Die Handlung rund um Epsilon III bleibt dabei besonders schwammig. Viel interessanter ist aber der Aufstand auf dem Mars. Das ist das erste Mal in der Serie, da man wirklich erkennt, wie groß die Differenzen innerhalb der Erdallianz sind, insbesondere im Hinblick auf die Kolonien, die nach Unabhängigkeit streben.

Diese Szenen sind intensiv und eindringlich, weil man ebenso wie Garibaldi nicht viel erfährt – nur das, was über die Nachrichten zu sehen ist.

Londo hat hier einige sehr amüsante Szenen. Sie erinnern den Zuschauer noch einmal daran, dass er ein Lebemann ist, jemand, der über guten Humor verfügt, mit dem man gerne einen trinken würde. Im Rückblick, wenn man um Londos weiteres tragisches Leben weiß, sind diese Szenen umso prägnanter. Was man hier noch einmal zu sehen bekommt, ist Londos Unschuld, aber seine Rede gegenüber Delenn, dass der Hass der Narn als Gegenreaktion den Hass der Centauri heraufbeschwört, der wiederum zu mehr Hass führt, zeigt schon, wohin die Reise gehen wird.

Das Skript
Es gab von JMS' Drehbuch zur Umsetzung der Episode keinerlei Veränderungen. Nichts wurde entfernt, nichts hinzugefügt.

Wertung von Kosh

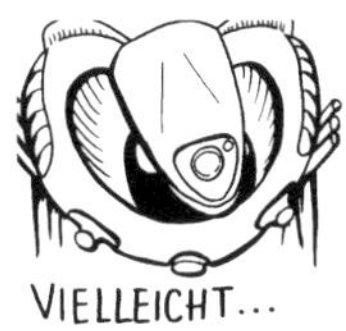

1.19
A Voice in the Wilderness, Part II
(Angriff der Aliens – Teil 2)

US-Erstausstrahlung: 3. August 1994
Deutsche Erstausstrahlung: 1. Dezember 1995
Regie: Janet Greek
Drehbuch: J. Michael Straczynski

Darsteller: Louis Turenne (Draal), Lenore Kasford (ISN-Reporter), Josh Coxx (Tech David Corwin), Ron Canada (Captain Ellis Pierce), Curt Lowens (Varn), Denise Gentile (Lise Hampton), Aki Aleong (Senator Hidoshi)

Inhalt
Das Schiff, das aus dem Jumpgate kommt, ist ein schwerer Schlachtkreuzer der Erde, hierhergeschickt, um sicherzustellen, dass das, was auf dem Planeten ist, auch an die Earth Alliance

fällt. Sinclair gerät mit Ellis Pierce, dem Captain der Hyperion, aneinander, weil ein Versuch, den Planeten zu betreten, zu einer Kettenreaktion führt. Epsilon III wird sich innerhalb von 48 Stunden selbst vernichten und Babylon 5 mitnehmen. Draal hört den Ruf von Varn, dem Hüter der Maschine, ebenso wie auch Londo. Delenn, Londo und Draal bringen Varn auf ein Shuttle und fliegen zum Planeten. Ausgestoßene von Varns Spezies erscheinen und fordern den Planeten für sich. Es kommt zum Kampf mit den Earth-Alliance-Kräften. Draal übernimmt Varns Platz im Herzen der Maschine und sendet eine Nachricht an alle: Die Geheimnisse dieses Planeten gehen niemanden etwas an und dürfen niemandem in die Hände fallen. Wer sich dem Planeten nähert, wird vernichtet. Die Außerirdischen tun es dennoch, aber ihre Schiffe haben keine Chance.

Sinclair hat es Garibaldi ermöglicht, mit Lise Hampton zu reden. Doch auf den Sicherheitschef wartet eine böse Überraschung. Sie erklärt ihm, dass sie verheiratet ist.

Hintergründe

Der Zweiteiler *A Voice in the Wilderness* war eine der teureren Folgen der Serie. Möglich wurde dies, weil man bei anderen Folgen Einsparungen vornahm. Die Umsetzung als Zweiteiler brachte auch Sparpotenzial mit, da ein neues Set dann nicht mit einer, sondern mit zwei Folgen gegengerechnet werden musste. Zusätzlich stand dann schon ein Set wie das der Großen Maschine bereit, um für spätere Folgen wieder aufgebaut zu werden.

JMS schrieb den Zweiteiler selbst. Wichtig war ihm dabei, die Entwicklung auf dem Mars zu zeigen, wobei dafür das Budget nicht reichte. Er musste also über Nachrichtensendungen und über die Reaktion der Menschen auf Babylon 5 zeigen, welche Auswirkungen der Aufstand auf dem Mars hatte.

Ebenso wichtig war aber auch, Londo einmal mehr in den Fokus zu rücken, als er aus einem Moment der Güte heraus versucht, den niedergeschlagenen Garibaldi aufzumuntern, wie er es im ersten Teil tut. Nebenbei wird er als jemand dargestellt, der bereit zum Selbstopfer ist. Das ist ein Charakterzug, den man Londo nicht unbedingt zugetraut hätte, aber er ist durchaus in der DNS dieser

Figur verankert. Denn Londo stellt das Wohl seines Volks über das eigene. Ihm ist die Centauri-Republik wichtig. Würde das, was auf Epsilon III ist, in die falschen Hände fallen, könnte das für die Centauri ebenfalls den Tod bedeuten. Das macht Londo nicht zu einem uneigennützigen Charakter, wohl aber zu jemanden, der ausgesprochen vielschichtig ist.

JMS hat in diesen Zweiteiler viel eingebaut, das im Verlauf der Serie noch wichtig werden würde. Weil er das bereits wusste, konnte er frühzeitig darauf verweisen. So hat er die Meilensteine gesetzt, anhand derer man erkennen kann, wo die Entwicklung der großen Geschichte von *Babylon 5* den nächsten Schritt macht.

Dieser Zweiteiler war aber nicht nur dazu da, die Geschichte von *Babylon 5* voranzutreiben, sie war auch ein Testlauf in Hinblick auf die technische Umsetzung. Der Kampf der Hyperion und der Station mit den Außerirdischen ist eine große CGI-Sequenz. JMS wusste, dass der Schattenkrieg noch weit größere mit sich bringen würde. Er konnte hier sehen, was möglich war, und zwar innerhalb der engen Zeitparameter, die für die Produktion einer Folge zur Verfügung standen.

Zu Beginn der Serie wurden die CGI-Effekte noch auf Amiga-Computern produziert. Das Rendering nur eines Frames dauerte eine Stunde. Eine Sekunde besteht aus 24 Frames. Man kann sich also ausrechnen, wie lange es gedauert hat, die Weltraumschlacht hier umzusetzen. Das gab JMS das notwendige Verständnis für die zeitlichen Abläufe, um beim Schreiben späterer Drehbücher zu beachten, wie groß und umfangreich die Actionsequenzen wirklich sein konnten.

Kommentar

Diente der erste Teil der Exposition, so ist der zweite actionreich und in mehrfacher Hinsicht dramatisch. Hier kommen einige Fäden zusammen, die im Verlauf der Staffel ausgelegt wurden. Dass es Probleme auf dem Mars gibt, wurde immer wieder nebenbei in verschiedene Folgen eingewebt. Entsprechend fühlt sich das Aufflammen der Gewalt hier wie eine natürliche Entwicklung an.

Die Größe dieser Folge – des ganzen Zweiteilers – ist, dass einzelne Figuren noch einmal näher beleuchtet werden. Hier wäre

Londo bereit, den Platz in der Maschine zu übernehmen, weil er sich an etwas erinnert, von dem er als junger Mann überzeugt war: dass er in einem noblen Akt sterben würde, dass sein Tod, sein Opfer eine Bedeutung hätte. Er erinnert sich an den Mann, der er werden wollte – umso bitterer, was aus ihm werden wird!

Auch interessant: Draal ist mit der Heimat unzufrieden. Denn der Riss der Gesellschaft wird immer größer, die Minbari sind immer mehr auf sich selbst und nicht auf andere konzentriert. Das wurde schon in bisherigen Folgen angeschnitten.

Einen weiteren Ausblick auf die Zukunft gibt es, als Sinclair droht, seine Fighter eine Blockade des Planeten gegen die Hyperion durchsetzen zu lassen. Hier wird das abgewendet, und Babylon 5 und Hyperion kämpfen gemeinsam gegen die unbekannten Außerirdischen, aber dennoch verweist JMS hier schon auf die weitere Entwicklung, wenn Streitkräfte der Earthforce sich gegenüberstehen und bekriegen werden.

So wie die erste Folge ist auch die erste Staffel der Serie Exposition. *A Voice in the Wilderness* bereitet dabei unglaublich viel vor. Die Maschine, Lise Hampton, das Streben der Earthforce, außerirdische Technologie in die Hände zu bekommen – all das nimmt im Verlauf der Staffel noch große Bedeutung an.

Das Skript

Bei der Umsetzung des Drehbuchs für den zweiten Teil gab es nur wenige Änderungen. Im Skript ist die Szene, in der Londo seinen Besuchern Delenn und Draal vom »Hokey Pokey«-Song erzählt, hier vorhanden, sie wurde dann aber in den ersten Teil verlagert.

In den ersten Teil verlagert wurden auch die Sequenzen mit Varn, der aus der Maschine befreit wird, sowie jene mit der Ankunft des Kreuzers der Earthforce. Dafür ist im Skript die Szene länger, nachdem Sinclair gedroht hat, seine Fighter gegen die Hyperion in den Kampf zu schicken. Als Captain Pierce einen Rückzieher macht, fragt Corwin, ob das nur ein Bluff war.

Tech Corwin: Commander … would you really have launched the fighters? I mean, you were bluffing … weren't you?

Ivanova: Never ask him that question. I don't think either of us would want to hear the answer.

Eine Antwort erhält er nicht. Aber wie Sinclair schon zu Pierce sagte: Er hätte nichts zu verlieren gehabt, da das Landen auf dem Planeten dessen Selbstzerstörung forciert hätte, wobei Babylon 5 mit in den Abgrund gerissen worden wäre.

Wertung von Kosh

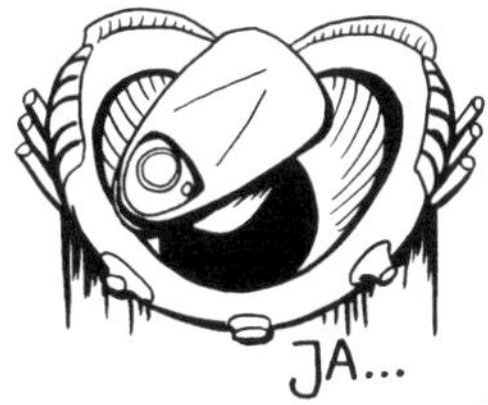

1.20
Babylon Squared
(Verloren in der Zeit)

US-Erstausstrahlung: 10. August 1994
Deutsche Erstausstrahlung: 3. Dezember 1995
Regie: Jim Johnston
Drehbuch: J. Michael Straczynski

Darsteller: Kent Broadhurst (Major Krantz), Tim Choate (Zathras), Denise Gentile (Lise Hampton), Josh Coxx (Tech David Corwin)

Inhalt
Die vor vier Jahren verschwundene Station Babylon 4 taucht wieder auf. Babylon 5 erhält einen Notruf. Major Krantz bittet um Hilfe bei der Evakuierung der Station. Sinclair fliegt mit einigen Schiffen hin. Dort erfährt er, dass Babylon 4 keinen festen Platz in der Zeit mehr hat und jederzeit verschwinden kann. Krantz führt ihn zu einem Gefangenen: Zathras, der erklärt, dass Babylon 4 gebraucht wird, um in einem großen Krieg den Frieden zu bringen. Dann erscheint ein Mann in einem Raumanzug – außerhalb seiner eigenen Zeit. Er ist nicht zu erkennen, aber Zathras nennt ihn »den Einen«. Der Fremde gibt ihm einen Zeitstabilisierer, der für die Station benötigt wird, dann verschwindet er. Die Station wird evakuiert, Zathras jedoch unter herabstürzenden Bauteilen

begraben. Man kann ihm nicht helfen. Er schickt Sinclair weg, da auf diesen noch seine Bestimmung wartet. Danach wird er von dem Einen gerettet. Der setzt den Helm ab – es ist ein älterer Sinclair, der zu Delenn sagt, dass alles so passierte, wie es war und er nichts ändern konnte.

Derweil trifft Delenn auf den Grauen Rat. Man hat sie nach der zehnjährigen Trauerphase über den Tod des vorherigen Anführers zur neuen Anführerin der Minbari gewählt. Doch Delenn lehnt ab.

Hintergründe

Das Besondere an *Babylon 5* ist, dass Ereignisse einer Folge erst Jahre später Konsequenzen haben werden. In der ursprünglichen Planung von *Babylon 5* war es so, dass JMS damit rechnete, die Auflösung der Geschichte um Babylon 4 etwa vier Jahre später zu präsentieren. Als die Figur Sinclair verschwand und mit Sheridan eine neue Figur kam, gab es auch Änderungen, sodass die Fortsetzung dann im dritten Jahr stattfand.

Der Gag am Anfang der Episode um die müde Ivanova, die den Morgen hasst, gründet auf JMS' eigener Vorliebe für die Nacht. Er ist kein Morgenmensch und gab diesen Charakterzug an Ivanova weiter.

Die größte Schwierigkeit für JMS beim Schreiben von *Babylon Squared* war, dass dies nur eine Seite der Geschichte war – die andere kam erst mit *War Without End*. Er musste also schon zu diesem frühen Zeitpunkt klar ausarbeiten, wie diese Folge aufgebaut war und welche Szenen das Gegenstück zu den Ereignissen aus dieser Folge bilden.

In dieser Folge beschäftigte sich JMS auch stärker mit dem Grauen Rat, der aus neun Mitgliedern besteht. Fünf geben Delenns Wunsch statt, der Rest nicht. Was hier noch nicht geklärt wurde, ist, dass der Rat aus Mitgliedern dreier Kasten besteht. Später erklärte JMS Delenns frühere Erklärung von nur zwei Kasten damit, dass sie die Arbeiter vergessen hätte. Das ist eine schwache Ausrede dafür, dass JMS erst spät auf das Dreier-System kam.

Für die Gastrolle des Zathras heuerte man Tim Choate (1954-2004) an. Der durch einen Motorradunfall jung gestorbene Choate schaffte nie den echten Durchbruch. In *Babylon 5* ist er viermal dabei. Die Art, wie Zathras spricht, gab schon das Skript vor. JMS orientierte sich an seiner aus Weißrussland stammenden Großmutter, die nie besonders gutes Englisch sprach und gerne einmal Verben und Adjektive ausließ. Die Art der Betonung war etwas, das JMS wichtig war.

Er ließ die Figur bei der Angabe, aus welcher Zeit sie stammt, schwammig bleiben, weil er sich die Möglichkeiten offenhalten musste, Ereignisse zu verändern, wenn Umstände von außen ihn dazu zwangen. JMS hatte darum auch in Betracht gezogen, dass die Station in die Zukunft verlegt werden könnte und dass der Eine – Valen – dann aus der Zukunft gekommen wäre. Das war eine Möglichkeit, die JMS in Betracht gezogen hatte, falls die Serie ihre fünfjährige Geschichte nicht hätte erzählen können.

Der blaue Raumanzug, in dem Sinclair steckt, wurde nicht für die Show angefertigt, sondern ausgeliehen. Sehen konnte man ihn in *2001: A Space Odyssey (2001: Odyssee im Weltraum,* 1968) und *2010: The Year We Make Contact (2010: Das Jahr, in dem wir Kontakt aufnehmen,* 1984), aber benutzt wurde er dort nicht. Für den Einsatz in der Serie sollte er etwas modifiziert werden; viele Möglichkeiten hatte das Prop-Department aber nicht.

Sowohl Sinclair als auch Garibaldi erleben Blicke in andere Zeiten. Bei Garibaldi ist es das letzte Gespräch mit Lise, bei Sinclair ein Kampf gegen unsichtbare Angreifer. Garibaldi stellt sich den Angreifern entgegen. Geschrieben wurde diese Sequenz so, dass er keinen Text hatte. Jerry Doyle improvisierte aber, da er das Gefühl hatte, dass ein solch emotionaler Moment nicht still verlaufen würde. Während der Dreharbeiten war JMS nicht zugegen, sonst hätte er ein paar Zeilen für Doyle geschrieben.

Kommentar

Seit dem Pilotfilm treibt eine Frage die Zuschauer um: Was ist mit Babylon 4 passiert? Hier gibt JMS die Antwort, die aber nur eine neue Frage aufwirft – eine, die erst mit dem Zweiteiler *War Without End* in der dritten Staffel ihre Antwort finden wird. Und doch: Es passiert unglaublich viel. Nicht zuletzt erfährt man, dass die Station dem Zweck dienen wird, für den sie gebaut wurde: den Frieden zu sichern; nur auf andere Art. In welchem Krieg, unter welchen

Umständen, das ist hier alles noch völlig unklar – zumindest dem Zuschauer. JMS wusste es und konnte darum auch mit dem spielen, was kommen sollte.

Dass der Mann im Raumanzug Jeffrey Sinclair ist, ist nicht gar so überraschend. Die Frau, die am Ende ihre Hand auf seine Schulter legt, ist Delenn. Man kann ihre Stimme erkennen. Das ist ein Element, das später aus der Serie entfernt wurde, da JMS seine Pläne ändern musste, als er Michael O'Hare als Hauptdarsteller verlor. Man hat hier natürlich das Gefühl, dass die zukünftigen Versionen von Sinclair und Delenn ein Paar sind. Eine narrative Entwicklung, die JMS dann auf Sheridan und Delenn umgelegt hat. Dieser kurze Moment in *Babylon Squared* ist darum auch so etwas wie ein kleiner Ausblick darauf, was hätte sein können.

Zathras ist eine wunderbare Figur. Wie er von sich selbst in der dritten Person spricht, ist charmant. Überhaupt hat Darsteller Tim Choate einen sehr schönen Sprachduktus gewählt. Umso besser, dass die Figur wieder auftreten wird.

Während nun zwar geklärt wird, was mit Babylon 4 passiert ist, bleibt unklar, was mit der Station noch passieren wird. Das macht die Folge so spannend. Gerade im Rückblick merkt man aber auch, wie wichtig sie ist, im Hinblick auf den Krieg, von dem hier die Rede ist, aber auch als Spiegelung dessen, wofür Babylon 5 schließlich stehen wird.

Die Nebenhandlung um Delenn und den Grauen Rat ist da deutlich ruhiger, aber nicht weniger mysteriös. Es wird von einer Prophezeiung gesprochen, die von Valen kam. Eine Prophezeiung über die Menschen, weswegen Delenn sie aus nächster Nähe studiert. Nicht alle im Rat glauben an diese Prophezeiung. Wie sie aussieht, ist hier auch noch unklar, aber dass das Schicksal von Menschen und Minbari miteinander verbunden ist, merkt man schon.

Beide Haupthandlungen sind extrem ernst und dramatisch. Im Teaser gibt es aber zumindest Platz für ein wenig Humor, als Sinclair und Garibaldi Ivanova einen Streich spielen.

Das Skript

Eine Szene ist im Skript länger, zwei andere wurden entfernt. Als Sinclair nach Babylon 4 aufbricht, gibt er Garibaldi eigentlich den Befehl, auf Babylon 5 zu bleiben, aber der weigert sich, zurückgelassen zu werden.

Sinclair: Good. While I'm gone, I want you to …
Garibaldi: What do you mean, while you're gone? I'm going with you.
Sinclair: Michael …
Garibaldi: Look, I still don't believe in the Flying Dutchman, ghoulies, ghosties or Babylons that go bump in the night. It could be a setup.
Sinclair: I don't think so.
Garibaldi: Fine, but I should be there to bail you out in case you're wrong.
Sinclair: And if that *is* Babylon 4 out there?
Garibaldi: If it is … that's one show I don't want to miss. Either way, you've got yourself a new copilot.
Sinclair: Be still my beating heart.

Nach dem Gespräch mit Zathras über den Zeitstabilisierer fragt Sinclair Major Krantz, ob die Station untersucht worden ist, da ein solches Gerät riesig sein müsste. Die letzte Szene, die nur im Skript vorhanden ist, zeigt Delenn, wie sie wieder auf dem Weg nach Babylon 5 ist.

Computer: Clear space. Destination?
Delenn: Home. The only home I have, it would seem.
Computer: Specify. Destination.
Delenn: Babylon 5 …

Wertung von Kosh

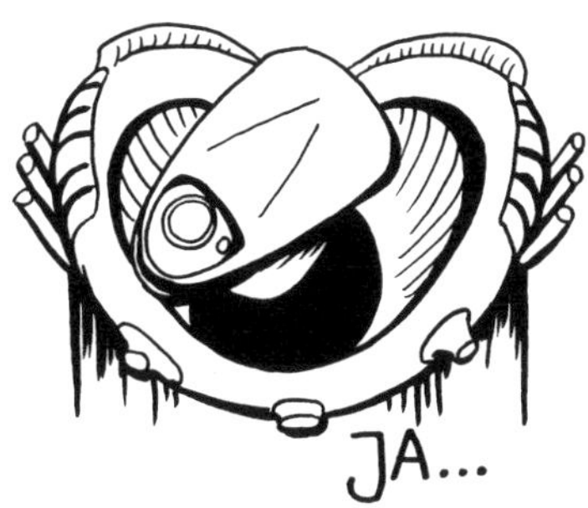

1.21
The Quality of Mercy
(Die Heilerin)

US-Erstausstrahlung: 17. August 1994
Deutsche Erstausstrahlung: 10. Dezember 1995
Regie: Lorraine Senna
Drehbuch: J. Michael Straczynski

Darsteller: June Lockhart (Dr. Laura Rosen), Kate McNeil (Janice Rosen), Mark Rolson (Karl Mueller), Damian London (Centauri Senator), Lynn Anderson (Rose), David L. Crowley (Lou Welch), Jim Norton (Ombuds Wellington)

Inhalt

Karl Mueller hat mehrere Menschen ermordet. Die Todesstrafe darf nicht verhängt werden, Einkerkerung auf Babylon 5 ist auch unmöglich. Der Urteilsspruch sieht darum den Tod der Persönlichkeit vor. Talia Winters soll auslöschen, wer Karl Mueller ist, damit er danach als produktives Mitglied der Gesellschaft dienen kann. Aber Mueller flieht. Derweil ist Dr. Franklin auf Dr. Laura Rosen aufmerksam geworden, die in den unteren Decks, wo die Armen wohnen, Leute behandelt. Er hält sie zunächst für eine Quacksalberin, weil sie eine außerirdische Maschine benutzt, merkt dann aber, dass sie tatsächlich heilt. Die Maschine war jedoch ursprünglich für die Todesstrafe vorgesehen, da sie Menschen die Lebenskraft aussaugt und sie anderen gibt. Rosen benutzt sie minimal, gibt aber immer ein bisschen ihrer eigenen Kraft, wenn sie andere heilt. Mueller wird bei seiner Flucht verletzt und zwingt Rosen, ihn zu heilen, doch sie setzt die Maschine so ein, wie sie ursprünglich gedacht war. Am Ende erhält Franklin die Maschine, um sie zu studieren. Zeitgleich zeigt Londo Lennier die Station, wie er sie noch nie gesehen hat!

Hintergründe

In der ersten, aber auch der zweiten Staffel gab es für JMS noch nicht die Notwendigkeit, alle Drehbücher selbst zu schreiben.

Er schrieb aber schon Monate vor den Dreharbeiten Folgen, die erst zum Ende der Staffel kommen sollten. Und er steckte bis zum Hals in Arbeit, sodass für ihn eine Pause rund um die Weihnachtsfeiertage nicht in Frage kam. Er musste das nächste Skript schreiben, aber zu dem Zeitpunkt zog er sich eine Grippe zu, die zu einer Bronchitis und einer Lungenentzündung führte. JMS stopfte sich mit Medikamenten voll, machte es sich auf dem Bett so bequem, wie es ging, und schrieb »The Quality of Mercy« in einem delirierenden Zustand. Er erklärte später, dass er kaum Erinnerung daran hat, diese Folge geschrieben zu haben. Aber ihre Existenz beweist, dass er es getan hat. Da kann man nur seinen Hut ziehen: JMS hat in halbtotem Zustand ein Skript produziert, das besser ist als viele andere, die bei bester Gesundheit geschrieben wurden.

Ob allerdings die Idee mit Londos Genitalien nun seinem schlechten Zustand zuzuschreiben ist? Auf jeden Fall war dies für die Props-Abteilung eine der spaßigeren Herausforderungen. Zahlreiche Designs wurden gemacht, Modelle aus Latex gefertigt, und JMS musste abnicken, wie nun Centauri-Genitalien genau aussehen.

Damian London verkörpert den Centauri-Senator, mit dem Londo am Anfang spielt. Er sollte nur in dieser Folge dabei sein, und JMS stellte ihn sich als pompöse Gestalt vor. Aber Damian London war alles andere als das. Er spielte den Senator nervös und fast schon hysterisch. Das gefiel JMS so gut, dass er die Figur später immer wieder einsetzte, während ursprünglich nur dieser eine Auftritt gedacht war.

Aber natürlich wurde er als Gaststar von einer anderen Schauspielerin überflügelt. Es ergab sich die Möglichkeit, June Lockhart anzuheuern. Bill Mumy hatte JMS lange in den Ohren gelegen, doch jemanden aus seinen *Lost in Space*-Tagen in einer Gastrolle zu besetzen. JMS hatte sich dem lange verweigert, und als er dem Wunsch nachkam, gab es einen Haken: Er hatte keine gemeinsame Szene für Mumy und die Frau vorgesehen, die in *Lost in Space* seine Mutter gespielt hatte. Einerseits fand er keinen Grund, wieso die beiden Figuren sich treffen sollten, andererseits wäre daraus dann immer nur die Mini-Reunion zweier *Lost in Space*-Stars geworden. Genau das wollte er aber nicht.

Als Mumy erkannte, dass es keine gemeinsame Szene gab, schlich er sich ohne sein Lennier-Make-up zu den Dreharbeiten. In einer der Szenen, in denen im Hintergrund andere Menschen und Außerirdische zu sehen sind, ist so auch Bill Mumy zu finden, aber man muss schon genau hinschauen, um den rothaarigen Mann zu erkennen.

Als Mörder Karl Mueller agiert Mark Rolston, ein zuverlässiger Schauspieler, der zwischen Helden- und Schurkenrollen problemlos hin und her wechseln kann. Man kennt ihn als Vasquez' Kumpel in *Aliens (Aliens,* 1986). Übrigens spielte er eine ähnliche Rolle in der Folge *Eye of the Beholder (Der Fall Utopia Planitia)* in *Star Trek: The Next Generation.*

Der Titel der Episode bezieht sich auf William Shakespeares *Der Kaufmann von Venedig*. Im vierten Akt, erste Szene heißt es (von Porzia an Shylock gerichtet):

Die Art der Gnade weiß von keinem Zwang.
Sie träufelt wie des Himmels milder Regen
Zur Erde unter ihr; zwiefach gesegnet:
Sie segnet den, der gibt, und den, der nimmt.
Die Originalpassage liest sich so:
The quality of mercy is not strained.
It droppeth as the gentle rain from heaven
Upon the place beneath. It is twice blest:
It blesseth him that gives and him that takes.

Kommentar

Gleich drei Geschichten gibt es hier. Zwei laufen aufeinander zu, die dritte ist davon losgelöst. Am vergnüglichsten ist die mit Londo und Lennier. Ein ungleicheres Paar könnte man sich kaum vorstellen. Der Kontrast sorgt jedoch für sehr viel Amüsement, auch und gerade am Pokertisch. Hier lernt man dann noch etwas mehr darüber, wie Centauri-Körper beschaffen sind. Anders gesagt: Das ist wohl die einzige Folge einer Science-Fiction-Serie, die das primäre Geschlechtsteil einer Hauptfigur zeigt.

Dies ist so etwas wie das letzte Mal, dass man Londo als jemanden sieht, der lacht und Freude am Leben hat. Die Schatten kommen, und sie legen sich auch über ihn.

Die Maschine der Franklin-Handlung wird hier nicht nur eingeführt und gleich wieder vergessen. Sie wird später noch größere Bedeutung erlangen.

Die Geschichte um den Serienkiller Mueller ist eine kurze Abhandlung über die Todesstrafe. Körperlich soll sie hier nicht stattfinden, doch man könnte argumentieren, dass der Tod der Persönlichkeit eine noch viel härtere Strafe ist. Das ist ein Sci-Fi-Klischee, das in vielen Serien vorkam; ihren Ursprung dürfte diese Art der Bestrafung in Alfred Besters Roman *Demolition* haben, in dem die Persönlichkeit eines Menschen komplett ausgelöscht und durch eine andere ersetzt werden soll.

JMS nutzt die beiden großen Geschichten dieser Folge sehr clever, um über ein schwieriges Thema zu sprechen. Mit Laura Rosen hat er eine Figur, die zwar am Ende töten muss, dies jedoch nicht – wie Garibaldi ihr sagt – für das Richtige hält. Es war nur notwendig. Das zeigt sehr schön den inneren Konflikt der Figur, einer Frau, die als Ärztin in erster Linie dem Kodex, nicht zu schaden, folgen muss, nun aber tötet. Mitleid empfindet man für Mueller allerdings nicht, da man als Zuschauer nicht nur um seine Taten weiß, sondern zusammen mit Talia in dessen Verstand eindringt und sieht, wie viele Menschen er umgebracht hat.

Dennoch hätte die Folge es sich leicht machen können. Sie bietet jedoch mit Laura Rosen einen Gegenpol, der Fragen in Hinblick auf die Todesstrafe aufwirft.

Das Skript

Obwohl JMS in einem desolaten Zustand war, als er *The Quality of Mercy* schrieb, veränderte sich auf dem Weg zur fertigen Episode nur wenig. Im Skript ist die Szene länger, in der Mueller flieht. Hier begutachtet er die Wunde, die Garibaldi ihm zugefügt hat. Dieser meldet sich per Monitor beim C&C und berichtet von der Flucht.

Kurz darauf folgt die nächste nur im Skript enthaltene Szene, in der Mueller Janice attackiert und sie zwingt, ihn zu ihrer Mutter zu bringen. Beide Szenen sind nicht notwendig.

Aber um das Fehlen einer Szene ist es schade. Es ist der letzte Moment der Episode. Talia macht sich in ihrem Quartier fürs Bett fertig. Sie steht vor einem Spiegel und sieht sich selbst etwas entrückt an. Dann berührt sie den Spiegel und hört Mueller.

Mueller: We'll save a place for you.

Man sieht nun, wie ihre Fingerspitzen über das Spiegelbild ihres Gesichts streichen. Dann sagt sie etwas.

Talia: Another voice in the chorus …

Sie wiederholt damit, was Mueller zu ihr sagte, als sie in seinem Verstand war. Talia schließt die Augen, und die Folge ist aus.

Wertung von Kosh

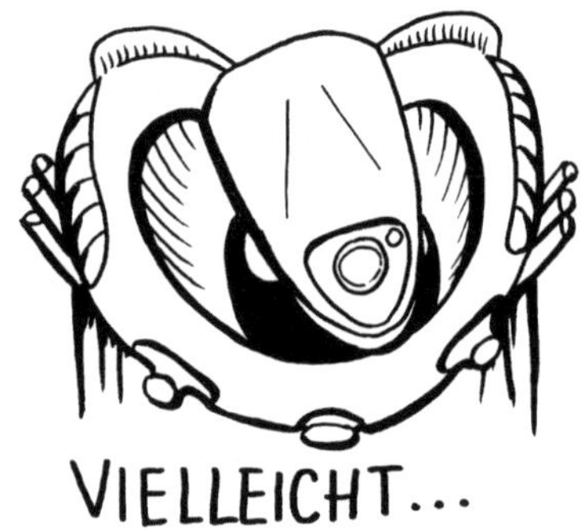

1.22
Chrysalis
(Chrysalis)

US-Erstausstrahlung: 26. August 1994
Deutsche Erstausstrahlung: 17. Dezember 1995
Regie: Janet Greek
Drehbuch: J. Michael Straczynski

Darsteller: Julia Nickson (Catherine Sakai), Edward Conery (Devereaux), Maggie Egan (Jane / ISN Anchor), Cheryl Francis Harrington (Senator), David Anthony Marshall (Stephen Petrov), Gary McCurk (Vizepräsident Morgan Clark), Ed Wasser (Morden)

Inhalt

Einer von Garibaldis Informanten ist tödlich verwundet worden. Er kann Garibaldi nur noch sagen, dass jemand ermordet werden soll. Der Sicherheitschef beginnt mit seinen Ermittlungen, stößt auf einen Agenten der Earthforce und wird hinterrücks von einem seiner eigenen Männer niedergeschossen, nachdem er herausgefunden hat, dass der Präsident umgebracht werden soll. Garibaldi landet im Medlab. Bevor Dr. Franklin mit der Operation beginnen kann, teilt der Sicherheitschef Sinclair noch mit, dass ein Attentat auf den Präsidenten geplant ist. Doch es ist bereits zu spät. Santiago stirbt, als die Earthforce One explodiert. Ein Unfall, wie es heißt, dem sofort die Vereidigung von Vizepräsident Morgan Clark als neuer Präsident folgt.

Zeitgleich gibt es Streit zwischen Centauri und Narn, da letztere mit strotzender Waffengewalt einen Sektor für sich beanspruchen. Die Centauri wollen einknicken; Morden sucht jedoch Mollari auf und erklärt ihm, dass dieser seinen Vorgesetzten sagen soll, er würde sich persönlich darum kümmern. Wenig später greifen Schattenschiffe den militärischen Außenposten an und vernichten ihn vollständig.

Delenn will mit Sinclair über seine Gedächtnislücke bei der Battle of the Line reden. Sie weiß, dass er sich zumindest teilweise erinnert. Aber als Sinclair darauf zurückkommt, ist es zu spät – sie befindet sich in einem Kokon, bereit zur Transformation.

Hintergründe

Die Folgen von *Babylon 5* wurden nicht in der Ausstrahlungsreihenfolge gedreht. Das kommt bei Serien häufiger vor. Meist handelt es sich aber nur um Verschiebungen von ein, zwei Folgen nach vorne oder hinten. *Chrysalis* wurde jedoch als zwölfte Folge der Staffel gedreht. Das war nötig, weil hier eine Vielzahl von Effekten vorkam, deren Rendering eine immense Zeit in Anspruch nahm. Für JMS ergab sich dadurch das Problem, dass er zwar durchaus wusste, was in jeder Folge passieren sollte, einige aber noch gar nicht geschrieben waren, sodass er die Auflösung vieler Handlungsstränge zuerst schreiben musste.

So kam es, dass *Chrysalis* vor *Signs and Portents* gedreht wurde. Für Peter Jurasik und Ed Wasser hieß das, dass sie das zweite

Treffen von Londo und Morden vor dem ersten spielen mussten. Im Vorfeld der Dreharbeiten dieser Folge erzählte JMS Andreas Katsulas und Peter Jurasik auch einiges darüber, was gerade mit ihren Figuren im Verlauf der zweiten Staffelhälfte passieren würde. Für den Autor war das aber eine Gratwanderung. Er wollte nicht, dass sie zuviel wussten, weil seiner Meinung nach Schauspieler, die um das Endresultat ihrer Figur wissen, auch in Hinblick darauf spielen, statt die Stufen des Prozesses darzustellen, die zu diesem Ausgang führen.

JMS war es wichtig, dass die Szene, in der Clark den Amtseid als Präsident spricht, so gestaltet ist wie das Foto, das nach John F. Kennedys Ermordung Lyndon B. Johnson in der Air Force One beim Sprechen des Amtseides zeigt. Der Tod von Präsident Santiago sollte ein ähnliches Gefühl heraufbeschwören wie das Attentat auf JFK.

In den USA wurde von *Chrysalis* übrigens eine unfertige Version ausgestrahlt. Das lag nicht daran, dass die Folge nicht fertig geworden wäre, sondern weil man bei PTEN einen Fehler gemacht hatte. Einen Tag vor der Ausstrahlung wurde die fertige Episode angeliefert, ging aber irgendwie verloren. Diese Blöße wollte man sich gegenüber dem Showrunner nicht geben, und so gestaltete der Sender die Folge anhand des bisherigen Materials – erste Schnittfassungen und Daylies – neu, aber ein Problem blieb bestehen. Nicht alle Effektsequenzen waren hier vorhanden. So fehlte bei dieser Erstausstrahlung Londos Weg durch das Labyrinth.

Hierzulande bekam man davon natürlich nichts mit. Als die Serie erstmals im deutschen Fernsehen lief, wurde die richtige, von JMS freigegebene Fassung gezeigt.

Kommentar

Mit dieser Folge ist das Ende vom Anfang erreicht. JMS hat alle seine Figuren in die Positionen vorgerückt, die ihm von vornherein vorschwebten. Nichts ist mehr, wie es war, lässt er Sinclair sagen, und man könnte es nicht genauer auf den Punkt bringen. Nach dieser Folge verändert sich alles – im Globalen, aber auch im Kleinen.

Londo hat erneut einen Gefallen von Morden entgegengenommen. Er weiß, dass immer ein Preis zu zahlen ist. Auf seine Frage, wie hoch dieser ist, antwortet Morden nur, dass seine Partner eines Tages auf ihn zukommen und eine Gefälligkeit einfordern wollen. Londo ist weit genug herumgekommen, um zu wissen, was das heißt – und dass es aller Wahrscheinlichkeit nach ein Preis ist, den zu zahlen er kaum imstande sein wird. Doch er hat sich verführen lassen, von der Aussicht auf persönlichen Aufstieg, aber auch, weil er seine Heimat liebt und diese prosperieren sehen will. Er will zurück, was Centauri einst hatte, und die Narn stehen im Weg. Dennoch: Als er von den 10.000 getöteten Narn hört, ist er erschüttert, während Morden fragt, was es schon ausmacht, ob es 10.000, 100.000 oder eine Million Tote sind. Es sind ja nur Narn.

Über mehrere Folgen hinweg hat Delenn an einer Maschine gebaut. Hier kommt sie zum Einsatz. In welcher Form sich die Transformation manifestieren wird, konnte man als Zuschauer hier noch nicht absehen. Wie Sinclair ist man aber enttäuscht, dass es das große Gespräch zwischen den beiden nicht mehr gibt, weil man sich – natürlich – Antworten versprochen hätte.

Man erfährt hier nicht unbedingt mehr über Morden, sieht aber zumindest die getarnten Schatten, die ihn begleiten. Ebenso eindrucksvoll ist der Angriff der Schattenschiffe, der ihre immense Macht noch einmal illustriert.

Das Attentat auf den Präsidenten ist das andere große Thema dieser Folge, weil damit Ereignisse in Gang gesetzt werden, die in Revolution und Bürgerkrieg enden. *Babylon 5* nimmt hier eine sehr politische Ebene ein und zeigt zugleich, wie der Aufbau eines totalitären Systems Stück für Stück vorangetrieben wird. Es ist wie mit dem Frosch, der auf der heißer werdenden Herdplatte sitzt und dabei nicht merkt, dass er verbrannt wird. So geht es auch den Figuren dieser Serie. Sie erkennen nicht – zumindest nicht in vollem Ausmaß –, was um sie herum passiert.

Faszinierend an diesem Staffelfinale ist zudem, dass mit einer düsteren Note geendet wird. Dies ist keine Geschichte, in der die Helden am Ende gewinnen. Im Gegenteil, die erste Schlacht haben sie verloren.

Das Skript

Im Skript gibt es zwei erweiterte Szenen und eine, die entfernt wurde. Die erste, etwas längere ist die vor dem Rat der Station. Die Szene endet in der Episode etwas früher. Im Skript schaltet sich Delenn ein, nachdem G'Kar eine klare Drohung ausspricht.

G'Kar: Please … the Centauri are toothless and tired. We claim that sector as Narn property. If you want to start a war over less than a parsec of space, that is certainly your option, but I do not believe the League of Non-Alligned Worlds or this council will support you. It simply isn't worth it.
Delenn: This is how it always starts with your government. You take a little here, wait until the dust clears, then take a little more … and a little more …

Entfernt wurde eine Szene, nach der Garibaldi die Störsender entdeckt und erkannt hat, dass es ein Attentat auf den Präsidenten ist, das verhindert werden muss. Er will in eine Transportröhre steigen, der Computer vermeldet jedoch, dass sie inaktiv ist.

In der fertigen Folge ist das Gespräch von Sinclair mit der Senatorin kürzer. Es ist aber nichts wirklich Interessantes weggefallen. Das Gespräch ist nur komprimiert.

Wertung von Kosh

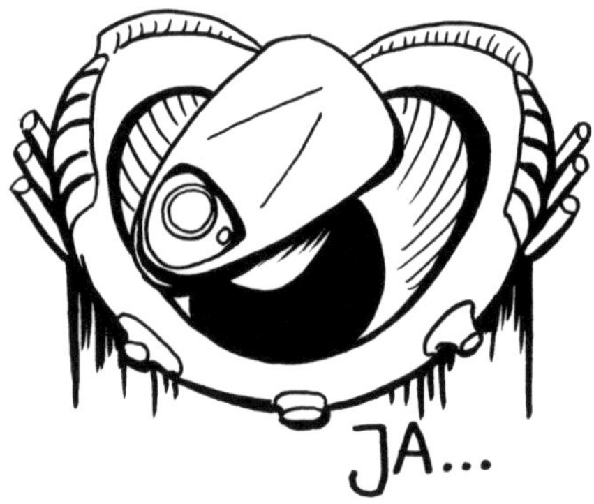

STAFFELFAZIT

Die erste Staffel von *Babylon 5* ist die, bei der der Eindruck sich am meisten verändert. Sieht man sie erstmals, bemerkt man viele der Details gar nicht, die JMS eingebaut hat und die das Fundament für die große Geschichte bilden. Sieht man sie ein zweites Mal, merkt man erst, wie elegant es ihm gelungen ist, die Figuren dorthin zu bewegen, wo er sie brauchte, und die Ereignisse in Gang zu setzen, die in den späteren Staffeln Früchte tragen würden.

JMS ging die Serie an wie einen Roman. Er wollte in Serienform eine große Geschichte erzählen. Doch lineares Erzählen war abseits von Soaps im Serienfernsehen damals praktisch undenkbar. *Babylon 5* zeigte, dass es ging. Aber JMS musste dafür die Zuschauer auch ein wenig einlullen, so wie er es zuvor bei den Managern von Warner Bros. getan hatte, um überhaupt grünes Licht für die Show zu erhalten.

Darum gibt es gerade in der ersten Staffel sehr viele Folgen, die für sich stehen. Sie funktionieren mit einem Anfang, einem Mittelteil und einem Ende. In praktisch jeder Folge sind allerdings Details dabei, die auf das größere Ganze verweisen. Das hat JMS ausgesprochen filigran gestaltet. Eindrucksvoller wird das noch dadurch, dass die erste Staffel zwar seiner Vision folgt, nicht jedoch allein aus seiner Feder stammt.

In der typischen Art, wie Serien damals, aber auch heute entstehen, holte JMS einige Autoren zu der Serie hinzu. Er gab ihnen zumindest Ideen an die Hand, mit denen sie arbeiten sollten, aber sie brachten oft ihre eigenen Befindlichkeiten ein. Insbesondere gilt das für Larry DiTillio, der als Story Editor der Serie höhere Befugnisse hatte. Man kann sich des Eindrucks nicht erwehren, dass dies JMS nicht behagte, obwohl DiTillio und er Freunde waren. Später äußerte er sich dahingehend, dass durch die Autoren, mit denen er arbeitete, auch Highlights wie *TKO* zustande kamen. Es klingt wie ein Kompliment, der Subtext sagt jedoch etwas anderes aus.

Die erste Staffel ist aus diesem Grund etwas weniger homogen, weil es eben Ausreißer wie *TKO* gibt, die auf ähnliche Art und Weise in jeder x-beliebigen Science-Fiction-Serie hätten erzählt werden können. Aber genau das wollte JMS nicht. Er wollte Geschichten, die eben nicht einfach so mit anderen Figuren haargenau gleich erzählt werden konnten. *Babylon 5* sollte etwas ganz Eigenes sein. Und es sollte sich auf jeden Fall von allem abheben, was *Star Trek* war. Keine Folge illustriert das mehr als *Believers,* in der die Weltraumversion der Zeugen Jehovas den eigenen Sohn lieber sterben lässt, als zuzulassen, dass er operiert wird. Das Ende ist dezidiert anders, als es bei Star Trek der Fall gewesen wäre. Diese Folge schreit hinaus: Wir sind nicht *Star Trek,* wir sind anders, wir sind wagemutiger, und wir sind konsequenter.

Die Staffel brilliert aber auch darin, dass sie gekonnt mit den Erwartungen der Zuschauer spielt. Eine Figur wie G'Kar wurde als der Antagonist eingeführt, aber er macht eine Wandlung durch. Ebenso wie Londo, den man als sympathischen Trunkenbold sieht. Aber die Fassade kann täuschen, und daraus zieht die Serie auch in ihrer ersten Staffel immenses Potenzial. Denn die Figuren von *Babylon 5* sind echter. Sie sind nicht einfach nur gut oder böse, sie sind ambivalent, lebensecht, auch in dem Sinne authentisch, dass moralische Entscheidungen fließend sein können.

JMS wollte Figuren, die eine gewisse Authentizität besitzen, die abdecken, was Menschsein bedeutet, mit allen guten, aber auch allen schlechten Seiten. In seiner Serie geht es um die Figuren und um die Entscheidungen, die sie treffen, um die Konsequenzen, die sich daraus ergeben. Die Serie wird in der ersten Staffel nicht vom Plot, sondern von den Figuren getrieben. Die große Geschichte befindet sich aber immer im Hintergrund.

Es gelingt sehr gut, die Saat für das zu legen, was kommen wird: der Narn/Centauri-Krieg, der Schattenkrieg, das Erbauen eines totalitären Systems auf der Erde und der Bürgerkrieg, der daraus resultiert. All das wird hier vorbereitet.

Was damals auch wunderbar funktionierte: die CGI-Effekte. Zur Mitte der 1990er-Jahre waren sie bahnbrechend, insbesondere wenn man bedenkt, dass sie mit kleinstem Budget für eine Fernsehserie entstanden sind. Die Serie wartet bei ihren Schiffen – hier vor allem die der Vorlonen und der Schatten – mit ungewöhnlichen Designs auf, die sogar heute noch funktionieren. Die Qualität der Effekte hingegen muss vor allem mit einer gewissen Nostalgie betrachtet werden. Computergenerierte Effekt neigen dazu, schnell zu altern. Gut gemachte praktische Effekte verlieren im Grunde nie ihren Charme, bei der Computeranimation sieht es aber anders aus. Man merkt ihnen das Alter an. Die Weltraumsequenzen sehen dabei deutlich besser aus als Interieur-Shots, wenn Schauspieler vor einer Green Screen standen und danach etwas eingefügt würde – etwa Koshs Schiff im Dock von Babylon 5.

Natürlich sieht man auch den Schlachtenszenen das Alter an. Aber sie sind immer noch dynamisch, sie zeigen den Weltraum bunter, als man das gemeinhin kennt, und sie haben nicht zuletzt wegen Christopher Frankes Musik noch immer eine erhabene Größe. Außerdem ist es sicherlich so, dass ein großer Teil des Publikums die Serie seit Jahren kennt und auch die Effekte mit einer gewissen Nostalgie verbindet. Serien-Novizen wiederum dürften von der Geschichte mitgerissen werden.

Die erste Staffel lässt nur erahnen, wie groß und episch *Babylon 5* eigentlich wird. Aber JMS hat es geschafft, das erste Kapitel seiner Geschichte so zu gestalten, dass sie für sich stehend als Auftakt funktioniert, aber auch vorbereitet, was vorbereitet werden muss, um mit der zweiten, vor allem aber der dritten und vierten Staffel in die Vollen zu gehen.

Der Kern der Serie und dieser Staffel ist etwas, das JMS immer schon fasziniert hat – die Bürde der Entscheidungen. Menschen haben immer eine Wahl. Sie können nach rechts statt nach links gehen, sie können sich für das Gute oder für das Gegenteil entscheiden, sie können etwas tun oder es lassen – aber was auch immer es ist: Jede Aktion erfordert eine Reaktion. Jede Entscheidung führt zu Konsequenzen. Das ist die DNS von *Babylon 5* – und das ist bereits in der ersten Staffel präsent und stets spürbar.

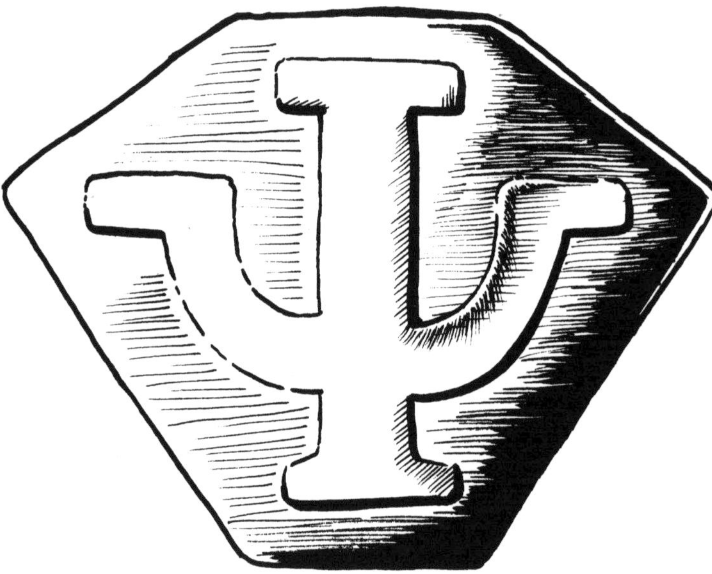

ZWISCHENSPIEL

Die *DS9*-Kontroverse
Hat da einer abgeschrieben?

Obwohl beide Serien, *Babylon 5* und *Deep Space Nine,* mittlerweile rund dreißig Jahre alt sind, stehen immer noch ungeklärte Fragen im Raum. Fans von *Babylon 5* und auch Personen, die hinter den Kulissen tätig waren, werfen Paramount bis heute vor, sich großzügig bei JMS' Idee bedient zu haben. Paramount streitet das ab.

Wir kennen natürlich nicht die ganze Geschichte, nur einige Tatsachen. Straczynski hatte sein Serienprojekt bereits Ende der Achtziger Paramount vorgestellt, inklusiver detaillierter Charakterbiografien, des Settings auf einer Raumstation kurz nach Ende einer kriegerischen Auseinandersetzung und den bunt zusammengewürfelten Bewohnern, die in einer »schmutzigeren« und weniger *Star-Trek*-sterilen Umgebung an Bord lebten. Die Ähnlichkeiten gehen deutlich über die Grundidee hinaus.

Auf der anderen Seite kann man argumentieren, dass sich, wenn man sich für das recht statische Setting einer Raumstation entschieden hat, der Rest fast schon von allein schreibt. Große Ereignisse im Serienuniversum müssen Auswirkungen auf das Leben an Bord haben, da die Station sonst völlig isoliert buchstäblich in der Luft hängen würde. Es ergibt also Sinn, eine angespannte Grundsituation zu etablieren, auf der man Einzelfolgen aufbauen kann. Ebenso ist es logisch, dass eine solche Station als Ort des Handels und der Diplomatie fungieren würde, dass sich dort die unterschiedlichsten Wesen begegnen und gelegentlich Konflikte austragen würden – eine Art *Casablanca* im All.

JMS hat sich zu der Plagiatsfrage klar geäußert. Er nimmt die Produzenten von *Deep Space Nine,* Michael Piller und Rick Berman, ausdrücklich in Schutz, vermutet jedoch, dass das Management von Paramount die Entwicklung der Serie aufgrund seiner Ideen in bestimmte Richtungen lenkte. Gleichzeitig ist er überzeugt, dass Berman und Piller diese Ideen nie zu Gesicht bekamen.

Verteidiger von *Deep Space Nine* fragen sich nicht ganz unberechtigt, weshalb weder JMS noch Warner den Plagiatsvorwürfen eine Klage folgen ließen. JMS entgegnete darauf, dass dies beiden Serien geschadet hätte und er deshalb nie vor Gericht gegangen ist.

Damit könnte man die Diskussion für beendet erklären, wenn nicht Schauspielerin Patricia Tallman (Lyta Alexander) 2017 in einem Interview behauptet hätte, Warner und JMS hätten eine Klage angestrebt, sich aber außergerichtlich mit Paramount geeinigt.

Was wirklich passiert ist, werden wir wahrscheinlich nie erfahren.

KAPITEL 6

Babylon 5 in Deutschland
Stimmen der Helden & Ausstrahlung

Rund neunzehn Monate mussten die Fans in Deutschland warten, bis Babylon 5 aus den USA herüberschwappte. Als bei uns die erste Episode ausgestrahlt wurde, war man im Heimatland bereits kurz vor Ende der zweiten Staffel angekommen. Immerhin gab es auf diese Weise hierzulande keine so große Wartezeit zwischen Pilotfilm und regulärer Serie. In den USA hatte es fast ein Jahr gedauert, hier war es nur eine Woche.

In Deutschland schnappte sich ProSieben die Serie und strahlte am 3. August 1995, also mehr als zwei Jahre nach der Erstsendung in den USA, den Pilotfilm *The Gathering (Die Zusammenkunft)* aus. Am 6. August legte man mit der regulären ersten Staffel los, die bis zum 26. November 1995 wöchentlich ausgestrahlt wurde. Am 1. Dezember programmierte man die Sonderausstrahlung des zusammenhängenden Zweiteilers *A Voice in the Wilderness (Angriff der Aliens).* Vom 3. Bis 17. Dezember folgten dann die noch fehlenden drei Episoden bis zum Staffelende.

Insgesamt zog der Privatsender die Serie bis zum 10. April 1999 ohne Senderwechsel gradlinig durch. Am Ende hinkte man also nur noch fünf Monate der Originalausstrahlung hinterher.

In Sachen Synchronisation beauftragte man die Telesynchron Berlin, die 1960 vom Filmproduzenten Charles Münzel gegründet worden war und sich auf die Lokalisation von Fernsehserien für das damals neue Massenmedium spezialisierte. Erste Erfolge feierte man mit den äußerst gelungenen Umsetzungen von *Familie Feuerstein* (1966-1968) und *Verliebt in eine Hexe* (1967-1971). In den 80er-Jahren kamen Hits wie *Simon & Simon* (1985-1989) dazu. Die 90er-Jahre waren dann geprägt von beliebten Serien wie *Picket Fences* (1994-1997), *Allein gegen die Zukunft* (1997-2000), *Dawson's Creek* (1998-2003) und eben *Babylon 5.*

In den 2000ern legte man mit *Charmed* (1999–2002, 2005–2006) und *What's up, Dad?* (2003-2006) noch einmal nach, bevor das operative Geschäft im Jahr 2006 eingestellt wurde. Eine der letzten Produktionen war – passenderweise – *Babylon 5: Legende der Rangers* (2002). Auch die anderen Fernsehfilme der Reihe hatte die Telesynchron erstellt.

Für die Dialogbücher und die Dialogregie verpflichtete man Michael Erdmann. Florian Krüger-Shantin schrieb an den Dialogbüchern mit.

Dieser hatte seine Karriere mit der Synchronisation des Klassikers *Bullitt* begonnen und danach unzählige TV-Produktionen verantwortet. Seine erste große Serie war *Der Denver-Clan.* Die meisten SF-Fans kennen ihn aber natürlich als Verantwortlichen der ersten Jahre von *Star Trek: The Next Generation,* wo er nach der Erstveröffentlichung auf Video durch CIC-Video hinzukam und für die reguläre Serienarbeit für das ZDF übernahm.

Er war es auch, der Rolf Schult als Stimme für Captain Jean-Luc Picard auswählte. Erdmann blieb bis zum Wechsel der Serie vom ZDF zu Sat.1 an Bord und ist fraglos für den stärkeren Teil der Lokalisation der Serie verantwortlich. Nach seinem Abgang schlichen sich plötzlich unerklärlich ungelenke Wortschöpfungen und Anglizismen in die Synchro ein, die Erdmann zuvor stets zu verhindern versucht hatte.

Babylon 5 war dann seine zweite große SF-Serie. Auch hier stieß er erst nach der Vertonung des Pilotfilms The Gathering (Die Zusammenkunft) zur Serie. Bei dieser hatte eine Kollegin das Zepter geschwungen, die so wenig Ahnung von Science-Fiction mitbrachte, dass bei ihr Shuttles einfach mal losfuhren, statt zu fliegen, wie Erdmann in einigen Podcasts und unter anderem auch auf der BabCon 2018 erzählte.

Ihm wurde schnell klar, wie wichtig es bei der Serie werden würde, eine Kohärenz bei den Begrifflichkeiten und eine Genauigkeit in der Übertragung herzustellen. Dass ihm das nicht immer gelungen ist, kann man anhand vieler Beispiele auf der wunderbaren Seite *FictionBox* dank der Arbeit von Christian Siegel nachlesen.

Einige Fehler gingen jedoch nicht auf ihn zurück. Im Fall von Sheridan und Delenn beispielsweise, die einander, auch nachdem sie sich bereits geküsst hatten, noch siezten, hatte der Sender selbst interveniert und eine professionelle Distanz zwischen den Figuren gefordert. Die Sinnfrage darf man an solchen Stellen (man denke auch an Mulder und Scully aus *Akte X)* natürlich immer stellen, ändern wird sich im Einzelfall dadurch aber vermutlich nichts.

Dennoch darf man die Umsetzung von *Babylon 5* auch aus heutiger Sicht noch als sehr gelungen bezeichnen. Das lag zu großen Teilen natürlich auch an den von Erdmann meisterhaft ausgewählten Stimmen. Die dezente *Star Trek*-Fixierung Erdmanns kann man dabei – im wahrsten Sinne – nicht überhören. Kümmern wir uns in diesem Band passend zum Thema zunächst um die erste Staffel.

Bernd Vollbrecht (uns heute auch als Saru in *Star Trek: Discovery* im Ohr) übernahm damals den Part von Commander Jeffrey Sinclair und stattete Darsteller Michael O'Hare mit einem sehr tragenden, weichen, würdevollen und unaufgeregten Organ aus, das die Figur sehr sympathisch machte. Dass Vollbrecht zu Saru werden würde, konnte Erdmann damals natürlich noch nicht ahnen.

Anders gestaltet sich das jedoch bei den weiteren Rollen.

Peter Reinhardt (auch als Vedek Bareil aus *Star Trek: Deep Space Nine* oder Sandy Cohen aus *OC, California* im Ohr) übernahm die Rolle des launigen Sicherheitschefs Michael Garibaldi, gespielt von Jerry Doyle. Auch das passte in Sachen Humor perfekt.

Detlef Bierstedt (Hauptstimme von Jonathan Frakes als William T. Riker aus *Star Trek: The Next Generation)* wurde Dr. Stephen Franklin.

Eva Kryll (erste Stimme, Filmstimme und auch heutige Stimme von Marina Sirtis als Deanna Troi aus *Star Trek: The Next Generation)* durfte Claudia Christians Susan Ivanova das Organ leihen und verlieh der Rolle einen wunderbar herben Charme.

Eine weitere *Trek*-Parallele: Liane Rudolph (die Kira Nerys aus *Star Trek: Deep Space Nine)* durfte schon seit dem Pilotfilm und auch später in der Serie Patricia Tallmann (übrigens Ex-Stuntfrau bei *Star Trek)* als Lyta Alexander vertonen.

Nach Alexander war Andrea Thompson als Talia Winters an Bord gekommen. Ihre Stimme darf man auch als eine der ganz großen bezeichnen: Evelyn Maron vertonte sie. Sie war die Standardstimme von Kim Basinger und Andie MacDowell. Man kennt sie aber auch als Catherine Chandler (Linda Hamilton) aus der Serie *Die Schöne und das Biest.*

Insbesondere die Auswahl der Stimmen für die Botschafter gelang wahrlich meisterhaft. Für den sperrigen G'Kar, wunderbar von Andreas Katsulas verkörpert, wählte Erdmann Lothar Blumhagen aus, der von Roger Moore über Christopher Lee, David Warner, Christopher Plummer bis hin zu Tony Curtis viele der ganz Großen sprechen durfte.

Ähnlich brillant war die Wahl von Bert Franzke für den lauten, schrillen Londo Mollari, ebenso stark von Peter Jurasik verkörpert. Franzke kennt man unter anderem als zweite Stimme von Walther Bishop aus *Fringe* (nach dem Tod von Hans-Werner Bussinger, Trekkies als Q im Ohr), als Morland Holmes aus *Elementary* und als Joshamee Gibbs aus *Fluch der Karibik.*

Es sind aber auch die leisten Stimmen und Figuren, die beeindrucken können. So erhielt Lennier, gespielt von Bill Mumy, Klaus-Peter Grap zugewiesen, der dem Minbari einen wunderbar dezenten Charme und eine hintergründige Weisheit verlieh. Toll! Grap kennt man im Genre heute als Daniel Jackson (gespielt von Michael Shanks) aus *Stargate: SG-1.*

Und als letzte *Trek*-Referenz: Stefan Staudinger übernahm den Part des Vir Cotto, gespielt von Stephen Furst; er dürfte besonders als Holodoc vom Raumschiff Voyager (als Stimme von Robert Picardo) noch ein Begriff sein.

Nicht vergessen sollte man die wunderbare Franziska Pigulla (Agent Dana Scully aus *Akte X)* als ISN-Nachrichtensprecherin. Eine äußerst coole Wahl!

Wie bereits erwähnt: Wir verdanken der Telesynchron und Michael Erdmann eine – wenn schon nicht fehlerfreie – dann doch ganz bestimmt aber eine starke, atmosphärische und unterhaltsame deutsche Bearbeitung, die viel zum Erfolg der Serie hierzulande beigetragen hat. Dafür ein dickes Dankeschön!

ZWISCHENSPIEL

Geschichten, die es nicht gab

JMS hat zwar im Verlauf von *Babylon 5* auch mit freischaffenden Autoren zusammengearbeitet, nahm aber in der Regel keine eingereichten Ideen entgegen. Vielmehr erstellte er die Geschichten selbst, wobei als Ausgangslage eine kurze Zusammenfassung dessen diente, was er sich vorstellte. Nur Larry DiTillio durfte eigene Geschichten ausarbeiten.

Einige der Geschichten von JMS wurden sodann von anderen Autoren umgesetzt, ohne dass er in den Stabsangaben eine Nennung als Entwickler der Geschichte hätte erhalten wollen. Nicht alle seine Ideen wurden jedoch zu Episoden. Manche wiederum erfuhren deutliche Veränderungen. Wir haben einige Beispiele zur ersten Staffel herausgesucht.

THE WORLD BELOW

Auf der Station gibt es einige Kriminelle, die so genannten Lurkers, die von einem zwielichtigen Boss angeführt werden. Solche Verbrecher zu ihren Welten zurückzubringen, ist aufwendiger und kostenintensiver, als sie auf der Station zu belassen und ein Auge auf sie zu werfen. Als ein Richter der Station ermordet wird, kommt es jedoch zu einer Konfrontation zwischen Sinclair und dem Boss, wobei der Commander ein für alle Mal zeigen will, wer hier das Sagen hat.

IN THEIR IMAGE

Drei Cyberdroiden, beinahe menschliche Androiden, kommen auf die Station und suchen dort nach ihrem Schöpfer. Sie gehören zu den wenigen überlebenden Cyberdroiden. Die meisten wurden vernichtet, als sie echtes Bewusstsein erlangten und ihre Freiheit einforderten, weil sie nicht länger Sklavendienste verrichten wollten. Von ihrem Schöpfer erhoffen sie sich, dass er weitere von ihnen baut, auch wenn das per Gesetz verboten ist. Als man merkt, dass sie auf der Station sind, kommt es zum Konflikt zwischen ihnen und echten Lebewesen, die den Cyberdroiden nicht trauen.

DEBT OF HONOR

Als G'Kar erfährt, dass ein Schiff aus seiner Heimat auf dem Weg zur Station ist, will er verschwinden, denn dessen Captain hegt einen Groll gegen ihn. Er macht sich aus dem Staub, wird von Garibaldi begleitet – und sie stranden im All. Beide müssen nun zusammen ums Überleben kämpfen, während Sinclair auf der Station den Narn-Captain überzeugen will, G'Kar nicht zu töten. Besonders pikant: Der Hass zwischen beiden basiert auf einer Frau.

A KNIFE IN THE SHADOW

Ein Botschafter von der Erde kommt auf die Station. Er soll die diplomatischen Aufgaben von Jeffrey Sinclair übernehmen, was diesem gar nicht schmeckt, umso mehr, weil der Botschafter ein Diplomat ohne praktische Erfahrung ist. Er hat alles nur an der Akademie erlernt, wodurch er die Station in Gefahr bringt.

THE RESURRECTIONIST

Aus dieser Folge wurde *The Quality of Mercy.* In der ursprünglichen Idee ist es jedoch so, dass ein Betrüger auf die Station kommt, der den Leuten verspricht, dass er mit außerirdischer Technologie sogar die Toten zurückbringen kann. Garibaldi kennt den Mann und weiß um seine Machenschaften. Aber eine Frau bittet den Mann dennoch, ihr todkrankes Kind zu heilen. Zum ersten Mal in seinem Leben ist der Mann wirklich gerührt und schafft es auch, das Leben des Kindes zu retten, aber der persönliche Preis, den er dafür bezahlen muss, ist hoch.

FESTIVAL!

Auf der Station soll das außerirdische Äquivalent zu *Mardi Gras,* dem Karneval in New Orleans, stattfinden – und dann bricht die Hölle los.

TARGET UNKNOWN

Ein Mann wird in einem Ein-Mann-Raumschiff im All treibend gefunden und zur Station gebracht. Man findet heraus, dass ihm eine Bombe implantiert wurde, die hochgeht, wenn er einen bestimmten Satz hört. Aber niemand weiß, um welche Worte es sich dabei handelt. Man könnte die Bombe entfernen, doch das würde ihn höchstwahrscheinlich töten. So flieht er und sucht nach demjenigen, der ihm die Bombe eingepflanzt hat. Damit bringt er jedoch auch die Station in Gefahr.

THE MYSTERIOUS MR. JONES

Mr. Jones taucht auf der Station auf. Er ist ein mysteriöser Mann. Niemand weiß, woher er kommt, wie alt er ist oder was er hier überhaupt tut. Aber man weiß, dass man sich besser nicht mit ihm anlegt. JMS plante, die Figur häufiger auftreten zu lassen. Es ist gut möglich, dass aus dieser ersten Idee schließlich Mr. Morden wurde.

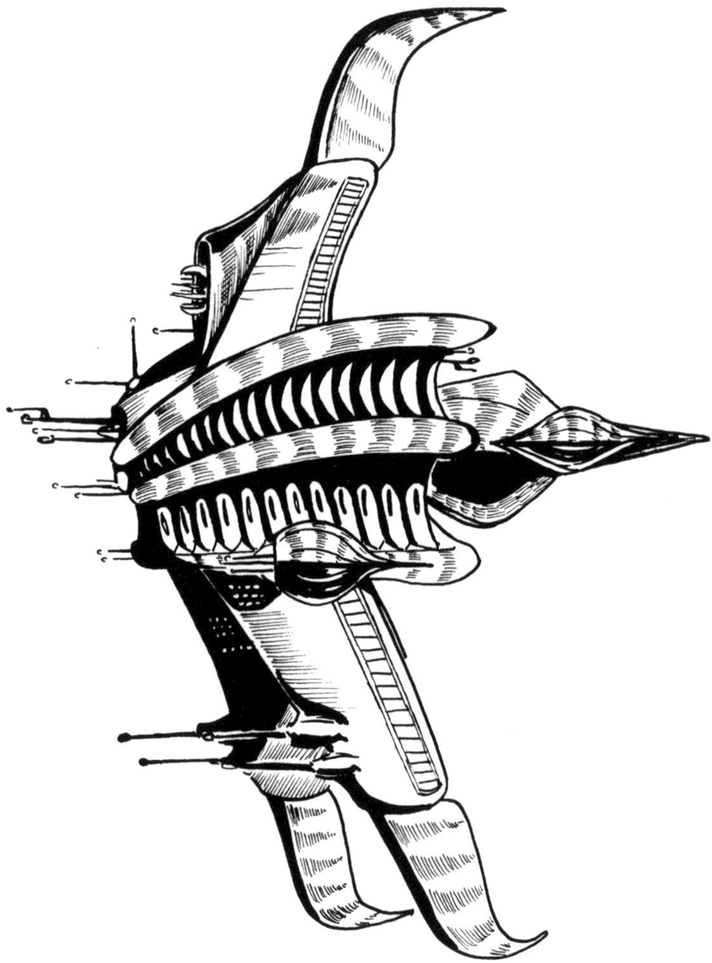

ABSPANN

Claudia Kern erinnert sich: Mira Furlan und die Fans

Die leider mit 65 Jahren viel zu früh verstorbene Mira Furlan ging gern auf Conventions. Wie alle Schauspieler und Schauspielerinnen aus *Babylon 5* war sie von JMS gebeten worden, Kontakt zu den Fans zu suchen. Er wusste, dass die Unterstützung des SF-Fandoms für den Erfolg seiner Serie unverzichtbar sein würde.

Conventions sind ein seltsamer Ort, wenn man nicht an sie gewöhnt ist, und nicht alle Schauspieler fühlen sich dort wohl. Manche sind mit der ständigen Aufmerksamkeit überfordert, anderen fällt es schwer, den richtigen Umgangston mit Fans zu finden. Mira Furlan gehörte nicht dazu.

Ich hatte das Glück, sie zweimal auf der *FedCon* als Assistentin betreuen zu dürfen. Ohne zu übertreiben, kann ich sagen, dass sie eine der großzügigsten, empathischsten und nettesten Schauspielerinnen war, die man sich als Fan wünschen kann. Bei einer Autogrammstunde wurde sie von jemandem angesprochen, der sie nach ihrer Arbeitsweise beim Herantasten an eine neue Figur fragte. Das ist etwas, das sich nicht eben kurz zwischen zwei Unterschriften beantworten lässt, vor allem nicht, da sich herausstellte, dass der Fan gerade selbst an einer Schauspielschule angenommen worden war und mit diesem Problem rang. Sie hätte ihn einfach mit zwei, drei Sätzen abspeisen und sich wieder der Schlange widmen können. Stattdessen bat sie ihn, nach der Autogrammstunde wiederzukommen, nahm ihn mit ins Café und unterhielt sich fast eine Stunde lang mit ihm.

Wenn sie über das Gelände ging, sprach sie jede Frau an, die sich als Delenn verkleidet hatte, und wechselte wenigstens ein paar Worte mit ihr. Es war ihr ungemein wichtig, jedem Fan das Gefühl zu geben, ernst genommen zu werden. Der enge Zeitplan auf Cons zwang sie zwar oft, Unterhaltungen auf wenige Minuten zu beschränken, aber in dieser Zeit war sie völlig für den Fan da.

Es war bemerkenswert, ihr dabei zuzusehen, und ich bin mir sicher, dass kein Fan diese Momente mit ihr je vergessen wird.

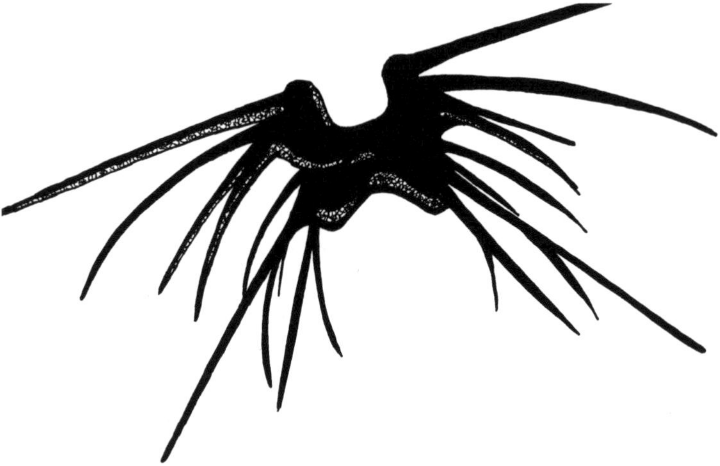

AUSBLICK

Schatten am Horizont

Somit sind wir am Ende des ersten Bandes angelangt. Was für eine Reise das bereits war! Im zweiten Teil der *Babylon 5-Chronik* befassen wir uns mit der zweiten Staffel der Serie, die in den Jahren 1994/1995 erstmals in den USA ausgestrahlt wurde und mit einem Jahr Verzögerung auch zu uns nach Deutschland kam. Das Motto der Staffel lautet »Schatten am Horizont«, was die bedrohliche Stimmung des zweiten Serienjahres perfekt einrahmt. JMS hatte schließlich nach der eher aus Einzelepisoden bestehenden Debütstaffel mehrere Gänge hochgeschaltet und seine Gesamtgeschichte endgültig in den Vordergrund gestellt. Mit dem neuen Anführer – Bruce Boxleitner als Captain John Sheridan –, hoher Dramatik und wahren Perlen unter den erneut zweiundzwanzig Episode erwarten uns auch im nächsten Buch wieder viele spannende Themen.

Worum es dann genau gehen wird? Um nicht weniger als den Anfang vom Ende. Ein wenig Gänsehaut vorab gefällig? Bitte sehr.

Das Projekt Babylon war unsere letzte und einzige Hoffnung auf Frieden. Eine fünf Meilen lange Raumstation in einem neutralen Sektor. Eine Welt des Handels und der Diplomatie für eine Viertelmillion Menschen und Außerirdische.

Ein strahlendes Leuchtfeuer, einsam in der Dunkelheit des Alls.

Es war der Beginn des dritten Zeitalters der Menschheit – das Jahr, in dem für uns alle der große Krieg begann.

Dies ist die Geschichte der letzten großen Weltraumstation.

Wir schreiben das Jahr 2259.

Der Name der Station: Babylon 5.

DER VERLAG

Lesen ist wie Fernsehen im Kopf!

So lautet ein Slogan, den wir für uns aufgegriffen haben.

Seit fünf Jahren ist es unser Anliegen, Ihnen ein spannendes Programm in diesem "Kopf-Fernsehen" zu bieten, das im Gegensatz zu den schwarzen Zeichen auf weißem Grund in Ihrem Kopf gerne in Farbe und so bunt wie möglich ablaufen darf.

Richtig bunt sollen die Welten also sein, in die wir Sie mit unseren Büchern entführen wollen. Nicht beliebig, nicht von der Stange. Unsere Geschichten sind nicht durch die Marktforschung gegangen, aber kommen von Herzen.

Entdecken Sie unsere Visionen.
Folgen Sie uns in fantastische Welten. In Farbe und Bunt.

Der **Verlag in Farbe und Bunt** bietet Romane, Biografien, Sachbücher, Comics, E-Books, Kinder-, Jugend- und Hörbücher aus allen Bereichen und für jedes Alter.

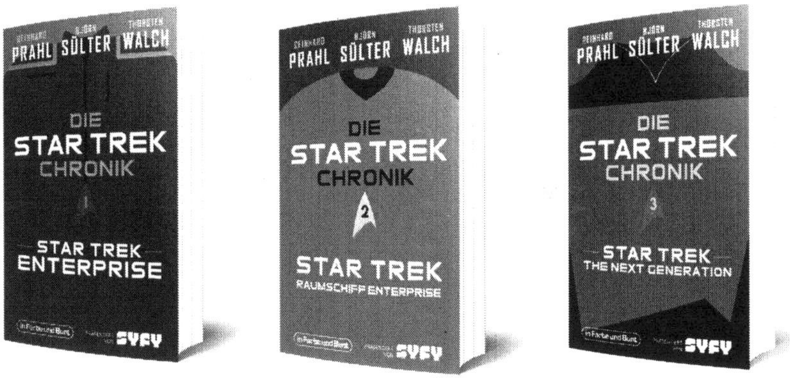
PRAHL SÜLTER WALCH
DIE STAR TREK CHRONIK
1
STAR TREK ENTERPRISE
in Farbe und Bunt
SYFY
PRAHL SÜLTER WALCH
DIE STAR TREK CHRONIK
2
STAR TREK
RAUMSCHIFF ENTERPRISE
in Farbe und Bunt
SYFY
PRAHL SÜLTER WALCH
DIE STAR TREK CHRONIK
3
STAR TREK
THE NEXT GENERATION
in Farbe und Bunt
SYFY